吳墉祥在台日記

（1956）

The Diaries of Wu Yung-hsiang at Taiwan, 1956

民國日記｜總序

呂芳上
民國歷史文化學社社長

人是歷史的主體，人性是歷史的內涵。「人事有代謝，往來成古今」（孟浩然），瞭解活生生的「人」，才較能掌握歷史的真相；愈是貼近「人性」的思考，才愈能體會歷史的本質。近代歷史的特色之一是資料閎富而駁雜，由當事人主導、製作而形成的資料，以自傳、回憶錄、口述訪問、函札及日記最為重要，其中日記的完成最即時，描述較能顯現內在的幽微，最受史家重視。

日記本是個人記述每天所見聞、所感思、所作為有選擇的紀錄，雖不必能反映史事整體或各個部分的所有細節，但可以掌握史實發展的一定脈絡。尤其個人日記一方面透露個人單獨親歷之事，補足歷史原貌的闕漏；一方面個人隨時勢變化呈現出不同的心路歷程，對同一史事發為不同的看法和感受，往往會豐富了歷史內容。

中國從宋代以後，開始有更多的讀書人有寫日記的習慣，到近代更是蔚然成風，於是利用日記史料作歷史研究成了近代史學的一大特色。本來不同的史料，各有不同的性質，日記記述形式不一，有的像流水帳，有的生動引人。日記的共同主要特質是自我（self）與私密（privacy），史家是史事的「局外人」，不只注意史實的追尋，更有興趣瞭解歷史如何被體驗和講述，這時對「局內人」所思、所行的掌握和體會，日記便成了十分關鍵的材料。傾聽歷史的聲音，重要的是能聽到「原音」，而非「變音」，日記應屬原音，故價值高。1970年代，在後現代理論影響下，檢驗史料的潛在偏見，成為時尚。論者以為即使親筆日記、函札，亦不必全屬真實。實者，日記記錄可能有偏差，一來自時代政治與社會的制約和氛圍，有清一代文網太密，使讀書人有口難言，或心中自我約束太過。顏李學派李塨死前日記每月後書寫「小心翼翼，俱以終始」八字，心所謂為危，這樣的日記記錄，難暢所欲言，可以想見。二來自人性的弱點，除了「記主」可能自我「美化拔高」之外，主觀、偏私、急功好利、現實等，有意無心的記述或失實、或迴避，例如「胡適日記」於關鍵時刻，不無避實就虛，語焉不詳之處；「閻錫山日記」滿口禮義道德，使用價值略幾近於零，難免令人失望。三來自旁人過度用心的整理、剪裁、甚至「消音」，如「陳誠日記」、「胡宗南日記」，均不免有斧鑿痕跡，不論立意多麼良善，都會是史學研究上難以彌補的損失。史料之於歷史研究，一如「盡信書不如無書」的話語，對證、勘比是個基本功。或謂使用材料多方查證，有如老吏斷獄、法官斷案，取證求其多，追根究柢求其細，庶幾還原案貌，以證據下法理註腳，盡力讓歷史真相水落可石出。是故不同史料對同一史事，記述會有異同，同者互證，異者互勘，於是能逼近史實。而勘比、互證之中，以日記比證日記，或以他人日記，證人物所思所行，亦不失為一良法。

從日記的內容、特質看，研究日記的學者鄒振環，曾將日記概分為記事備忘、工作、學術考據、宗教人生、游歷探險、使行、志感抒情、文藝、戰難、科學、家庭婦女、學生、囚亡、外人在華日記等十四種。事實上，多半的日記是複合型的，柳貽徵說：「國史有日歷，私家有日記，一也。日歷詳一國之事，舉其大而略其細；日記則洪纖必包，無定格，而一身、一家、一地、一國之真史具焉，讀之視日歷有味，且有補於史學。」近代人物如胡適、吳宓、顧頡剛的大部頭日記，大約可被歸為「學人日記」，余英時翻讀《顧頡剛日記》後說，藉日記以窺測顧的內心世界，發現其事業心竟在求知慾上，1930 年代後，顧更接近的是流轉於學、政、商三界的「社會活動家」，在謹厚恂恂君子後邊，還擁有激盪以至浪漫的情感世界。於是活生生多面向的人，因此呈現出來，日記的作用可見。

晚清民國，相對於昔時，是日記留存、出版較多的時期，這可能與識字率提升、媒體、出版事業發達相關。過去日記的面世，撰著人多半是時代舞台上的要角，他們的言行、舉動，動見觀瞻，當然不容小覷。但，相對的芸芸眾生，識字或不識字的「小人物」們，在正史中往往是無名英雄，甚至於是「失蹤者」，他們如何參與近代國家的構建，如何共同締造新社會，不應該被埋沒、被忽略。近代中國中西交會、內外戰事頻仍，傳統走向現代，社會矛盾叢生，如何豐富歷史內涵，需要傾聽社會各階層的「原聲」來補足，更寬闊的歷史視野，需要眾人的紀錄來拓展。開放檔案，公布公家、私人資料，這是近代史學界的迫切期待，也是「民國歷史文化學社」大力倡議出版日記叢書的緣由。

導言

侯嘉星

國立中興大學歷史學系助理教授

《吳墉祥在台日記》的傳主吳墉祥（1909-2000），字茂如，山東棲霞縣人。幼年時在棲霞就讀私塾、新式小學，後負笈煙台，畢業於煙台模範高等小學、私立先志中學。中學期間受中學校長、教師影響，於1924年加入中國國民黨；1927年5月中央黨務學校在南京創設時報考錄取，翌年奉派於山東省黨部服務。1929年黨務學校改為中央政治學設大學部，故1930年申請返校就讀，進入財政系就讀，1933年以第一名成績畢業。自政校畢業後留校擔任助教3年，1936年由財政系及黨部推薦前往安徽地方銀行服務，陸續擔任安慶分行副理、經理，總行稽核、副總經理，時值抗戰軍興，隨同皖省政府輾轉於山區維持經濟、調劑金融。1945年因抗戰勝利在望，山東省主席何思源遊說之下回到故鄉任職，協助重建山東省銀行。

1945年底山東省銀行正式開業後，傳主擔任總經理主持行務；1947年又受國民黨中央黨部委派擔任黨營事業齊魯公司常務董事，可說深深參與戰後經濟接收與重建工作。這段期間傳主也通過高考會計師合格，並當選棲霞區國民大會代表。直到1949年7月因戰局逆轉，傳主隨政府遷台，定居於台北。1945至1950這

6 年間的日記深具歷史意義，詳細記載這一段經歷戰時淪陷區生活、戰後華北接收的諸般細節，乃至於國共內戰急轉直下的糾結與倉皇，可說是瞭解戰後初期復員工作、經濟活動以及政黨活動的極佳史料，已正式出版為《吳墉祥戰後日記》，為戰後經濟史研究一大福音。

1949 年來台後，除了初期短暫清算齊魯公司業務外，傳主以會計師執照維生。當時美援已進入台灣，1956 年起受聘為美國國際合作總署駐華安全分署之高級稽核，主要任務是負責美援項目的帳務查核，足跡遍及全台各地。1960 年代台灣經濟好轉，美援項目逐漸減少，至 1965 年美援結束，傳主改任職於中美合營之台達化學工業公司，擔任會計主任、財務長，直到 1976 年退休；國大代表的職務則保留至 1991 年退職。傳主長期服務於金融界，對銀行、會計及財務工作歷練豐富，這一點在《吳墉祥戰後日記》的價值中已充分顯露無遺。來台以後的《吳墉祥在台日記》，更是傳主親歷中華民國從美援中站穩腳步、再到出口擴張達成經濟奇蹟的各個階段，尤其遺留之詳實精采的日記，成為回顧戰台灣後經濟社會發展的寶貴文獻，其價值與意義，以下分別闡述之。

一

史料是瞭解歷史、探討過去的依據，故云「史料為史之組織細胞，史料不具或不確，則無復史之可言」（梁啟超，《中國歷史研究法》）。在晚近不斷推陳出新的史料類型中，日記無疑是備受歷史學家乃至社會各界重視的材料。相較於政府機關、公司團體所留下之日常文件檔案，日記恰好為個人在私領域中，日常生活留下的紀錄。固然有些日記內容側重公事、有些則抒發情懷，但就材料本身而言，仍然是一種私人立場的記述，不可貿然將之視為客觀史實。受到後現代主義的影響，日記成為研究者與傳主之間的鬥智遊戲。傳主寫下對事件的那一刻，必然帶有個人的想法立場，也帶有某些特別的目的，研究者必須能分辨這些立場與目的，從而探索傳主內心想法。也因此，日記史料之使用有良窳之別，需細細辯證。

那麼進一步說，該如何用使日記這類文獻呢？大致來說，良好的日記需要有三個條件，以發揮內在考證的作用：（1）日記之傳主應該有一定的社會代表性，且包含生平經歷，乃至行止足跡等應具體可供複驗。（2）日記須具備相當之時間跨度，足以呈現長時段的時空變化，且年月日之間的紀錄不宜經常跳躍脫漏。（3）日記本身的文字自然越詳細充實越理想，如此可以提供豐富素材，供來者進一步考辨比對。從上述三個條件來看，《吳墉祥在台日記》無疑是一部上佳的日記史料。

就代表社會性而言，傳主曾擔任省級銀行副總經理、總經理，又當選為國大代表；來台後先為執業會計師，復受聘在美援重要機構中服務，接著擔任大型企業財務長，無論學經歷、專業素養都具有相當代表性。藉由這部日記，我們可以在過去國家宏觀政策之外，以社會中層技術人員的視角，看到中美合作具體的執行情況，也能體會到這段時期的政治、經濟和社會變遷。

而在時間跨度方面，傳主自 1927 年投考中央黨務學校起，即有固定寫作日記的習慣，但因抗戰的緣故，早年日記已亡佚，現存日記自1945 年起，迄於 2000 年，時間跨度長達 55 年，僅 1954 年因蟲蛀損毀，其餘均無日間斷，其難能可貴不言可喻。即便 1945 年至 1976 年供職期間的日記，也長達 32 年，借助長時段的分析比對，我們可以對傳主的思想、心境、性格，乃至習慣等有所掌握，進而對日記中所紀錄的內容有更深層的掌握。

最重要的，是傳主每日的日記寫作極有條理，每則均加上「職務」、「師友」、「體質」「娛樂」、「家事」、「交際」、「游覽」等標題，每天日記或兩則或三則不等，顯示紀錄內容的多元。這些內容所反映的，不僅是公務上的專業會計師，更是時代變遷中的黨員、父親、國民。因此從日記的史料價值來看，《吳墉祥在台日記》能帶領我們，用豐富的角度重新體驗一遍戰後台灣的發展之路，也提供專業財經專家觀點以及可靠的事件觀察記錄，讓歷史研究者能細細品味 1951 年至 1976 年這 26 年間，種種宏觀與微觀的時代變遷。

二

戰後中華民國的各項成就中，最被世界所關注的，首推是 1980 年代前後台灣經濟奇蹟（Taiwan Economic Miracle）了。台灣經濟奇蹟的出現，有其政策與產業的背景，1950 年開始在美援協助下政府進行基礎建設與教育投資，配合進口替代政策發展國內產業。接著在1960年代起，推動投資獎勵與出口擴張、設立加工出口區，開啟經濟起飛的年代。由於經濟好轉，1963年起台灣已經累積出口外匯，開始逐步償還美援，在國際間被視為美援國家中的模範生，為少數能快速恢復經濟自主的案例。在這樣的時代背景中，美援與產業經營，成為分析台灣經濟奇蹟的關鍵。

《吳墉祥在台日記》中，傳主除了來台初期還擔任齊魯公司常務董事，負責清算業務外，直到1956年底多憑會計師執照維持生計，但業務並不多收入有限，反映此時台灣經濟仍未步上軌道，也顯示遷台初期社會物質匱乏的處境。1956年下半，負責監督美援計畫執行的駐華安全分署招聘稽核人員，傳主獲得錄用，成為美方在台雇用的職員。從日記中可以看到，美援與中美合作並非圓滑順暢，1956年11月6日有「中午王慕堂兄來訪，謂已聞悉安全分署對余之任用業已確定，以前在該署工作之中國人往往有不歡而散者，故須有最大之忍耐以與洋員相處云」，透露著該工作也不輕鬆，中美合作之間更有許多幽微之處值得再思考。

戰後初期美援在台灣的重大建設頗多，傳主任職期間往往要遠赴各地查帳，日記中記錄公務中所見美援支出項目的種種細節，這是過去探討此一課題時很少提到的。例如1958年4月前往中橫公路工程處查帳，30日的日記中發現「出於意外者則另有輔導會轉來三萬餘元之新開支，係輔導會組織一農業資源複勘團，在撥款時以單據抵現由公路局列帳者，可謂驢頭不對馬嘴矣。除已經設法查詢此事有無公事之根據外，當先將其單據內容加以審核，發現內容凌亂，次序亦多顛倒，費時良久，始獲悉單據缺少一萬餘元，當交會計人員與該會再行核對」。中橫公路的經費由美援會提供公路局執行，並受美方監督。傳主任職的安全分署即為監督機構，從這次的查帳可以發現，對於執行單位來說，往往有經費互相挪用的便宜行事，甚至單據不清等問題，傳主查帳時一一指出這些問題乃為職責所在，亦能看到其一絲不苟的態度。1962 年 6 月 14 日傳主前往中華開發公司查帳時也注意到：「中華開發信託公司為一極特殊之構成，只有放款，並無存款，業務實為銀行，而又無銀行之名，以余見此情形，甚懷疑何以不能即由 AID（國際開發總署）及美援會等機構委託各銀行辦理，豈不省費省時？現開發公司待遇奇高，為全省之冠，開支浩大，何以必設此機構辦理放款，實難捉摸云」，顯然他也看到許多不合理之處，這些紀錄可提供未來探討美援運用、中美合作關係的更深一層面思考。

事實上，最值得討論的部分，是傳主在執行這些任務所表現出來的操守與堅持，以及這種道德精神。瞿宛文在《台灣戰後經濟發展的源起：後進發展的為何與如何》一書中強調，台灣經濟發展除了經濟層面的因素外，不能忽略經濟官僚的道德力量，特別是這些人經歷過大陸地區的失敗，故存在著迫切的內在動力，希望努力建設台灣以洗刷失敗的恥辱。這種精神不僅在高層官僚中存在，以傳主為代表的中層知識分子與專業人員，同樣存在著愛國思想、建設熱忱。這種愛國情懷不能單純以黨國視之，而是做為知識分子對近代以來國家認同發自內心的追求，這一點從日記中的許多事件細節的描述可以觀察到。

三

1951 年至 1965 年間，除了是台灣經濟由百廢待興轉向起飛的階段，也是政治社會上的重大轉折年代。政治上儘管處於戒嚴與動員戡亂時期，並未有太多自由，但許多知識分子仍然有自己的立場批評時政，特別是屬於私領域的日記，更是觀察這種態度的極佳媒介，從以下兩個小故事可以略窺一二。

1960 年頭一等的政治大事，是討論總統蔣中正是否能續任，還是應該交棒給時任副總統的陳誠？依照憲法規定，總統連選得連任一次，在蔣已於 1954 年連任一次的情況下，不少社會領袖呼籲應該放棄再度連任以建立憲政典範。然而國民大會先於 3 月 11 日通過臨時條款，無視憲法條文規定，同意在特殊情況下蔣得以第二度連任。因此到了 3 月 21 日正式投票當天，傳主在日記中寫下：

> 上午，到中山堂參加國民大會第三次會議第一次選舉大會，本日議程為選舉總統……蓋只圈選蔣總統一人，並無競選乃至陪選者，亦徒具純粹之形式而已。又昨晚接黨團幹事會通知，囑一致投票支持，此亦為不可思議之事……開出圈選蔣總統者 1481 票，另 28 票未圈，等於空白票，此皆為預料中之

> 結果，於是街頭鞭炮齊鳴，學生遊行於途，電台廣播特別節目，一切皆為預定之安排，雖甚隆重，而實則平淡也。

這段記述以當事人身分，重現了三連任的爭議。對於選舉總統一事也表現出許多知識分子的批評，認為徒具形式，特別是「雖甚隆重，而實則平淡也」可以品味出當時滑稽、無奈的複雜心情。

1959 年 8 月初，因颱風過境造成中南部豪雨成災，為二十世紀台灣最大規模的天災之一，日記中對此提到：「本月七日台中台南一帶暴雨成災，政府及人民已展開救災運動，因災情慘重，財產損失逾十億，死傷在二十五萬人左右（連殃及數在內），政府正做長期計畫，今日起禁屠八天，分署會計處同人發起募捐賑災，余照最高數捐二百元」。時隔一週後，傳主長女即將赴美國留學，需要繳交的保證金為 300 元，由此可知八七水災中認捐數額絕非小數。

日記的特點在於，多數時候它是傳主個人抒發內心情緒的平台，並非提供他人瀏覽的公開版，因此在日記中往往能寫下當事人心中真正想法。上述兩個小例子，顯示在政治上傳主充滿愛國情操，樂於發揮人溺己溺的精神援助他人；但他也對徒具形式的政治大戲興趣缺缺，甚至個人紀錄字裡行間均頗具批判意識。基於這樣的理解，我們對於《吳墉祥在台日記》，可以進行更豐富細緻的考察，一方面同情與理解傳主的心情；另方面在藉由他的眼光，觀察過去所發生的大小事件。

四

然而必須承認的是，願意與傳主鬥智鬥力，投入時間心力的歷史研究者，並非日記最大的讀者群體。對日記感興趣者，更多是作家、編劇、文人乃至一般社會大眾，透過日記的閱讀，體驗另一個人的生命經歷，不僅開拓視野，也豐富我們的情感。確實，《吳墉祥在台日記》不單單是一位會計師、財金專家的工作紀錄簿而已，更是一位丈夫、六名子女的父親、奉公守法的好公民，以及一個「且認他鄉作故鄉」（陳寅恪詩〈憶故居〉）的旅人。藉由閱讀這份日記，令人感受到的是內斂情感、自我紀律，以及愛國熱情，這是屬於那個時代的回憶。

歷史的意義在於，唯有藉由認識過去，我們才得以了解現在；了解現在，才能預測未來。在諸多認識過去的方法中，能承載傳主一生精神、豐富閱歷與跌宕人生旅程的日記，是進入門檻較低而閱讀趣味極高的絕佳媒介。《吳墉祥在台日記》可以是歷史學者重新思考戰後台灣經濟發展、政治社會變遷不同面向的史料，也是能啟發小說家、劇作家們編寫創作的素材。總而言之，對閱讀歷史的熱情，並不局限於象牙塔、更非專屬於少數人，近年來大量出版的各類日記，只要願意嘗試接觸，它們將提供讀者無數關於過去的細節與經驗，足供做為將我們推向未來的原動力。

編輯凡例

一、吳墉祥日記現存自1945年至2000年，本次出版為1951年以後。

二、古字、罕用字、簡字、通同字，在不影響文意下，改以現行字標示。

三、難以辨識字體或遭蟲註，以■表示。

四、部分內容涉及家屬隱私，略予刪節，恕不一一標注。

日記原稿選錄

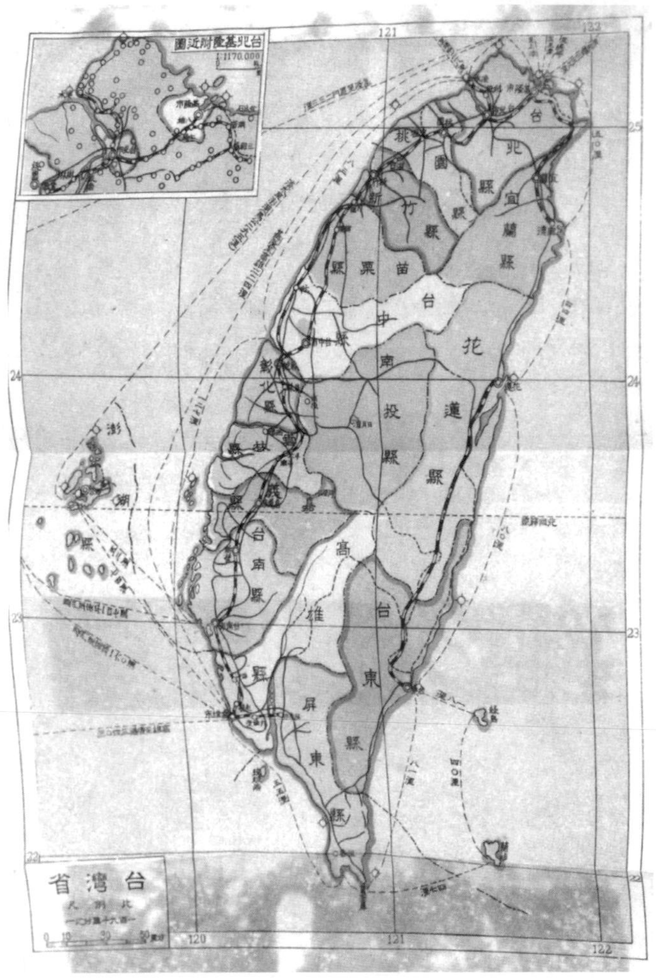
台灣省
比例尺
台北基隆附近圖
1:170,000
台北縣
桃園縣
新竹縣
苗栗縣
宜蘭縣
台中縣
花蓮縣
彰化縣
南投縣
台南縣
高雄縣
台東縣
屏東縣
120
121
122
22
23
24
25

一九五六年小引

余行年四十有八，亦屬於中年時期，然一宰未衰老之象徵者，例如鬢已白其大半，視力減退極速，非戴眼鏡即不耐久視，記憶力則尤其衰減，縱是日時用之一番強記其者，亦每每瞬息間即無影踪，及此皆試中於八年居里執一業，雖無甚年之流轉播遷，然於馳內張，剌激較繁，憂患俄頃之至，表面之寧靜不足以消除內心之紛擾也。在此驚濤駭浪之時代中，既須應付日益高昂之物質生活，更須斬求未必不成泡影之希望，在如此沉重之壓力下，安能不日就衰老，其可得乎？

迷惘如斯，並見此半段生命之不能不善加珍惜。余所時生悔恨者，為係不善不能改之之一語。潛心讀書之習慣余皆係勉強而行。耐心做事之習慣，余欲做到而終不能。例如在台從事自由職業已經六七年，而終未能與之高等人生根深蒂固之關係，故所做業務仍不出於零星應付，是無余不善交際之習性之終不能痛改也。「過而能改，善莫大焉」，此語之真諦，可以接受，亦可以服膺，然如何實行，從何著手，則往往令人迷惑而無由擺脫，新年伊之真正修身工夫，其在斯乎？

一日 高伯

年 月 日 星期 天氣

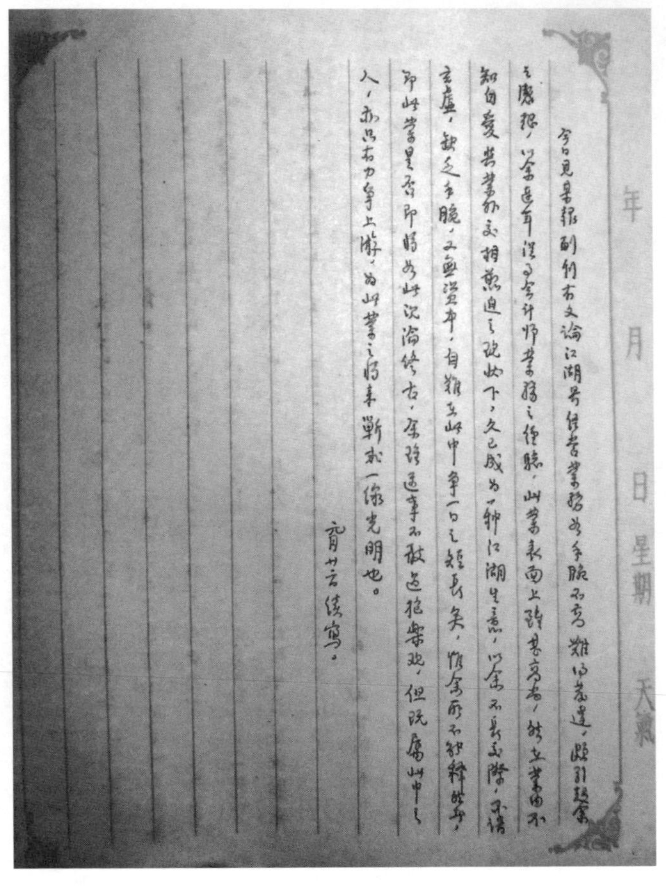

年　月　日　星期　天氣

今日見某報副刊有文論江湖式經營業務之手腕不高，難以發達，頗引起余之感想，以余這年從事會計師業務之經驗，此業表面上雖甚高尚，然其業內不知自愛者業務之相欺迫之說此下，久已成為一種江湖生意，以余不善交際，不諳玄虛，缺乏手腕，又無資本，自難在此中爭一日之短長矣，惟余所不能釋然者，即此業是否即將如此沉淪終古，余雖遠事不敢過抱樂觀，但既為此中之人，亦只有力爭上游，為此業之將來斬求一線光明也。

[illegible]廿六續寫。

年 月 日 星期 天氣

九月六日 星期四 晴

謀職——上月見美國安全分署登報徵用稽核人員，曾填表送請審核，月初接該署人事室由 Faulkender 簽名發出之通知，約於今日到該署面談，時間自定。余於今日上午九時半前往，首在人事室接洽，由一青年君備余上四樓會計處，先晤劉允中君，劉君告余，對余資歷極感滿意，並謂此次應徵者四十餘人，只通知三人前來接洽，通知由人事室發出，但實際由會計處洽辦，會計長為 Gordon 此刻外出，可先與主管股 Head of Field Audit Section, Mr. Johnston 談話，余與約翰生氏談話，彼告余以工作之性質係赴外稽核，每月有三週在外，一週在總辦報告，詢余有否興趣，余告以時常到外勤工作，並無困難，彼又詢余從準備有一簡單之試題，余是否能作答，何時可來，余詢需時若干，云三小時，其時為十時，余詢中午下班為何時，劉君云中午延至一時後可在此，余乃開始作答，其題為審計會計與英文兩部分，審計會計部分有小題五，大題一，名俗此重之中，劉君謂此大題較重要，余乃先作大題，其內容為有一紡織廠之年終試算表，另有若干年終待轉帳之項目，包括本年原料短計，今年年底原料成品與未成品盤存，營業與製造費用之分配比例，各種應收應付與預收預付等。需作整理分錄與資產負債表及損益表，余所採用之方式為設一 Worksheet 先設整理分錄兩欄，一一在表上紀錄，余已二十年未作此項工作，故臨時感覺生疏，故先從項目有所顛倒，先將各項製造費用歸入製造成本，於後覺該數由於應收應付預收預付與分配比例即不需先轉帳，而使兩數不確，於是一再修改，虛耗時間一小時餘，在翻帳完畢因左右不平須追尋錯誤，亦將近半小時，故此題作完，即共用去五小時，其間虛耗時間即近七小時，最後又答五個小題，用去半小時，故全部題目自上午十時起至下午五時半止始行作完，此為余生平最罕之經驗，全[illegible]只於午間略食麵包，並飲咖啡一盅，故於散場時已覺精疲力竭，[illegible]不能出[illegible]，今日考者共有三人，此外二人均於晨八時半到達，其中一人早繳卷退去，另一人則與余同時於下午五時半該署下班時結束，此外另有一英文題為某機構[illegible]三方面修建房屋，詢以何方法使其不致有勝混虛報之事，余因為時不足，且亦不知其要者究竟何在，故未作答，今日之成績余自覺不甚理想。

十二月二十四日 星期一 雨

集會：今日為光復大陸設計研究委員會第三次全體會議之第二天，上午由副參謀長馬紀壯代表彭總長報告軍事，因聲音不能宏亮，聽者多不感興趣，繼由大會為組討論軍事之訓練已經完成，正待有利時機成熟時即可發動，並報告共匪鷹廈鐵路完成，對於台灣威脅之增強，惟吾人已有安全之準備云，報告完畢後，由中央第五組主任與國防部保密局長張炎元報告匪情，余因事未聽。下午繼續開會，由沈昌煥次長報告外交，說明一年來在聯合國以及其他外交壇坫上之苦鬥經過，報告畢後，為對於一般會務交換意見與工作委員陳誠之結論，余因事未終即退。

中午，粵省籍國大代表在會賓樓聚餐，到廿餘人，當時指出數位代表赴基隆歡迎由港來台反共義士中之粵籍義士四人，並交換一般意見後而散。

參觀：下午，與德芳到女師附小參觀該校校慶成績展覽會，因到達稍遲，只去紹宇所在之四年級室，經國所在之六年級室，與經彭所在之幼兒園室分別參觀後返。

娛樂：晚，到中山堂看國大代表年會所演京戲，余與德芳到時李桂春之古城會已上場，演來甚佳，繼為女代表閻帝修之四郎探母，平平，尚有余素琴之生死恨，未看即返。

目　錄

1956年（48歲）

1956年小引

余行年四十有八，應屬於中年時期，然一兩年來衰老之象漸著，例如髮已白其大半，視力減退極速，非戴眼鏡即不耐久視，記憶力則尤其衰減，縱過目時用過一番強記功夫者，亦每每瞬息間即無影踪，凡此皆或由於八年居亞熱一帶，雖無昔年之流離播遷，然外弛內張，刺激頻繁，憂患俄頃可至，表面之寧靜不足以消除內心之坎坷也。在此驚濤駭浪之時代中，既須應付日益高昂之物質生活，更須蘄求未來不成泡影之希望，在如此沉重之壓力下，而欲不日見衰老，其可得乎？

逝者如斯，益見後半段生命之不能不善加珍惜。余所時生悔恨者，動係「不善不能改」之一語。潛心讀書之習慣余皆係勉強而行。耐心做事之習慣，余欲做到而終不能。例如在台從事自由職業已經六、七年，而終未能與工商界發生根深蒂固之關係，故所做業務仍不出於零星應付，蓋由於不善交際之習性之終不能痛改也。「過而能改，善莫大焉」，此語之真諦，可以接受，亦可以服膺，然如何實行，從何著手，則往往令人迷惑而無由解脫，新年後之真正修身功夫，其在斯乎？

一月五日作

今日見某報副刊有文論江湖界經營業務如手腕不高難得發達，頗引起余之感想，以余連年從事會計師業務之經驗，此業表面上雖甚高尚，然在業內不知自愛與業外交相煎迫之現狀下，久已成為一種江湖生意，以余不長交際，不諳玄虛，缺乏手腕，又無資本，自難在此中爭一日之短長矣，惟余所不能釋然者，即此業是否即將如此沉淪終古，余雖遇事不敢過抱樂觀，但既屬此中之人，亦只有力爭上游，為此業之將來蘄求一線光明也。

元月廿二日續寫

1月1日　星期日　晴

師友

上午，林樹五君來訪，談及德芳所患風濕現在有新藥康體素可用，但此藥完全霸道，非經醫師處方不可服用，據云此藥之原料來自大芋根，故食芋有時有此成分在內，因而發生作用云。下午，趙榮瑞君來訪，談近在行政院外匯審議委員會仍辦統計工作。晚蘇景泉兄來訪，閒談近來革命實踐研究院結業人員之聯繫工作已完全形式化，而最近捐建大禮堂未能按預定目標收齊，且在五千人中有三分之一未將捐冊寄回，亦為對於公共事業一般情緒之低落表現，不可忽也。

瑣記

新年假中無事，隔壁黃君修理工作於今日開始，依其前手蔡君與余三方所約定者，由黃經手代余在兩家毗連處加建廁所一處，以後可以兩方絕對劃分，此項工程亦於今日開始，此事以不甚愉快之開始而獲得差強人意之結果，殆為始料所不及，因黃君原意為借用余之自來水管，無形中以廁所仍舊合用為條件，不知廁所合用乃沿襲已久之事，非屬片面可以處理者，自來水交涉之時黃本身意氣用事，斷其商洽之路，而以廁所事相要挾，余與德芳將計就計請蔡君增建廁所為其頂於黃家專用之地步，而黃之原策劃遂全盤失敗矣。

1月2日　星期一　陰雨

師友

上午，周天固兄來訪，渠現在服務於中央黨部第四組，閒談目前宣傳工作之梗概，而於若干通訊社之每月乃至每年不發稿一次者，嘆為當前新聞界之怪現象，又談及渠所主辦之「我們的生活」徵文，中間經過數月始將報酬發清，足以證明透過下級黨部欲確切貫澈某項任務，其事實非易易也。下午，陸冠裳兄夫婦及廖毅宏太太來訪，係為探視德芳之風濕病者，陸兄刻在國軍退除役就業輔導委員會辦公，業餘且代人繪製統計圖表，並製作模型，對收入方面不無小補云。

1月3日　星期二　雨

聽講

昨日應講授之英語發音，因年假關係改為今日，今日已將全部國際音標講完，並一再重複練習，由於此次學習國際音標，對於發音獲得不少新的了解與啟發，例如若干類似之元音，昔只通韋氏音標，所了解者多似是而非，且多不必要之紛歧，又如朱楚方氏在說明輔音之氣母與聲母的區別，並提出在s後之輔音如為氣母者多變為聲母，又字尾為 -ng 者，如為形容詞之比較格，讀 [g] 音，如為動詞變名詞或其他用法者，則多讀 [ŋ]，用鼻音，此皆為余夙昔所不及知者，今則得以貫通矣。

1月4日　星期三　晴

師友

上午，訪逄化文兄談建築房屋問題，並聯袂往林產管理局訪呂秘書崇周探詢配售木材情形，呂君認為該局牌價另加製材費三成後與市價相差無幾，可不必多此一舉，但仍願向供應組探詢手續，但因其時已近下班時間，乃約定下午以電話聯絡，下午呂君電話云，昨日省府會議通過新修正之售材辦法，對於申請須附建築許可證一點已加取消，原因為對於公務員之個人配售已經取消，故此問題可不必再事考慮矣，此點為余今晨看報所發生之疑問，經此解釋，當不復作此想矣。

瑣記

今年元旦前後共發出賀年片一百三、四十件，其中因接到賀年片立即作復者占一百二十件左右，另一、二十件則因去年競選會計師公會理事時獲得幫忙助選，乃對於助選之會計師同仁發出者，今年所印賀片仍用郵局買來之明信片加印。

體質

旬前左腕有風濕現象，舉手時略痛，近日服用維他命 B1 片，每片一百公絲者，每日兩片，略有效力，此外則自元旦日起恢復鍛鍊身體，所用方法為前年在陽明山受訓時樂幹同學所授之金剛靜坐法，每次半小時，均於晨起後行之，此法本練習多日，後因故中輟，現因預防有中年時期之小病，乃決心每晨繼續行之。

1 月 5 日　星期四　晴

業務

下午，到林產管理局訪林業員工互助協會清理工作主持人臧昪騏與林慶華兩君，只林君一人相遇，目前清理工作仍在停頓之中，待社會處與法院洽詢如職工福利委員會可以作為法人登記，則協會即結束改用新名義登記，然後繼續從事清理工作，林君認為此當為一兩月內之事，余則認為恐一兩月後方能著手，故希望本案未付公費能早日付給，將來此項工作仍繼續進行至終了，惟林君之意少數人對此當可同意，所顧慮者為協會多數人不能了解，引起誤會，余託其與臧君再度磋商，並留字臧君請協助一切，又該局接管農林公司移交業務如須有查核證明等業務，亦請注意，余願為效勞，此意並對林君亦面談，彼意目前似尚無需要云。

家事

下午，隋錦堂表妹婿來訪，探詢余進行建屋之事，余告以將委託營造廠代為監工辦理，彼意此自是好法，又談其自奉兵工廠准予辭職後，正為將來之職業考慮，工專教職可改專任，但目前尚認為不夠理想，當前之希望為能在化學工廠服務，已託電力公司孫運璿協理代為進行一切，但不能謂必成云。

師友

下午，購玻璃盃一打到中和鄉贈宋志先兄，因其新屋落成，日內即將移居也。

1月6日　星期五　雨

聽講

下午續聽朱楚方氏講授英語發音，今日除複習全部之元音、輔音音標外，並學習二十六字母之發音法，並說明國際音標並未全部按字母之發音採作符號之原因，為此項音標不僅使用於英語之一種，又說明字母讀音如能正確，對發音幫助極大，此外兼及英文字母所以不能一母一音之原因，並認為讀字雖有若干例外，然絕非不規則的。

集會

晚，出席小組會議，每人將去年開會紀錄表加以登記，備後日到十普寺投票選舉省黨部之全省代表大會代表，又討論本屆黨籍總檢查分數太緊之爭取辦法。

1月7日　星期六　雨

師友

上午，徐庶幾兄來訪，談遠東游覽汽車公司為申請擴張營業區域事，已將第一次活動用費匯來，計五千元，預計為總數二萬元，據謝澄宇兄與監理處蕭君接洽結果甚為良好，為表示酬謝，由徐兄洽請利源化工公司聘為技術顧問，年致公費一萬元，徐兄對於何時致送一點徵詢意見，余以為該款縱不能全部一次致送，亦應先送半數，故不如先將此款掃數轉送，至於以外各項費用則待續款獲俟申請核准後再行支用均可，下午徐兄又約余與謝兄在立法委員俱樂部再度會商，詢謀僉同，即著手進行云。

1 月 8 日　星期日　雨

建屋

因一月前接國民大會秘書處通知可以貸款建屋，至今近月，各項先決問題始漸有眉目，故亟須設計開工，關於基地，余本在中和鄉有私產及放領地各一段，又在景美有放領地一段，後者出路欠佳，且距台北市較遠，前者私產交通不便，放領地則為公園預定地，均有缺點，且中和鄉刻在都市計劃區內，非有建築執照，不能開工，公園預定地絕無開給執照之理，而無執照亦難領到貸款，故再三斟酌之結果，只有在私有地上建築之一法，今晨往訪三台營造廠高九峯君，託其設計，乃先到枋寮現地觀察地形與環境，因前有李鴻超之房屋阻隔視線，而風向又自右後方來，故主張沿右方面左方建築，採倒坐式，余亦同意，又因余曾在鄉公所查出在都市計劃圖上余等之地上有預定馬路兩條，其中一條十五米寬者已定界石，據告向五十六米達南即為另一條八米寬者，乃實施測量，竟適在余地之中央，但已經建屋之李琴堂、李鴻超諸君云，絕無其事，且指出預定小馬路實在地外，並已植有木栓，未知孰是，看竟即返，晚再訪高君，適李宜生兄亦在，二人已為余畫成草圖，採倒坐式，且仿照日本式庭園佈局，向大門之一面明為正面，入室後始見前院，更為開闊，始為實際之正面，此法可使家人不致在平時侷促於一隅，甚有見地也。

師友

晚，蘇景泉兄來訪，談最近又作文一篇載於海風月刊，並談近來生活情形。

選舉

下午到十普寺投票選舉全省代表大會之代表，採普選方式，余選吳治一人。

1月9日　星期一　陰

閱讀

讀 Eugene Staley: *The Future of Underdeveloped Countries: Political Implications of Economic Development*，今日只讀其第一章，著者將經濟發達情形分為高度、中間與低度之三類，低度者包括人口十六億，國家之大多數，中間者包括南非聯邦、阿根廷、智利、古巴、波多力哥、烏拉圭、委內瑞拉、日本、以色列、奧大利、捷克、芬蘭、匈牙利、愛爾蘭、義大利、波蘭、西班牙、葡萄牙、蘇聯等，包括人口四億二千五百萬，高度者包括加拿大、美國、比利時、丹麥、法國、德國、荷蘭、挪威、瑞典、瑞士、聯合王國、澳大利亞、紐西蘭等，人口三億七千五百萬，後二者多占人口六分之一，前者占人口三分之二，以上係按國民所得加以分別者，國民所得最多者為美、加二國，每人均在千元以上，低度之國家則平均在一百五十元以下，全世界人之半數在百元以下，至於國民所得之分配，則美國占全球百分之四十，歐洲亦然，亞、非、南美等國以百分之六十五人口只占國民所得之百分之十七焉。

1 月 10 日　星期二　陰

建屋

上午，再到中和鄉公所查考潭墘地皮之都市計劃情形，由辦理畫圖業務之劉君由其新繪分段一千二百分一載明地號之都市計劃分圖上查明，有一八公尺之道路適由余之地內南端穿過，路南尚餘一公尺，此地共寬二十公尺，故除路外只餘十一公尺可以利用，此項計算據云尚屬準確，因現在所量畫者乃全地區之情形，非比以前之根據三千分一之都市計劃圖臨時換算只能約指不能確認者可同日而語也。晚訪高九峯兄，正在為余設計建築圖樣，對於地皮上預定道路一節，因圖樣需三十九尺長，必須有二、三公尺在預定地上，好在將來縱須拆除，亦只拆屋兩間而已，至於此屋之佈局方面亦經從長商量，初擬將水井、水塔等置於近路之一邊，以便正房切近後面地沿，但因不甚美觀，且無論如何不能完全避過道路，故決定仍設於鄰地之沿處，圖樣之尺寸全照日昨之草圖辦理，詳細項目初步決定地基稍高，屋高九尺五，兩間地板，餘用磨石子，門窗用檜木，地板用柳安，天花板用加固蔗板，牆用雙磚，廚浴部分用單磚，頂用文化瓦，此外細部尚多，不及備記，但歸後與德芳商討後又有若干之小修正，然尚未能斷定細微處完全籌劃周全，此等工程事項真可謂經緯萬千也。

師友

下午，與吳崇泉兄同到羅斯福路三段一百八十號訪楊凱齡鄒馨棣二君，賀其新居落成，據云將以全部或一部出租作為市房云。晚，徐庶幾兄來訪，談為遠東汽車游覽公司申請改變其營業限制一案，已由謝澄宇兄將備款五千元另加五千元湊足一整數連同聘書送往監理處主管人，雖不甚饜足，然已接受，預料可順利解決。

1月11日　星期三　陰雨

集會

晚飯在立法委員俱樂部由會計師公會黨團召集聚餐，到者除幹事外，為常務理事及省黨部指導員，商討關於將於二十二日舉行之本年度會員大會有關事項，決定於是日上午在人民團體活動中心召集黨員大會並聚餐，此項大會之目的在使有黨權之會員先得對大會議題交換意見，又因此次會員大會並無選舉事項，若干會員不免缺席，有黨籍者如能全數參加，則此會之法定人數將不難達到，除此而外則為乘此機會對於有黨籍之會員作一普遍調查與聯絡云。

瑣記

新建廁所昨已完成，需裝電燈一盞，昨曾詢問一家，索工料費五十五元，認為太貴，今日由寧波西街永昌來裝，只費三十元，區區一燈，竟有如許之差，此項工作完成後，即不需再至隔壁，因而將以前之通路用夾板封閉，從此即獨門獨戶矣。

1月12日　星期四　陰雨

瑣記

比鄰蔡君之屋頂讓於黃君，初謂自住，現又證明為修理後出頂，其房屋本有之缺點，一為無自來水須隔窗用余家之水，二為廁所與余家合用，黃初來時聲言自來水彼自另裝，廁所仍維持原狀，迨詢悉工程費需二千餘元始可引至幹管，又欲假余之分管而又不耐詳商，拂袖而去，於是壓迫蔡君以毀約為要挾將廁所改為專用，蔡君乃託彼代余另建廁所，由蔡負擔費用（後余亦事實上負擔一部分），從此廁所可無牽掣，不料前數日彼仍為省費，向余家商量假用水管申請自來水，迨接水再將水表接至余之地籠下另有之前房客私裝之水管，當時因該房出頂之事尚未有所聞，故已允予照辦，但現知其目的在圖利，余即不願再以此項便利供其使用，今日與德芳商定之對策為自來水廠來對章後表示否認，黃如向該廠催辦發覺其情時，則仍以靜制動，彼如識趣，自不再來囉唣，如不知趣，則將告以彼將兩家澈底劃分之目的業已達到，最好不再種新的糾葛因子，雙方不必合用水管，請彼自行照章申裝，況新房客為何人尚不可知，助人如此不法之事，或且自難免於葛藤，余不欲為，云云，由此事余知助人解決困難，應有分寸，否則自惹麻煩，所謂善門難開也。

1 月 13 日　星期五　陰雨

閱讀

中央日報副刊載有宗孝忱作「論筆鋒」一文，列舉筆鋒十種，極具參考價值，一曰中鋒，乃運鋒之基本，二為逆鋒，乃下筆之準備，三為回鋒，乃每畫所必用，雖懸針亦然，四為提鋒，五曰蹲鋒，乃明筆鋒有輕重之源，六曰藏鋒，大字開筆時必如此，小字可略露，七曰折鋒，用於轉折之處，初學當作兩筆，以上為寫字所必不可少，八曰側鋒，往往表示媚姿，九曰裹鋒，表示綢繆斟酌而後下筆，包世臣常用之，十曰散鋒，將筆平鋪，隸法常用之，此三者非通常可用也。

1月14日　星期六　陰雨

建屋

晨訪高九峯兄，將昨日送來之中和鄉房屋設計圖透明紙本送回，無何修改。

業務

晨訪高九峯兄，交其三台營造廠應用會計科目一件，乃託余擬就，今年起開始記帳應用者，余受該廠之託代為依據商業會計科目一致規定草擬而成者。

集會

下午出席會計師公會常務理事會，到者僅余與虞舜及毛松年三人，討論下星期日舉行會員大會應準備之事項，大致五常務理事皆有工作，余主席，毛、虞輔佐，陳秉炎讀訓詞，汪流航作工作報告，又自本日起又輪流為余值月。

1月15日　星期日　陰雨

聽講

上午到師範大學聽潘重規教授講禮記，此講座本已於上週恢復，余因故未往，今日乃講「緇衣」之第二次，文內多引詩書二經之語，頗費解釋，進度甚緩。

參觀

在師範大學參觀藝術系作品展覽會，分國畫、西畫、水彩、圖案、版畫及書法等數部分，其中有二展覽室為教授作品，自較學生者為精彩，尤其吳詠香之工筆國畫，鄭月波之馬與貓，林聖揚臨巴黎博物館壁畫等，均極有氣魄，而王壯為之篆刻與宗孝忱之書法則尤稱獨步，孫多慈有人物畫一幀，幅面不大，題為問天圖，意境極高，提句云「問天萬古終無語，埋地千年尚有愛」，極為突出，學生方面則亦有少數頗見天才者如許天治畫竹，全校一人，洪嫻花卉，設色如生，而蔡長培、洪再榮之多方面發展，中西畫、圖案、木刻以及篆書均有相當成就，實屬不易，其餘雖多，則殊無足觀矣。

閱讀

前見蕭繼宗兄在報上介紹新出版小說「荒島血戀」，今日借來一閱，以一日之力，於夜間讀竟，此書著作「施民」不知何許人，編者介紹文謂為台灣之新聞從業人，以余所知之台灣新聞界有此水準者尚屬不多，全書以無人到過之荒島為背景，寫一共產黨員與另一憧憬自由世界之少女因海難而漂流其間，表現二者因教養不同而起之種種遇事的看法與想法，可謂刻劃入微，最難者以數百字可以寫盡之故事，而鋪陳至十三、四萬字，綢繆反復，不厭其絮聒，此種手法實非所以語於一般作家，其另一特點為在佈局上步步緊湊，前半部稍嫌濡滯，但至百頁之後，故事漸現異彩，書內唯一人物男女二主角之對話與心理描寫，亦逐步表現重量，而在將近結尾之處形成高潮，實有萬鈞之力也。

1月16日　星期一　陰

建屋

昨日高九峯君將所擬建屋工程合同及附件圖說、圖樣等送來，係為申請貸款之用者，該項合同係屬假定，所擬造價為七萬餘元，且業主自備材料四萬元，此皆非實情，因貸款辦法規定必須有營造廠之合約，且在申請貸款之初，此屋造價或全部房地之價須在四萬元以上，除自備二萬二千元以上，貸款部分占一萬八千元也，余今日又將其他應用文件如土地登記簿謄本，中和鄉公所建築證明（只為一便條註明此項證明係與李鴻超代表同時申請，只有一件，已由貸款組附卷）及借款契約、抵押權設定預約書、對營造廠之委託書等件亦分別備就。

1月17日　星期二　雨

集會

下午出席光復大陸設計研究委員會財政組委員會議，今日議題有二，一為去年一度討論之改進金融市場方案，本因修正證券商管理辦法遲未公佈而停止研究，現又舊事重提，在討論時並無新的意見發表，但有台灣銀行董事長張茲闓報告台灣商業銀行一般情形，與經濟安定委員會新設商業銀行督察小組之動機與意義，甚為引起一般注意，張氏謂商業銀行全部存款為活期存款，全部放款則均名為短期實為長期，而其頭寸來源又絕非仰賴存款，反而全為自行創造之信用（此點指何者而言彼未予說明），在此情形下，銀行全無制度，台灣銀行有受託代中央銀行之名而無其實，而管理金融則又為財政部之職權，在此支離破碎情形下，乃有小組之成立，至如何開展工作則尚不知云；第二議題為國民所得小組所提國民所得研究報告，此為張果為委員所提，但其本人未到，而篇幅甚長，文字復詰屈聱牙，無人敢贊一辭，有人對其文句有「擴大政府收支為國民經濟收支」之說表示懷疑，舉漢森書上只有四種收支而無擴大之說以為論證，聽者只有愕然之感，最後決定推七人小組加以審查，提出下次會議，料將草草解決，以全體名義送出矣。

參觀

下午，到中山堂參觀中國書廳所辦之書畫展覽，出品多為清末民初之人，如劉春霖、齊白石、張大千、馬公愚、鄧糞翁、吳待秋等，亦有現代青年之作品，在會場頗為出色者則為丁翼，計有小篆、漢隸、草書、行書，以及鋼筆所作行書等，皆清新雋永，其篆書勝於行書，而小字勝於大字，有聯云「高人遠俗，大隱無名」，大小適中，又有臨書譜長卷，亦見工夫，溥心畬評謂能超出一般多使轉而少折之筆法，惜寫在洋紙上，殊不調和耳。

寫作

二月間之國際合作節將於合作金庫之合作界季刊與合作經濟月刊發行紀念特刊，來函徵文，且限於本月二十日前交卷，倉促間難有題目，憶及前年以紹南名義應徵論文獲獎者「民主經濟論」一文，其取材多為自一九四七年出版之 Fowler: *Co-operative Challenge* 內譯述而來，現仍選出該書之一章，原題曰 Co-ops and Labor，全部譯出，外加開場白，共約六千餘字，命題曰「勞動者與合作運動」，文內所述全為美國勞動者之發展合作運動的史實，一面說明勞動者不可無合作組織，一面說明惟有合作組織始可在勞動界消除共產主義云。

1月18日　星期三　雨

建屋

上午，約同三台營造廠之馬子勤君同到西寧南路國民住宅興建會貸款組，持所備各項規定的文件辦理建屋貸款手續，其中因中和鄉公所之建築證明係附於李鴻超代表之貸款卷內，故經查卷核對，余之申請文件本尚附有土地登記簿謄本一件，因所用地號為分割後者，與申請總案內之用舊地號者不同，乃將此項謄本取消，即一併由總案證明，於是一切手續無所欠缺，即用三台營造廠之名義出具領款手續，將第一次款三成即五千四百元取來，係以三台為抬頭之劃線支票，但仍由余取來送至銀行入戶交換，此項手續其實完全不切實際，因該款之真正償還來源為支領待遇之機關，且以支付命令作為控制之具，今又必須由營造廠出面，不但多事，而且反使責任不明，宜乎借款人有被營造廠所欺者之向貸款組大發雷霆也，今日所填各件尚有身分證號數漏填，容下次再補云。

集會

晚，舉行勞工保險基金監理委員會議，此為三月來所未舉行之會議，故案件較多，其中且有關係預算決算案件，將交五人小組審核，余亦為其中之一，今日余對於從寬核銷其過去被剔除之開支頗有切實而合理之意見發表，引起全體之重視，會後聚餐，此會主任委員即財政廳長陳漢平，談最近對於證券商管理辦法又臨將恢復交易所之抉擇階段，說明原委甚詳，謂在此辦理經濟行政，往往從經濟上考慮之問題少而從政治上考慮之問題多，可謂切中時弊，又談其財政廳內科班組織往往不能適應新的事態，最近新所得稅法公佈，問題極多，託余先行代為研究，容不久成立一個諮詢機構，以收集思廣益之效云。

1月19日 星期四 雨

師友

上午，徐庶幾兄來約到立法委員俱樂部與謝澄宇兄會談遠東汽車游覽公司之汽車奉令抽換大梁事，至則知公路局監理處蕭國祥處長有函致謝兄，內容對於以前所呈之申請免換公函表示不滿，謂已批駁，蕭本已接受謝兄代送之餽贈，即上項公文亦曾事先示以副本，當時並無異議，余認為有二可能，一為蕭嫌禮薄，二為公文須換一較和平者，此二可能或同時俱存，二人亦認余言為然，決定通知遠東先將批駁之文送來，交余等參看原卷另行擬復，至於蕭處則由謝兄稍行延候，彼必另有說明云。

娛樂

下午，應徐庶幾兄之約在立委俱樂部吃飯，事實上則由柳經理會帳，飯後在萬國看電影，為義片「滄桑奇女子」（The Wayward Wife），英語對白甚清晰，演員亦佳。

1月20日　星期五　雨

師友

上午，徐庶幾兄來訪，交來遠東游覽汽車公司之申請解除行車限制各項文卷，乃該公司董事長蘇永真昨晚送來者，余即根據公路局十七日所發不准之復文擬成申請書一件，備述前該公司前籌備人蔡天德昧於公路局之規定將車身打造完成，其本人又因爆炸案而脫離公司，股東改選蘇為董事長，經將車身情形詳加考察，認為決無問題，乃有前次之申請，非如一般呶呶不休者可比，文長千言，為公文中之帶有悲情語句者，下午到立法委員俱樂部與徐庶幾與謝澄宇兩兄加以研究，略事潤色，即交打字員打清，下午徐兄前來取去用印，俟轉謝兄先送監理處長一閱，決定是否再行修改始作定稿，今日徐兄再談及監理處長批該項公文與連日來事態之發展不相和協，疑謝兄經手送禮或根本未有其事，但就事論事，又似乎絕不可能，然則只好等謝兄持文與蕭處長商談回報，始知就裡矣。

集會

上午，到會計師公會主持常務理事會，五人全出席，對於後日會員大會之種種準備事項交換意見，大致均已就緒，例行案件中有季貽謀會員申請入會，季本為會員，中間因任官而退會，現改就非官方之職務，於是又重操舊業，該案提出時各常務理事眾口一辭，認為該會員前次退會時對於輪辦案件應繳納之提成以及尚欠會費皆屢催不理，此次申請既未附有入會費，亦未明其建設廳之登錄批示副本是否仍可以舊案有效，故決議請辦齊後再行提會討論，下午季君聞知此項消息，以電話向余大放厥詞，謂會員入會不應附有條件，延誤其入會而發生業務損失時，渠將請公會負責，余告以余本人無意見，但執行決議有責任，個人情感上甚惋惜，職務上不得已之處應請原諒，此人退會時未料重來，對會員義務延不了清，久已嘖有煩言，今受此打擊，不但不肯反省，且振振有詞，昧於止謗莫如自修之理，亦可怪矣。

瑣記

傍晚在衡陽街候公共汽車回家，過車不問滿載，幾無一肯停，細雨中候車人苦極，余乃自抱奮勇，逆程至火車站起點，然後換乘南下車，至衡陽街站果又吹笛不停，而再搭二十人亦無問題，余乃報以下車，終得以停靠而免除二十餘人之風雨中竚立之苦，若乘車人能合作，不必定有逆程而往者，隨時能推己及人，易地而處，車上對於車掌之不道德行為有所糾正，久之渠即不敢任意不停，而衡陽路站之擁擠問題即迎刃而解，惜乎行人之多只顧一己瓦上霜也。

1月21日　星期六　陰晴無定

閱讀

看方丁平作小說「五鳳輕陽」第一冊，共六章，故事在寫中國動亂時代中之變態女性，以花鳳、丹鳳、正鳳、春鳳、風鳳五姐妹為代表人物，且描述除長、二為姊妹外，其餘皆為母女，可謂一段奇情，本冊只寫到正鳳之出生，穿插之故事皆為官場與市場交織之病象，乃一暴露性的社會小說也，著者之筆調與其以前所作連載小說「金樓韻事」有相似之處，脈絡不十分明確，但片段中有若干突出之描寫手法，尤以男女兩性間之事為然，作者是有心人，值得一看也。

集會

下午，出席國民大會黨團小組會議，係三個小組聯合舉行，全為魯籍代表，會內除由耿占元、趙雪峯、裴鳴宇等先後報告有關建屋貸款等情形外，即為討論專題，題目奉發下者有二，一為社會改造之推行，二為經濟問題物價如何控制，有數人廣泛發言，中肯者尚不甚多，蓋因均不在政府有何任務，對實情有所隔閡也，二小時散會。晚，率紹寧、紹中參加研究院廿一期聯誼會，報告互助基金等收支情形。

娛樂

晚，廿一期同學聯誼會演電影國片「終身大事」，由林翠、丁瑩、洪波等合演，故事為若干婚姻事故，假假真真，無非為表現噱頭，至言演技製片，皆不可觀。

1月22日　星期日　晴曇

聽講

上午，到師範大學聽潘重規教授講禮記，仍接上期講緇衣篇，其中仍偏重於為政得民之理，其中所記多為孔子之言，孔氏論君民之間多合民主之理，較孟子為尤早也。

交際

于永之兄在會賓樓嫁三女，行禮時間為十二時，余因故早往，候于兄十一時到達即先為之道賀，然後辭去，送禮新台幣一百元，與前年其子結婚時所贈相仿。

集會

上午到民眾團體活動中心參加會計師公會黨團黨員大會，到二十餘人，近於半數，徒重形式，中午聚餐，凡三席，下午二時開公會會員大會，由余主席，先作開會辭，後作事業報告，待討論時由毛松年、虞舜接連主席，今日開會情形相當平穩，因有會員對今日大會之遲開兩月有所不滿，故余在致開會辭時特別聲明為遵照社會處指示，將去年決算與今年預算得以同時提出通過，此外即為照例之開場白，在討論時除預決算外即為公費標準，交七人小組審查提理事會決定，照黨團會議所提人選決定，又討論臨時動議開所得稅法座談會，及加強修改商業會計法工作，均亦通過，於五時散會。今日出席人數不多，未及五十人，乃以臨時增加委託代理方式加入若干代表而超過半數，共有八十餘人，總數應有一百六十一人云。

1 月 23 日　星期一　陰

集會

上午，代表會計師公會參加一二三自由日二週年紀念慶祝大會，由一反共義士主席，報告而後繼續演說者有行政院俞鴻鈞院長、韓國大使金弘一、大陸救災總會谷正綱等，余因事早退。

師友

上午，到合作金庫訪隋玠夫兄，面交以前所接合作事業協會來函徵文之應徵文稿「勞動者與合作運動」，徵文函上限制二十日前交卷，且謂將刊載於合作事業協會之合作經濟月刊，或合作金庫之合作界季刊，余所以送隋兄者乃希望刊於合作界也，合作經濟則曾以賴帳方式不給酬金，不了了之，深覺其作風不佳也，又此文於今日上午作最後之校正，蓋譯文之時有若干美國合作社區社之名稱性質不甚清楚，今日用美國合作年鑑加以印證，始有清楚之了解，故名稱加以訂正者不少。下午到中和鄉潭墘訪宋志先兄於其新居，不遇，留字並留徐庶幾兄所贈之風濕藥所餘三丸，請酌轉贈其鄰人或呂崇周秘書，另因建屋需款孔急，請代為留意如有受主，希介紹將其屋後之地出售云。在宋兄之鄰遇其襟兄柳鳳章夫婦，其房屋將次完成，刻正從事修築竹籬，其屋後與志先同為余之基地，而不成一條直線，柳君欲向後擴展至與志先兄成一直線，余因當面情不可卻，未提條件，亦即允之，又以前買地時所買之通大路巷道用地其寬度本至柳君之牆基，今見其牆外又有水道，水道外有竹籬，占去一尺之譜，余當向其夫婦聲明，渠竟謂買地時志先兄對彼等說明之界址與余所得自志先兄者不同，亦可謂善於強詞奪理者矣。下午，將昨日會計師公會文件書刊寄一份於陳長興兄，又送一份於張寶文君，前者因係開會委託余代表者，後則因余昨日為湊法定人數而代為簽名，理應事後向其聲明，故備函一件，並將所收到之文件、刊物亦一併送去云。

建屋

晨，與高九峯兄研究此次建屋預算，渠已將用料開出，計算建坪達三十坪六，造價須六萬六、七千元，而水電、水井等尚不在內，下午送隋錦堂表妹婿加以研究。

1 月 24 日　星期二　晴

集會

下午，出席光復大陸設計研究委員會金融小組，討論保險問題，由桂裕氏報告對於保險法之研究，報告後詢問時間，余對於社會保險與戰時兵險兩點提出詢問。晚舉行小組會議，余因事遲到，知會內決定每人擇寫對於總統元旦文告之研讀心得一篇云。

師友

晚，蘇景泉兄來，閒談。晚，隋錦堂表妹婿來談關於建築材料之使用與市價情形，對於余正擬建造之房屋所用材料之預計一點，提出若干修正之意見。

交際

晚飯參加革命實踐研究院經濟組一至五期歡迎六期畢業之宴會，到主客六十餘人。

1 月 25 日　星期三　晴晚雨

師友

晨，徐庶幾兄來訪，談數日前回台中一行，為與遠東汽車公司接洽歸還利源公司墊款事，前數日所代擬之呈公路局申請書已由謝澄宇兄遞進，約於今晨九時在立委俱樂部見面一談，余乃如時而往，據謝兄云曾持函訪公路局監理處蕭國祥處長，渠表示其本人並無問題，但上下俱不能變通，彼亦愛莫能助，至於前承借之一萬元待其弟回台即當籌還，謝兄之意，其表示乃屬事實，於是主張再向其科長與局長進行，並已託陳勉修備片介紹其董事長蘇永真往謁譚局長，但另須調查其科長李俊明之人事關係，以便繼續進行，余即表示意見，認為此事恐希望甚微，且費用無法把握，因徐兄預定以二萬元為人辦成，今對蕭已用去其半，等於虛擲，再與其科長以至其他人員作功夫，更不知要耗費幾許，至於譚局長處如其經辦人能通過，彼本人必予以同情之考慮，余曾談過，陳介紹蘇往談自然亦無不可云云，談竟即散。下午，廖毅宏兄來訪，閒談，據云與徐庶幾兄代利源公司接洽售公賣局純鹼一案，第一批一百噸已經成交，在局內為力最大之孫技正與廖兄二人各受聘為技術顧問，每月六百元，談次對徐兄之言大而誇，且往往說話不自負責深為不滿。下午，宋志先兄來訪，談其新居屋後之地余託其出售事，據云曾有表示願買者，當為介紹，於是研究價格，當決定以一百二十元一坪為標準，又談讓柳鳳章之一小段經量後約有三坪，其方式將俟余出讓成交時照價計算即可，惟余意坪數不必刻板，因其連路處尚有滴水占去約寬尺許，將俟賣出實量情形如何作為計算標準云。晚，逄化文兄來訪，代劉桂兄詢問能否在建屋時，將劉兄準備貸款一萬元代為加入建築內作為申請之依據，余答本無不可，但因申請手續已經送至建委會貸款組，其中附有圖樣，今劉兄又加入申請，勢必重劃，恐特多周折云，逄兄又談其本人正考慮放棄貸款而改為申購房屋，其優點為可以得到較大數之貸款，逐漸扣還，利息亦低，且不需煩神用於建築，缺點為建築及地點不能自行選擇云，余則勸其仍至潭墘共同買入之地上建築，因此地乃彼所發起，完全放棄，甚為可惜，或用其半亦可云。

閱讀

閱方丁平作「蘭兒外史」，寫慈禧太后與一江湖賣卜初戀，又與榮祿有染，而後定親，嗣又被選入宮，雙方均仍不斷繾綣，迨後生子，名義歸於醇親王，此即光緒皇帝，而賣卜者則遭處死，此一故事與史實有無出入則不知之，寫來則極為逼真，有數處男女間之描寫則甚露骨，筆調與「金樓韻事」大同小異。

1月26日　星期四　雨

師友

上午，徐庶幾兄來訪，談關於遠東游覽汽車公司請公路局放寬限制事，已於日昨偕該公司董事長持陳勉修之介紹片訪譚局長嶽泉，所得反應不佳，歸後即訪謝澄宇兄決定此事不再進行，至於曾由謝兄經手送監理處長之一萬元，由謝兄負責索回，實際此一萬元之下落究竟如何殆屬一謎，繼談及利源公司售鹼於公賣局事，徐兄謂該公司雖已成交一百噸，然只收到價款二十萬元，支配完竣，尚有五萬元則未收到，故除對於公賣局之孫技正與廖毅宏兄之技術顧問已經行聘外，對於余之會計顧問，在該公司款項尚緊之情形下，不願立刻提起，余即告以聘與不聘，余不在意，徐兄則說聘即聘，說不聘即不聘，至於遠東事余昨日即預感不成，無須進行，目前台灣人大半過河拆橋，內地人亦與之相似，余對此等事之幫忙，並不一定在乎立即有所報酬，如必須報酬時，只好先行講定，此次對遠東對利源皆為徐兄個人之友誼關係，有無報酬不復置意矣，此言即責其食言而肥，惟不從正面說出耳，由此等等事，更足證此人之不可交也。

集會

下午代表會計師公會出席省級各人民團體會報，歷時三小時始散，其中全屬輪值團體之冗長工作報告，聽者了無興趣，而主席者不予制止，真不解是何心思也。

娛樂

晚到中山堂看電影，片為洪波主演之「歡天喜地」，極富於嘲諷意味，，又一片為英國出品「戰國爭雄」，故事甚簡單，但所採外景及異禽奇獸則蔚為大觀也。

1月27日　星期五　陰

集會

上午，到會計師公會主持常務理事會，討論如何召集理事會處理此次會員大會之各項案件，並討論季貽謀申請入會案，自上次決定請其清理欠費後，渠已將所欠會費及此次入會費補繳，只有輪辦案件之提成尚未繳來，余本有意提議略事通融，不料監事會方面表示務請照前議辦理，不可權變，於是乃議決提請理事會決定，並將會期規定於下星期二，至於常務理事會於再下星期二舉行，談竟散會。

建屋

晚，訪高九峯兄，交第一次建築材料費五千元，請先定磚，據云日來價已漸低，黑頭磚前數日須三角一分者，現已只須二九．五分，全部需磚三萬個，價款約九千元，不足之數余允其於十天後補付，至於繳貨之期，據云尚須二十天左右，但不受漲價影響。

家事

晚，率紹寧、紹彭兩兒女到賴牙科診所分別為之診治牙齒，紹寧為一齲齒拔除，另一乳齒則因恆齒將茁出，恐其方向右偏，亦先行拔除，紹彭則為牙肉有腫脹處，只略割用棉花吸藥塞入，暫時使其不痛而已，兩次均隨到隨治。

1月28日　星期六　晴

建屋

上午到姑丈家，將預定建屋圖樣交表妹夫婦參閱所用材料預算是否核實，因姑丈今日移居，本欲為之幫忙，但因延期至後日，故不果。下午到國民大會秘書處辦理申請水泥手續，經辦一公函致該處，該處即將擬稿致物資局，所需附件有四，今日已將圖樣計算表與鄉公所證明書三件交該處，尚有工程合約容後補送，該函將由余來該處取回自往物資局交涉，據云如此或可在核定時略有伸縮，但亦甚微云。

業務

中午，李崙高律師來告，陳丙丁案陳已允今日付給公費二千元，其餘一千元十天後付清，下午余到李君處將二千元除提成四成外取回，並準備早日開始為之鑑定。

1月29日　星期日　晴

聽講

上午，到師範大學聽潘重規教授講禮記，今日已將緇衣一篇講完，並開始講經解篇，緇衣一篇乃講言行與為政等，經解篇則為六經作註腳並解釋六經之與教化，乃將學理與實踐加以合一之印證者，凡此皆與狹義之「禮」無關，然從廣義之禮言之，則固包括一切政令典章制度，並不限於一般所謂之「儀」者也。

集會

晚，舉行小組會議，選舉本小組出席第六區分部代表大會之代表，余投朱懷林之票，但結果當選者為余與夏鐵肩二人，此蓋因組長朱懷林與幹事吳治雙方事先必另有安排也，又區分部本只應有黨員大會，不知何時新定之規章改成代表大會，此與區分部之變成虛級終年不開會者，實為二大不可能之事也。

1月30日　星期一　晴

家事

上午率紹因到蔡文彬醫師處為其診療感冒，據云熱度不高，取來粉藥、水藥各一種。今日姑丈移居於中和鄉，晨著紹南到基隆路舊居為其協助一切。諸兒女今日已全部開始寒假，今日為紹中考完之日期，其餘則皆於上週考完，並開始放假矣。

聽講

下午續上英文課，朱楚方教授講會話語調，謂西人說話時必面向對方，尾音上揚，乃屬不可疏忽之禮貌，凡對方說話語調下沈，被視為極不禮貌，余忽憶及三十五年前余小學畢業，在益文暑期補習時，有同學見校長畢維廉由樓下經過，高呼 Good morning, Sir! 未聞對方之答復，余未解其故，現由語調問題解釋之，知當日該同學之末一字尾音未上揚，且距離甚遠高聲呼叫，恐亦屬失禮也。

集會

晚，到合會儲蓄公司出席陽明山財經十九小組會議，擔任報告及讀訓諸人多半未到，只有心得報告擔任者周開慶出席，故報告後即散會，內容太單純也。

1月31日　星期二　晴

業務

下午，到高等法院晤張業照書記官洽取陳丙丁侵占上訴案之帳冊，以供鑑定，俟將帳簿加以查核後，再到該院調閱文卷，其文卷較李崙高律師所存者在十倍以上云。

師友

下午到電信管理局訪汪聖農兄，詢問本市電話業務情形，告以已接洪蘭友秘書長轉來電信總局長之函，允於二千號擴機時設法，汪兄云二千號擴機須在六月間始可實現，渠當代余注意其動態，言下對於去年余最初安裝時淺嘗輒止未一氣呵成表示惋惜，謂當時甚易，今日乃最難矣，其實渠固健忘有加，余憶及當時彼曾云絕無空號，及發現他人得以安裝，渠始又謂不妨找人事關係，余對汪兄亦只有自責無此深交耳。

集會

下午，到會計師公會主持理監事聯席會議，討論會員大會通過案如何執行，其中關於開展社會服務工作一案，推余召集原提案人商擬具體實施辦法；關於召集所得稅問題座談會一案，推王庸召集余與張安侯擬具辦法；關於季貽謀會計師申請入會一案，決議因其會費已繳，只差提成公費未納，准其一面入會，一面從速自行照繳；最後對於林頌樫會計師所報在高等法院發覺有任克重其人以會計師身份執行業務，但向未入會，應如何處理一案先行交換意見，請林再詳細報告。

2月1日 星期三 雨

業務

吳麟律師介紹基隆大世界戲院前合夥人胡君委託辦理清算，今日與吳、胡二君談其案情內容，緣胡君兩年前曾投資大世界三萬元，後又經另二合夥人吳報錦與余良猷借來三萬元，共對大世界支出六萬元，僅四十二天而發生糾紛，又不多日而倒閉，但執行業務之合夥人余良猷延不辦理結束，經一再去函請將帳冊憑證交出，亦表面應允而實際不辦，中間若干友人和解亦成立後即打破，始終因余某之毫無誠意而久久不能解決，於是決定先請會計師函知將帳交出，如不肯交則進行法律程序，吳兄與余談此案之條件為如該余良猷將帳送來，即支付公費一千元，如不送來即不支，余對此點原則接受，但約定明日定約，並將致余良猷函定稿。

集會

晚，到里長呂錦江家出席里執行輔導聯席會議，到者只五、六人，不足應到人數四分之一，余未待其到齊因已等候至三刻鐘，且里長亦不在場，即行早退，聞之今日參加之里幹事與區公所其他參加人員，古亭區各里以此龍匣里表現為最弱云。

家事

紹彭今日為五歲生日，幼稚園已上畢一學期，成績甚佳，體重則冠於同班，智力亦在水平上，尤其善伺人面色，知見機而作，在諸兒女中尚無其匹也。

2月2日 星期四 晴

業務

上午，胡琦代表前來辦理正式委託辦理清算基隆大世界戲院之手續，所立委託書內容為公費一千元，於該戲院業務執行人余良猷將帳冊等件交出時支付，如清算結果收回款項時，照公會所定百分比再算收公費，亦即百之六至百分之十，臨時再行斟酌決定。此案因余良猷為人刁狡，兩年未決，余預料其未必即行如期將帳交出，胡君之意準備不交時即行訴追，余某曾因違反票據法處罰金數千元，只有照繳，故對於訴訟不無顧慮，且在該項訴訟審理期間其帳目已有一份送法院審查，當時曾託律師抄出一份，彼不交出帳目亦可根據該帳追其單據憑證，不能以不理了之云。

2月3日 星期五 晴

業務

上午，到地方法院為胡琦委託案件辦理認證寄信於余良猷，昨日本到郵局辦理存證寄信，因局內人員刻板過甚，對於所附之副本抄送兩會計人員兩件認為必須另作兩件寄出，如此則收費三倍，共約須四十元左右，以致未辦，今日到法院公證處辦理此事，雖手續較繁，而對於附件問題則處理比較合理，余向助理員商量在所填認證之後附註另有副本兩份作附件，彼當即接受，收費尚不足十元，另加郵費。

建屋

前數日余將擬建中和鄉房屋圖樣交表妹婿隋錦堂與

用料表核對，今親來談其意見，大體上認為設計極其精細，僅有數點不能由圖上對照之處須查問後始知，再則對門窗尺度略有意見，其餘均屬合理，最後將室內各處門窗情形再加斟酌，認為有地板之兩間可將房門縮進，不直接向客廳，一可略有掩蔽，二可作為脫鞋之地，又書房仍以採用活壁為佳，必要時可以拉開與客廳相連云。

2 月 4 日　星期六　晴

業務

今日開始查核陳丁案之錦裕茶帳，該帳完全為一種不完備之草帳，本身公私混雜，無法判知有無重複或浮記乃至遺漏，以前經過林有壬、林季鳴、蘇宗哲三會計師及法院會計室汪書記官查過，但多半斷章取義，不能謂有斬釘截鐵之根據，今日先看李崙高律師所存卷內之有關帳務記載以與帳簿相核對，卷內有林有壬之查帳報告，敘述甚詳，但缺少一本後始送到之帳簿，且所據數字有由推測而得者，至於林季鳴、蘇宗哲之查帳報告則卷內尚未之見，容到法院核對焉。下午到林產管理局訪臧金泉組長，請付給一部分所欠公費，渠允即行簽辦云。

交際

晚參加葉尚志同學嫁女之喜筵，葉君發柬極多，狀甚鋪張，賓客百餘人。

2月5日　星期日　雨

集會

上午，出席第七區黨部第六區分部代表大會於志成補習班，出席代表凡三、四十人，余到時已經將近選舉區分部委員而開始討論提案，共兩案均照通過，選舉前由主席報告候選人名單，共十人，投票時圈選其中五人，據其他出席代表告余，開始時曾報告選舉方式，謂上級黨部交下名單十人，至此十人如何產生彼不負責解釋，故投票時亦均如在五里霧中，余於圈選四人後即行早退，所以圈四人者，因其中只有四人為余所識也，今日之會完全形式化，區分部不開全體會即屬一種不見前例之事，其實即使開全體會亦不過只有黨員三、四百人，技術上無困難也。

2月6日　星期一　晴

建屋

上午，到國民大會秘書處補送建屋合同，隨即取出所備致物資局申請配售水泥之公函，到物資局訪梁中一兄請介紹經辦人顧副處長不遇，改晤溫廣彝處長，亦即國大代表之一，據云申請後轉建設廳審核，並派員到工地勘察後始行核定數量，在勘察前須先挖成基地不能用水泥，表示尚無水泥，旋介紹余至收件人劉君處將文件交其收受。晚，訪高九峯兄，將前日與隋錦堂君所談房圖將修正各點與之研商，適李移生兄亦在座，對此種修改均認為合理，當即照改，並談及有關施工等問題，至十時始與辭而歸。

參觀

上午，到新公園參觀農民節展覽會，室內部分為農業增產成果，包括糧食與特種作物等，其中有茶株移來，又有各種蔬果，均極有致，吳郭魚、牛蛙則標本上有實物，室外則在公園草地上各種動物紛陳，包括牛、豬、雞、鴨、兔、羊之屬，其中尤以正在風行之北平鴨，余尚為初次見過，白羽朱喙，體特大，甚美觀。

2月7日　星期二　陰

業務

繼續查核陳丙丁侵占案之文件帳冊，因帳記太亂，尚無眉目。晚，為黃海水產公司準備變更登記應用各件，係參照吳崇泉兄以前所辦之設立登記文件加以變通重擬者，此為余首次辦理公司登記，以前有數次皆未成事實，故無經驗可循。

集會

下午到會計師公會主持修訂酬金標準之小組會議，只到五人，今日已將前次會員大會席上發言者之內容由余加以綜合，分成關於體例與分段一部分，及酬金計算方法一部分，先討論關於體例部分，經決定加計時公費一項，將登記代辦事項分成登記、稅務、與代辦三部分，並加入估價工作一部分，稅務部分另從詳規定。

2月8日　星期三　晴

業務

上午，到經濟部城內聯絡處訪商業司張君，詢黃海水產公司變更登記事，張君對此事似已甚清楚，但謂自己不主管，乃寫條致在郊外辦公司之朱君，特加介紹，余告以乃前司長葛之覃之好友，故張君特別客氣云。下午到木柵經濟部訪朱君及商業司主管科劉科長，持所擬之黃海公司登記文件請斟酌辦理，經加審閱後對格式有略不符者，即加以改正，然後對於是否由建設廳核轉一節加以研究，余因黃海來台後始終未辦登記，省府無案可查，而經濟部則為黃海股東，自然不嫌唐突，故主張直接申請，但劉科長則認為變更登記不由地方官署核轉與通案不符，謂仍應呈由建廳核轉，如該廳不肯，再考慮直接申請云。上午，到高等法院查閱陳丙丁案之文卷，係注意李崙高律師文卷內所無之件，當時即行摘出，以便參證，今日所閱尚只有一部分，為自後而前，已將全案經過審理情形查明。

集會

晚，率紹寧到警務處大禮堂參加革命實踐研究院聯戰班第一期同學聯誼會，照例報告讀訓後即開始游藝，有相聲、魔術、歌唱等，最後為劉玉琴、劉玉霞及于金驊之紡棉花，除通常所演外，為新加戲中戲老揹少，化妝表演逼真。

2月9日　星期四　晴

業務

上午，到高等法院繼續查閱陳丙丁侵占案文卷，今日注意以前該院汪書記官所查帳目之要點，並抄出所開差額清單，此為余今次鑑定之重要對象，所謂王廷香往來帳之究竟應表示為何數字也。昨、今兩日已閱過三分之二，尚有舊卷部分未閱。

集會

下午，出席勞工保險基金監理委員會之五人審查小組，審查勞工保險部所提出之四十四年上期決算、四十五年預算，及四十四年追加預算等，余連日事忙，對小組召集人紀萬德之職員所作初步審核意見未能詳閱，開會時亦無由表示實際意見，開會又因事中途離開，殆回至會場已經結束散會，乃與紀君略談而返。

業務（二）

下午到建設廳商業科訪吳建華科長及其所屬股長、職員等三人，談黃海水產公司之登記事宜，余初以為該科將以為特別困難，及余告以經濟部意如廳方認為困難不妨原件轉部，該科始謂當可收轉，並將詳閱所備文件並加補充。

建屋

下午到貸款組接洽申取第二次貸款事，持晨間由營造廠取來之工程進度通知約定明晨同到工地。下午，到建廳水泥審議會訪一葉君，詢審查情形，據告初審已為余定為 280 包，尚待調查與開會云。與童世荃代表合函國大秘書處請轉函物資局配給杉木。

2月10日　星期五　晴

業務

上午，到高等法院繼續查閱陳丙丁案文卷，初步核閱工作已經完竣，今日主要為審閱該院會計室汪書記官之查帳報告，及報告呈送以後之反響，經將報告內容加以摘錄，同時注意陳丙丁對於此項報告之書狀，認為確有偏頗不公之處，汪有一收支差額清單，對於陳與對造王廷香之往來分類帳無法由日記帳內對出者，均歸入此項清單，余因其內容尚不甚繁，且具重要參考價值，故將數字全部加以抄錄焉。

建屋

中和鄉建屋第二次貸款之支付條件為磚瓦木料購齊運至工地開工，余昨日往洽往工地調查，約定今日上午前往，至則在等候所派人員時，詢其經辦人員大概情形，據云材料略有不齊，尚可通融，但開工必須做到，余因只有材料而尚未開工，故即作罷。此款不能濟急，乃於今日將收到之第四建築信用合作社所還去年公費半數另加瑤祥弟託存之款，湊以其他尾數，於下午送營造廠高九峯君支付磚價。

師友

下午，王慕堂兄來閒談，將於春節游覽日月潭。晚，率紹寧、紹因到中和鄉訪宋志先兄，贈年糕食品，並談余在其屋後所買之放領地開年即須出售，以便籌款建屋。

2月11日　星期六　陰雨

瑣記

昨日開出交高九峯君之磚價第二批款三千五百元，內有二千元為現款，一千五百元為自己開發之支票，實際銀行內存款僅存四百元，今晨乃趕往將所存同銀行之瑤祥弟存款九百元取出，另加現款轉入存戶內，以便昨日支票得以轉帳，辦妥後在事務所照料瑣事，並因吳麟、童世荃二兄亦在，隨閒談買杉木及建屋等事。事務所打字服務生去年為加發春節薪一個月，今年由孫福海重提其事，余與吳崇泉兄本無所不可，但因李洪嶽律師不肯，事遂不成，此等事所費無多，實不必計較也。今日為舊曆除夜，晚間整理帳目及一切未辦事項，回顧一年以來業務僅足開支，未辦事項有黃海公司之變更登記與陳丙丁案之鑑定，私事則籌建房屋已開始置辦，而尚未能動工，一切均不能迅速而確實的進行，甚如代官廳辦理之清算事項，向其索取公費須待簽呈請示，一直至今日始知無望，幸去年查帳應收公費之第四建築信用合作社終以對折支付公費，其餘一半折作社股，始有差強人意之解決，然亦足見現在執行業務之不易也，此在過去自由職業所斷不致遇之者也。

交際

年節送禮者已漸漸不多，現在只有王舍甫君送來鴨一隻，李公藩兄答送年糕與鴨。余送出者則除宋志先兄外，尚有李公藩與消防隊之周靖波等。

2月12日　星期日　陰

交際

今日為舊曆元旦，全日用於拜年，計上午到各家如下：隋玠夫、鄭旭東、吳邦護、周天固、劉階平、閻鴻聲、樂幹、欒文鍊、邵光裕、鄒馨棣、張中寧、廖國庥、黃德馨、李壽雍、楊綿仲、張益瑤、楊紹億、余井塘、李鴻漢、王慕曾、裴鳴宇、王樹清、洪蘭友、劉大柏、鄭錫華（遷居）、丁暄曾、周旋冠、單鳳標、程傑慷、陳德馥、趙季勳、陳岩松、朱佛定、尹樹生、張景文、馬聯芳、韓兆岐、張由紀、喬修梁、谷正綱、馬懷璋、吳崇泉、劉哲民、侯銘恩、秦德純、陳誠等處，又到華壽崧、鄔繩武兩處，下午到紹寧級任先生王碧元先生處，又到附近各鄰右計王一臨、杜、陳二君、張迺作、吳治、王繼修、邱洪廷、周靖波、王茂儒等處，及汪占中、呂少恆處，下午又到蔡子韶、逄化文、牟乃紘、田克明等處。繼至新店，先後到崔唯吾、叢芳山、孫典忱、韓質生等家，歸途至景美吳麟家。傍晚到女師附小李作民主任處。今日來拜年者有李洪嶽、周天固、王一臨，尚有余未晤者計為王繼修、邱洪廷、周靖波、王茂儒、魏盛村、韓兆岐、曹緯初、馬懷璋、李公藩、汪占中夫婦、程傑慷夫婦、張益瑤、趙榮瑞夫婦、丁暄曾、宋志先夫婦、蘇景泉、呂少恆、佟志伸、欒文鍊之子、隋玠夫、張由紀、閻鴻聲、鈕鈞龢、周旋冠，其中趙榮瑞君且順便餽贈食品。今日來拜年者尚有齊魯公司之楊象德君，余因不知其住於何處，故無從答拜云。

2月13日　星期一　雨

交際

今日繼續出外拜年，先到新莊劉振東先生家，不遇，回程到五常街訪蔡繼善君，亦不遇，又到東園街答拜佟志伸兄，亦不遇。到廣州街虞克裕兄家拜年，不遇，又到廖毅宏兄家拜年，復乘車到漳州街訪李子敬兄，不遇。下午，與德芳到和平東路二段趙榮瑞兄家答拜新年，不遇，折回至安東街答拜李公藩兄夫婦、並到陳璧冷剛鋒氏家拜年。今日前來拜年或答拜者有徐嘉禾、鄭旭東、李移生、劉階平、楊紹億、尹樹生夫婦、喬修梁、劉哲民、侯銘恩、張迺作夫婦、虞克裕、叢芳山、李子敬，及邵光裕兄等。今日天雨，外間拜年空氣已不若日昨之濃厚矣。

采風

舊曆新年之景色頗有可記者，兩日來到處鞭炮之聲不絕，今日過西園路鐵道交叉點，有長鞭十數串用竹竿懸掛同時燃放，路人竚足而觀，嘆為觀止，市上之營業大致均已停止，只餘水果業、照相業，以及少數賣菜者尚點綴其間，交通工具擁擠異常，但均相當的加班，故等候排隊之時間比平時且少，亦足見事在人為也。

2月14日　星期二　雨

交際

今日繼續出外拜年，先到中和鄉安樂路九十五號李鴻超、童秀明、李韻軒等家，繼到宋志先兄家、曾大方兄家、李洪嶽律師家、潘廉方兄家、于永之兄家、周傳聖兄家，中午到姑丈家，午飯後再到徐嘉禾兄家、師大宿舍蘇景泉兄處，及警務處宿舍曹璞山兄處。今日來答拜新年或先來拜年者有單鳳標兄、曹樸山兄、黃德馨兄、吳崇泉兄、張中寧兄、李作民主任、廖毅宏夫婦、孫福海君等。今日往拜年者尚有王茀青教授處、高九峯君與儀、馬二君處、蔡文彬醫師，預定各處俱已到徧。

2月15日　星期三　雨

參觀

在中山堂前參觀樹德堂書畫展，此為一種收藏家出售之肆，所展出者有書畫共三、四十件，較精者有惲南田花卉、吳仲圭墨竹、沈周山水，與董其昌、鄭板橋、王覺斯、姚元之、史可法等之書法，其中王覺斯之中堂高丈餘，作拳大草書，個個生動，筆筆不苟，絕非贗品，又有陳曼生畫瓶花，清雋絕俗，字亦甚似，惟不敢斷言其必真，板橋字恐偽。

娛樂

晚，率紹中、紹寧、紹因到博物館參觀第九十次音樂欣賞會，今日節目為美國印第安那波利斯市向台北市致敬交換演奏錄音節目，有歌劇賊鳥插曲、莫札特降E大調弦樂二重奏協奏曲、歌劇卡門選曲、管弦樂墨西哥的酒館、史蒂芬康尼提之男中音獨唱等節目，其中最精彩者當為莫札特一曲，計有三樂章，歷時三十分鐘，卡門選曲亦當選其中最精彩者，男中音第一曲唱完後即早退。

交際

近日來答拜新年者有田克明兄，田兄詳談其長女患精神病之經過情形。

2月16日　星期四　陰

家事

上午，同德芳到中和鄉訪宋志先兄於其新居，並閒談關於建屋等問題，辭出後到姑母家之新居，並留午飯，姑母胃疾無改變，但飲食不如往昔，益見老邁憔悴云。

交際

今日來答拜新年者有郞繩武兄，係由張中寧兄陪同前來，但余未晤及。又有以郵寄卡片賀新年者，如谷正綱、洪蘭友諸氏，友人中則在新曆年曾寄片賀年而未接復片者，在舊曆新年補來者有章長卿、周紹賢、王志鵠等，此外有於歲尾赴外埠旅行以避往返應酬者，則余知其情故亦未往拜也。

娛樂

下午率紹因到台灣戲院看電影，片為米高梅新藝綜合體「美景良辰」（It is always fair weather）由金凱利、雪特卻利絲、丹地利等主演，寫三個退伍軍人的十年後的友誼演變，略有意味，而主要在提供笑料與歌舞場面。

2月17日　星期五　陰雨

聽講

今晚三軍球場有萬人集會，乃美國青年布道家葛萊漢在該處證道，我國蔣總統夫人以及行政院長等高級官員皆參加，群眾則多極，余只在收音機內聽其盛況，葛氏在演講前先有此間之唱詩班五百人大合唱，繼有某牧師以特備之禱告文禱告，然後為葛氏歷一小時之演說，譯者亦為一葛萊漢牧師，原文極動人，且悠揚而豐富，譯文則支離而反失原意之處極多，此非其英文不佳，恐為漢文不佳，乃最大失策也，聞演說後有二千餘人皈依基督，則傳道之力可謂極大，然余仍嫌空疏而少深刻之理也。

2月18日　星期六　雨

業務

為陳丙丁侵占案核算陳與王廷香之往來帳目，此即該案內分類帳之所謂第五本者是，此帳自訟爭中之錦裕茶行開業起至三十九年四月止，以前經高等法院汪書記官與林季鳴會計師兩次核算，均對陳無利，蓋因此期中茶行收王款居多，付王款甚少，於是該兩項報告乃認定陳須退王款甚鉅，加以五月後之付給王款適又無日記帳序時記錄，於是又認定此時期已不屬於合夥之範圍，現陳所提出爭求者即為將此五至十月間之帳目亦加入計算，此期中之王廷香支取款數照陳所了解者為三萬七千餘元，乃根據汪書記官所製收支差額清單付方所載而得，其實該項差額清單乃汪據分類帳與日記帳核對，凡發覺無原始記錄者，即不予承認而開列於其清單之內，況在其核算之頃，尚無第二本日記帳呈送到法院，此項序時記錄固全部付闕者，則當時之鑑定應根據此事實之變遷而大加改變也必矣，余在核算中所不能作最後判斷者為汪之所得收支細數是否與帳相符，蓋余將四月前之收支數加以累計，並不能獲得與帳上及汪之報告上相一致之數字，其原因何在，今日陳丙丁適來余事務所，以此相詢亦為之茫然，只好存疑，一面請陳丙丁通知記帳人員林松年改日前來說明矣，今日陳丙丁來說明其合夥情形時，謂係交友不慎，在王入股之時，既無合同，亦未詳定記帳辦法，只由兩人之日用帳內將有關錦裕往來過入分類帳內，今王之日用帳堅不交出，遂使分類帳內有關彼之收支無由與原始紀錄對照，然除反證證明甚多外，自問良心亦殊無愧怍之處，至所提旁證與證人亦具足以證明帳內所載並無失實之處，望余多為幫忙，余在原則上自可照辦，但亦限於有數字記載可考之處焉。

師友

下午，王舍甫君來訪，係因明日回羅東，索余之購買木材估價詳單者。

2月19日　星期日　雨

聽講

上午到師範大學聽潘重規教授講禮記，今日為「孔子燕居」篇，已講完半篇，此篇之大旨在闡釋禮之一字之本質與作用，認為事事能獲得最善之處理即為禮，此亦猶如近人謂禮者理也其義相通，本篇行文甚平易，冷字僻典俱甚少發現也。

交際

中午參加本省教育界前輩蔡自聲氏之壽宴於會賓樓，到賓客七十餘人，有摺頁式之壽序，聞為莊仲舒所作，孔德成所書，此外則另有簽名冊頁一本供親友簽名用，儀式為入座前集體在壽堂行三鞠躬禮，但亦有只單獨行禮者，席間推秦德純氏致祝辭，甚簡單，復由蔡氏致謝辭，亦甚簡單，宴會歷兩小時始興盡而散。

師友

上午到桂林路訪王舍甫君，託其赴羅東乘便探詢木料價格，當面交以前三台營造廠為余所草之材料使用明細表抄本。隋名孚兄來訪，係為拜年，余未遇。

集會

下午，參加黨校同學之茶話會，到者二十餘人，所談多為關於同學與同學會事，其中有人報告劉博崑因讀共產書籍加眉批有污及領袖事，而被開除黨籍，又有人提出同學會經手人曾以一千四百美金買重慶南路三段之破屋，以及數年來種種措施失當之處，主張由擔任理監人員提出更換總幹事人選，但一般均不感興趣云。

2月20日　星期一　晴晚雨

家事

今日接姑丈、姑母及姜慧光表妹及其妹婿來寓吃飯，晨由余率紹中到姑丈家，意在留紹中在姑丈家看門，但事實上因表妹胎兒不慣震動，難以乘車，乃留下與紹中共午餐，姑丈、姑母及表妹婿隋錦堂則偕來，午飯並遇宋志先兄來訪，故亦參加，飯後隋君先返，余則留姑丈、姑母由德芳陪同至巷口外之明星戲院看電影「唐伯虎與秋香」云。

集會

上午，到會計師公會出席理事會議，討論本會即將提出之商業會計法修正草案，此草案初稿為邱朗光、王庸、徐光前三人所擬，送至公會後即發函全體會員歡迎與議外，並特約在大專授課之會員朱國璋、高造都等人亦來參加發抒意見，但事實上前來參加者除理事外，則無一外人，此則可見一般情緒之冷淡矣，今日討論時對於會計報告之日期與會計簿籍之名稱多有討論意見，費時較多，余亦有不少修正之意見，均獲列入，後半段問題較少，余因事早退，聞全部無何修正，均已通過云。

參觀

參觀文獻委員會樓上之蘭花展覽會，均為蝴蝶蘭、西洋蘭等，栽植不易，但較之士林園藝所者無特出之處，但有三株茶花，一粉紅，一大紅，一作斑粉紅，則奇佳。

2月21日　星期二　雨

交際

晚，宋志先兄在中和鄉新居宴客，余與德芳偕往，初以為其為新居落成酧謝各處之餽贈者，至則知為其本人之生日，蓋已五十一歲矣，到賓客兩席，八時始散，其時大雨如注，幸有石鍾琇兄帶吉普車一部，余與逄化文兄兩家搭乘，然回寓時已遍身是水矣。

師友

舊曆年前與童世荃兄會函國民大會秘書處請轉函物資局配購杉木，今日吳麟兄云，秘書處函交至童兄處直至最近始往接洽，而物資局已將杉木一批三百五十五立方公尺整售於先申請之十人，經吳兄將此函又加入十人內而成十二人，但當前問題為需款五十萬元以上，十二人中無人有此資力，故須先行接洽受主，使分享此配價與市價之差額，此交易始可成立，今晚余與宋志先兄接洽，請其向較大之木材行探詢，以免坐失良機云。

2月22日　星期三　雨

師友

上午，宋志先兄來訪，云已與振昌木材行接洽，該行認為昨談之杉木事確屬有利，但近來該行資金奇絀，否則必不為此五十萬之數而躊躇也云。到嘉陵公司訪吳邦護兄，渠代理台北市進出口公會理事長，於經營木材業者較為清楚，託其代為探詢有無有意承購上述之杉木且有此資力者，吳兄認為此事並不困難，但下午尚無回話。

業務

下午約集當事人陳丙丁及其會計林松年來事務所續談其帳目之內容實況，今日之重點在查核其所算損益清單曾否得對造之承認，及單內所列數字經與帳內核對何以有為帳上所無者，彼等之解釋有時合情而不合理，有時合理而在會計紀錄上則缺乏根據，縱勉強主張亦嫌薄弱而影響全盤鑑定之力量，又陳對余之第二次公費曾向李崙高律師表示十天後支付，今已兩旬有餘，詢其何以不付，又謂經濟困難，希望延緩時日，李君謂此人為最善於拖債者，信不誣也。

2月23日　星期四　雨

師友

上午，到中國農民銀行答訪董成器兄，閒談一般社會政治風氣。又到人壽保險公司答訪勞工保險部經理俞慈民，不遇，俞君返國後曾兩度來訪，今日特往答拜。

業務

今日全日為代陳丙丁侵占案查核帳目，今日之工作為以其分類帳中之與王廷香往來帳所記收付數目與其日記簿核對，觀其分類帳內所記者究有若干不從日記簿過入，結果得知在法院書記官第一次鑑定時，認為支出方面不見於日記簿者現因第二本日記簿呈庭而半數得到根據，餘下之無根據者與收入方面之無根據者其數相似，如以一種刻板之看法，則雙方均須剔除，否則雙方均須作數，後果將大異於前也。

2 月 24 日　星期五　雨

意外

余每日赴事務所 須由福州街口站搭乘三路公共汽車，台北市之公共汽車本為最腐敗之事業之一，雖報紙唾罵，議員攻擊，而我行我素，已經麻木不仁，該車在每日上班之時間如上午七時至九時半，中午一時至三時半，下班之時間如中午十二時至一時，下午五時至七時，累計足有八小時在不正常之狀態中，凡在中途站如非有乘客下車，即使車內甚鬆，彼亦揚長而去，於是本已擁擠之候車人因而格外加甚其擁擠，此在余下班回寓之衡陽街候車站為最嚴重，每日如此，車管處視若無睹，真一大怪現象也。今晨九時余在福州街候車半小時餘，車因有下車者，而得以停靠，雖車後有空間可以乘載，然車上乘客均擁擠於門口，車掌完全不管，只知於乘客上車後之在其身後搶關車門，以饗後來者以閉門羹，適余方上車而站立未穩，身向外傾，失卻重心，急以右手後扶，其車門為兩疊式，恰將中指與無名指深入其正在伸平之車門中縫，驚覺一聲，全車為之震驚，及視兩指則一紅一紫，痛不可支，然車掌若無其事，余不知其是否故意，抑或粗心，後在報上見有車掌故意以車門夾登車乘客下肢之記載，以其平日作風而論，謂其故意，恐不為過。

師友

下午，呂秘書崇周來訪，係探詢有關風濕特效藥之服法，並詢問買藥之地點，余告以德芳治療之經過，首服維他命乙，次就鄭銘隆針灸電療，後又服詔安街十九號韓姓代售之木月湯藥劑，更後服徐庶幾兄所由台中帶來之風濕大藥丸，此即日前余託宋志先兄轉贈呂君之三丸，目前妙安堂之風濕寧聞即此藥云。徐庶幾兄由台中回台北，今日以電話來告，與謝澄宇合辦之送款一萬元於公路局監理處長以求批准遠東汽車公司不換其汽車大梁一案，又遭再度批駁，謝兄云一萬元款將索還，但須時日，其本人先墊出五千元還其半數，徐兄言下此中恐為謝兄之文章，為顧全友誼，只有隱忍，又談利源公司聘余為會計顧問事須再延至下月，余唯唯，又談託公路局翻修車胎事將另組商行進行，其登記事託余辦理，余即告以台灣人過河拆橋，余敬謝不敏，其意即在指明利源事徐食言而肥，一延再延，余雅不願再與其過從，徒供利用，此等人完全口是心非，損人利己，本已聲名狼籍，今猶不知改悔，而竟有謝澄宇予以當頭一棒，但恐仍不悟也。

集會

晚，舉行小組會議，余為主席，討論即將舉行之黨籍總檢查如何提供意見，余又提出為周靖波君募款為其子燙傷醫藥費，當通過即辦並報區黨部請求。

2月25日　星期六　雨

瑣記

二十一日所記之國大代表合買杉木一事，前日吳邦護兄有電話來謂有台灣人所設木行願出價每立方公尺一、五五〇元承購，此木行知物資局之配價為一、四五〇元，故為各代表預計有三百五十元之利潤（數量三百五十立方公尺），余允將此意轉達各代表，昨日即告之託余接洽之吳麟代表，吳兄認為機不可失，其方式應與十人中之代表人向大藩與楊慎修洽詢，昨日為物資局繳款之最後一日，聞其有若干人不能繳款，應即作為放棄，吳兄並主張不先向其將吳邦護兄一段經過說明，以生彼等坐享其成之念，只準備告彼等以我方已籌得半數木款二十五萬元，立即可繳，使彼等將不能繳款者可以剔除，余對此法初不贊成，以為不能根絕後患，但吳兄認為彼可負責，於是迨楊、向二人來時，即如法炮製，向則吞吞吐吐，認為各同人之事甚不易辦，彼等既不繳款，又不放棄，其真意乃在對抗吳兄之半數款項將使其斷送半壁江山，蓋向亦在計劃獨享而至今尚無受主也，向又將國民大會致物資局請配售余與童世荃兄木材之公函交余，謂係該局主管處長溫廣彝託其轉交，謂在此 350 立方公尺外別無木材，故只能視其十人中有無放棄者再行議定，余初無何表示，後悉童兄曾面晤溫君，所言並不如此滑頭，乃於向二次來訪吳麟告以已與該局洽妥延期至二十八日，並定各同人繳款截止期為二十七日時，向向、楊二人表明余之態度，為溫與童所談並非如向所轉達，今又延期而余等是否有分則完全依人作嫁，余當與童向溫質詢，按林管局例每人配材不能過卅立方公尺，何以十人可配三百五十立方公尺之杉木，此等人配材如為轉售，該局不能不負其責云，向聞言乃以好言相慰，蓋此言適中其心病也，今日余與吳麟兄再度交換意見，認為昨法不成，應改弦更張，將吳邦護兄所洽者完全據實以告，如彼等能出更高之價，自然為眾人謀利，無所不可，如此庶免以後糾葛，余遂於楊慎修來訪渠之便，將此情相告，請楊向彼方轉達，楊允照轉，但意似冷淡，蓋亦有不肯外溢之存心，寧肯待至二十七日再看最後機會，但余此著之作用有二，一為無形中余成為其案中之人，而非候補者，二為日昨彼等揚言有人只肯出至一、五〇〇元，其上下其手之圖謀將不成也。

業務

陳丙丁案於昨今兩日全日工作後，已將原始資料之審鑑工作完成，昨日到法院最後一次閱卷，核對前鑑定人林季鳴之所採數字，今日將全部帳冊之數字內容有出入致有爭執處一一加以算明，並判斷其曲直之所在，未竟之事只有整理與判斷矣。

2月26日　星期日　晴夜雨

聽講

上午到師範大學聽潘重規教授講禮記，今日為仲尼燕居之下半篇，闡明禮之儀文的方面與禮之實質的方面之區別，而對於實質則重於儀文，所謂禮者即事之治也是。

參觀

上午在師範大學教育資料館參觀全省中等學校作文成績展覽會，展出作文本凡數千件，一般情形尚好，教師批改亦尚認真，評語則亦有甚得當者，自亦有勉強湊合者。

娛樂

下午率紹寧、紹彭到大光明看「仙履姻緣」，美高美出品，李絲麗卡儂主演，故事即辛得來拉與玻璃鞋，但插以新奇歌舞與哲學意味之對話，極其精彩，色彩亦佳。

閱讀

讀 J. F. Sherwood & Roy T. Culey: *Auditing, Theory and Practices* 此書為美國軍用圖書版，甚簡明而扼要，且每章均錄美國會計師公會所定之規範，以示各科目查帳之應注意要點，全書首數章在說明審計之大意，審計之程序與審計之草稿，以下分章分科目說明其審計之方法，乃資產負債表審計之所有事也，最後數章則說明損益表之審計，審計之結束，審計報告之草擬，而殿以詳細審計之實施場合與信用調查等，節抄該書美國會計師之業務項目及委託契約內容要點於下：

業務項目為：1. Complete or detailed audits, 2. General audits, 3. Miscellaneous Audits, such as cash securities, payroll, manufacturing cost, 4. General examination, 5. Examination of financial condition, 6. Investigation, 7. Preparation of statements from books or records without verification, 8. Tax services (consist of preparing or reviewing tax returns from records which have been audited or not audited; contesting assessments or prosecuting tax claims; preparing and rendering opinions on tax claims; acting as adviser, agent, or advocate in tax matters, 9. System services, 10. Budgetary services, 11. Opinions, 12. Miscellaneous（包括清算人、仲裁人、公斷人、解說會計人、會計記錄表報核對人等）。委託書項目如下：1. client, 2. official position, 3. address, 4. conference, 5. file number, 6. telephone number, 7. report addressed to, 8. account to be opened with, 9. nature of engagement, 10. work to be done at, 11. nature of the business, 12. when to be commenced, 13. probable time required, 14. accountants required, 15. rates, signed. 其中一為公司名，二為董事會，四為董事長名，八為公司名，十四為人數。

2月27日　星期一　晴

業務

今日為陳丙丁案查帳，已將提益項目之內容完全確定，蓋林季鳴會計師在其前次查帳報告之附表中根據該茶行之帳，將所載各項費用數列成一損益表，其中銷貨數與帳相同，進貨數有數筆退貨及重記者經余核對無益，亦照其數列入，各項費用則凡帳上所列者亦均加入其表內，故照此數者觀察，林則極為公允，僅所列數字有五百元之短計而已，至於往來帳則將一大段陳丙丁支付與王廷香之款項不計，視為個人往還非屬合夥之事，卻將銷貨與費用之屬於此階段者計入損益表，所採時間兩歧，自屬不當，其中有兩種特殊帳項為唯一之資產項目，林及以前之高等法院汪書記官均主平分，余始而亦從其法，但細考其他資產項目為現金應收應付等，則一概無從考知，亦未加計入，而僅將所知之公債券與存貨兩項平分，實為一種不完備之偏枯處理，經余再三思忖，該王廷香為隱名合夥人，彼之往來帳項核明若干多退少補，等於將其資本撤回，又將損益算明，亦等於將利益亦按規定分配，則所謂淨值已不復存在，結果則資產負債等數亦當隨之消滅。

2月28日　星期二　晴

瑣記

為向物資局配售杉木事，上午與向大藩代表同為發起人之楊慎修代表來訪吳麟兄與余，商量今日如何分配繳款，吳兄提議全數三百五十立方公尺內以九十公尺為向、楊二人之分，以酬其奔走之勞，其二百六十公尺由彼等中八人及後參加之余與童世荃代表共十人平均分配，楊當表首肯，允即歸與向商量，下午吳兄又來告余謂彼等之意只限十人分配，余等二人不獲參加，其理由為又有三人要求參加，吳兄即聲明放棄，謂余與童代表不能參加，彼亦不便參加云，時適童代表亦來，乃立即連名去一公函致物資局溫廣彝處長，謂前由國大秘書處轉請該局配售杉木一案，承面告世荃統籌辦理並通知向大藩代表洽辦甚感，茲聞彼等分配無餘，而木材總數又確已超過實際需要而有餘，余等事屬迫切需要，務請仍由此批木衫內配給，並請童兄與溫廣彝通一電話，說明此輩過於貪婪，木材提去後一定轉賣，而建屋需要者反不得其用，事之不平，無過於此，為此鬧出笑話，恐該處亦難脫干係云，又向吳兄之主張其十人須全體出面，而背後有無其人始獲證明，但至今日下午為止，始終只有楊、向二人，其中亦定有玄虛。

2月29日　星期三　陰

閱讀

讀 J. S. Gambs: *Man, Money, and Goods*，此書為一經濟學之入門書，但討論問題有為未習經濟學之讀者所不能了解者，但其著述之初意固為門外漢之用也。全書第一卷論經濟名詞與目前貧富兩世界之概觀，第二卷述正統理論，第三卷論反對理論，提出 Marx、Veblen 二人，一為社會主義，一為制度學派，第四卷討論經濟上之特殊問題，包括經濟循環、貨幣銀行、租稅、貿易，第五卷為結論，述將來經濟現象與經濟學說之展望，其持論謂經濟世界日趨不可分，經濟學家理論雖相水火，而赴事功時則常有合作之表現，將來政治上不能無經濟學家參與並定其決策，乃是已定之局，至於經濟學之未達成熟之境，則亦無庸諱言，此蓋因年代尚淺，且經濟學所研究者為人的學問之一種，人所最欠缺了解者正為此人之本身，一切美醜善惡之歷史皆由人而寫下，人絕不能控制其本身之命運，作者命其書以今名，亦以此也。

業務

今日將陳丙丁侵占案鑑定報告書所需之附表最後加以審定，即交打字員打印，此項審定之結果即為草擬報告書之依據，在審定時同時核閱卷宗，在最初林有壬會計師之查帳報告內發現另有應為陳丙丁加入支付王廷香之款項，若將此數加入，即變成王尚應對陳找回數千元之局，惜此筆帳項在日記帳上與分類帳上數目各異，其報告書上並記明陳、王二人各執一詞，均有理由，故只能在往來明細表上附註一筆，不正式列入帳內，以示公允，按林有壬之查帳報告為余處理本案最初閱及之文件，現又最後閱之，前後印象大異，最初認為其內容甚為詳實，現在知其所述意見多不中肯，結論亦嫌模糊，無怪其在本案初審時即未能發生息事寧人之結果也。

集會

晚，到合會儲蓄公司參加實踐研究院財經小組會議，討論題目為由劉愷鍾一篇實踐報告所引起，發言者無論在朝在野，皆知無不言，言無不盡，為一般諱疾忌醫之時尚所大異其趣者，劉君報告其奉令參加新成立之行政院職權劃分委員會的觀感，認為此委員會似乎由於洞明時弊而設，但恐結果仍將一場空虛，於是發言者踵起，有認為此會之設即為典型的割裂正規機關職權之實例者，有認為現在機關重複推諉責任，小組林立，無人任事之現象非只一日，且為人人所知，無待設會研究，早應痛改前非者，有認為此現象另有原因，即登庸升降不按成績，而由奔競，於是無人肯埋頭辦事，只好設法推卸責任以為得計者，種種見解不一而足，然亦適為今日自由中國之縮影，坐言不能起行，亦何益哉。

3 月 1 日 星期四 晴

業務

今日全日為陳丙丁侵占案作查帳報告書，首為一般事項，析述其帳簿之特性及其所記數字之真實性，此部分最關重要，蓋鑑定之重心即為其帳簿所載者何者應採用或不採用也，第二為損益情形，此部分余所鑑定者與以前汪書記官相似，而與林季鳴會計師完全相同，第三為王廷香往來部分，余強調其應記至帳內之末頁，蓋其既未清算，且銷貨亦未停止，而合夥只有兩人，何能強為劃分為二階段，如林季鳴之所為乎，第四為資產方面，已知者只有債券與存貨，此二者在王廷香核明本金與純益撤回之同時，並無重加分配之理，蓋淨值與資產負債之差額並非二事，絕不能重複計算也，第五為結論，算出王廷香只能由陳丙丁取回四千餘元，如不以日記帳另有一筆與分類帳所記之帳不同，而以日記帳所載為準時，則王支取更多，此刻反應將款找回陳丙丁矣云，全文三千字，自問極為客觀。

師友

上午，立委潘廉方來訪，閒談。下午，廖國庥兄來訪，亦閒談，移時辭去。

家事

上午，率紹彭到忠心幼稚園繳費註冊，該園開學已有數日，因現款不便，曾函請延至今日再繳，並繳毛巾、肥皂、草紙等。下午姑丈來訪，邀於下星期一在寓吃飯。

3月2日　星期五　晴

業務

上午到重慶南路訪李崙高律師，不遇，將日昨所擬之陳丙丁侵占案查帳報告書留交，請其再加斟酌，以便打印，又將以前調閱其文卷送還。報告書之附表有損益計算表與王廷香往來帳明細表二項，亦已打印完成，余今日加以詳細核對，改正錯誤，並就已印成者再加核算，逐頁相符，蓋恐第一次之核對仍有遺漏也，此項以複寫紙打印之件，為免除計算之增加額外工作，故囑其以一頁對一頁，不使因紙張利用不同而增加另一分割銜接之方式，但當時亦有疏忽處，即起草底稿時有因遺漏而在行間補入之帳項，在繕寫時固無困難，在打印時即多出一行，此點事前未能慮及，以致臨時補救，只好將此欄多出一行，形成左高右低之式，有損美觀，此外則打字員動輒誤植數字，又用橡皮擦改，好在表內細數只表總數之所自出，尚無大礙，只好聽之。

聽講

繼續聽朱楚方氏講授英語，自舊曆年後已開始用第二冊書之拼音，會話則仍滯留於第一冊，蓋拼音只重講解，按字母先後分段，揭示著者所歸納之原則，而會話則讀書外尚重語調，此為最不易嫻習者，故遲。

3月3日　星期六　晴下午雨

師友

徐庶幾兄來電話，謂燈節回台中一行，今日又返，繼告余代中連運輸公司所接洽之請公路局修車廠翻製車胎事，上月已製就三十六條，本月又將第一批交去，預料本月總數將超過上月云，余對此事不願再多過問，因徐對人承諾往往食言而肥，且難免有假名招搖之事，渠今日謂將對該廠翻胎部三年紀念贈對聯，詢余是否署名，余即表示謝絕，至於以前代遠東申請寬限其運輸區域事，自遭受謝澄宇兄之波折，在彼認為謝對彼失信且有中飽之嫌，而又必須隱忍，實亦無異當頭一棒也。

家事

紹寧發燒已三日，蔡文彬醫師斷為流行性感冒，今晚熱度又增高至三十九度，乃率往再度就診，診察後並至南昌檢驗所為其檢驗小便與血液，結果小便無沉澱等異象，血液則白血球一萬六千六百，瘧蟲無，於是認為不過傳染病，乃處方以藥粉、藥水並服氯黴素四顆，一天量，又注射針藥一次，以觀明日效果。

3月4日　星期日　陰

聽講

上午到師範大學聽潘重規教授講禮記，今日所講為「孔子閒居」一篇，此種文氣前後一貫有類今之文章，為孔門著述三種型態之一，其另二為論語之專記條目有類格言，與記孔子問答而自成篇章如禮記內表記坊記等篇均是，俱在文章方面亦有相似之點，即動引詩云或採尚書成句以作結論，蓋一時風尚云。

參觀

下午率紹因、紹彭遊植物園，園內現已大加整理，道路縱橫，塵土不揚，花事已過，而獨有欖仁樹殘枝上紅葉閃爍，拾其落萎，大如手掌，則熱帶所能獨見者也，到新成立之中央圖書館參觀歷代圖書展覽，展出雖只一室而種類不過數十，然極具代表性，有最早之甲骨斷片並拓片，有爵觚各一以示金文，有石鼓文拓片，瑯環台刻石拓片，以示周秦文字，有孔廟禮器碑，以示漢之書體，有木簡數片，以示紙發明前之書式，以下則宋、元、明、清、日本、朝鮮版本數十種並陳，宋板書有阿含經、後漢書、前漢書、文選、春秋公羊傳、魏書、唐書、西山讀書記、范文正公集、東都事略、自警編等，又有唐人寫經一種，則最古矣，書之最大者為明永樂大典，最悅目者為明版金石昆蟲草木狀，與十竹齋書畫譜等，均為生平所僅見，閱竟後並到西文閱覽室瀏覽所陳參考書等。

家事

紹寧患感冒已四天，晨較好，晚即發燒，今日因耳痛，蔡醫師囑至何耳鼻喉科診察，與德芳在該診所守候至十一時仍無醫師歸來，乃廢然而返。

3月5日　星期一　晴

瑣記

下午，童世荃兄來訪，言楊愼修代表昨約於今日下午四時見面談合買杉木事，謂每人又由二十立方公尺改為十五公尺，但候至四時，楊君不至，童兄與吳麟兄遂別去，並一致同意對於十五立方公尺一點不予考慮，洎五時楊君又來，謂所約之地點有誤，改於明晨十時仍在余事務所或衡陽路一〇二號見面，亦言及十五立方公尺一事，余堅決反對，不加考慮，最後決定明晨會同面談，余對此事已感厭煩，吳、童二兄亦同焉。晚，姑丈在寓請吃飯，所約者除余外為劉之駿律師及魏棣九主任等，但只劉君一人前來，余因候車一小時餘，直至七時始到，緣五路公共汽車起點站在火車站前，而車次極少，守候一小時，始有三車開出，而候車之長隊達半里長，於是秩序大亂，無人維持，余直至近前始悉其情，乃改弦更張改往公路局車站搭乘赴中和鄉之長途汽車，由溪洲站下車折返，始克達目的地，余見此一路停車站皆有人下車，而路線與市區五路車平行，可見有急事者俱已捨公共汽車而改乘公路局車矣，此情形顯然已非一日，而市政府熟視無覩，任其發展，為政者之不顧公共福利太為駭人。

3月6日　星期二　晴

業務

李崙高律師將余對陳丙丁案之查帳報告交回打印，適陳丙丁之子來電話詢問情形，余即約其前來一閱，下午渠來正在打字之中，乃將原稿要點向其說明，此項鑑定完全對彼有利，雖一切秉公而已足證明其中無侵占之可能，此乃本案之重點所在也。

瑣記

楊慎修代表為共買杉木事兩度來訪，上午來時余對十五立方不表同意，渠約下午與童世荃兄共同商量，至時童兄來而楊不至，經與童兄決定堅持不考慮十五立方，童兄並謂彼等計劃出讓時每立方只可盈餘五十元左右，對余所接洽可盈百元反無興趣，吳麟兄對此亦有提及，可見彼等存心吃人，給余等數百元以遂其大慾，童兄去後，楊始至，謂所以又須減為十五立方，乃因前次方案為吳麟與童兄及余各二十立方，但吳兄又堅要卅五立方，所餘只廿五方，故事實上且又由其他方面挖來五立方始足分配，其同來者尚有一李代表，謂彼等決定買半數一百七十五立方，其餘與向大藩有關人員合買，如余堅持不參加，彼等亦當於買此半數時為余等保留所言之數，余表示聽其辦理，彼等辭出後物資局溫廣彝處長來電話問余是否放棄，余告以經過，無法參加，希望以後仍能再配，余今日為此事特感不快，蓋所與者皆利令智昏之輩，早不應與之為伍也。

3月7日　星期三　陰

業務

今日將陳丙丁侵占案之查帳報告書打清之件加以校正，改正手民之誤，然後再以裝訂，余之報告書式樣本為橫式，現因在台不甚通行，且政府法院存卷裝訂困難，自此次起試改直式，用特備之窄格紅線打字紙，較為少占紙幅，形式尚甚美觀。

師友

下午，與童世荃兄通電話，謂昨日為杉木事與溫廣彝處長通電話所言不詳，溫君允再續配，為求進一步之接洽及說明此次受向大藩、楊慎修等之挾制而終於不能不放棄之苦衷，似有與溫君面談之必要，經即決定於星期五聯袂往訪。晚，牟乃紘兄來訪，面達華壽崧兄請於明晚吃飯，係為李先良兄送行出國，又談關於余代表會計師公會參加勞工保險基金監理委員會事，牟兄初意在接到公會公文謂余仍堅辭時，本欲俟接余二次辭職文件再行核辦，而傅雲處長則主張不必，故已照公會文改聘云，余私忖此事必係待聘之徐光前託人向傅君處運用，余本亦感覺牟兄之法為太滑稽，故最初為請其能在勞保會內另有安置，渠則主如此辦理，此事余雖同意其辦法，但終嫌勉強，且既成懸案，即不可久，今日乃表示如此辦理甚好云。

瑣記

今日杉木之主角未顯露，即吳麟兄亦未謀面，童世荃兄電話中曾詢以是否見面，余答以未曾，童兄亦云未與他人謀面，余回憶前數日吳兄即避免余與等會同對楊慎修談分配條件，某次余詢以與楊等曾晤談否，渠即諉稱為已將此事全盤付託國大秘書處黃越蓀科長辦理，故在彼等文件上蓋章亦為黃經手之事，彼已神經為之衰弱，且主余亦不必多談，童兄既已付託楊慎修全權辦理（童君所言有程度上之不同），余又何妨付託童兄辦理，所言種種，使人不能澈底了解，既證以楊慎修昨云吳兄必須三十五立方，而童兄昨日亦一再提及渠不知吳兄究竟分配若干，雖屬楊慎修各個擊破之計，然綜合判斷，實與事實距離不遠，余所異者為吳兄約余等發動參加之初，本為極純淨之動機，其本人初亦係由黃越蓀代參加者，何不將以後演變據實相告，而採取吞吐躲閃之計，殊為不智，如此何能不使余與童君對渠有所芥蒂，余昔對二桃殺三士之說認為荒誕可笑，今無意中成三士之一，於以知古人之言信不誣也，走筆至此，念及近日參加若干經濟活動如徐庶幾代遠東汽車公司事，如此次之杉木事，雖其中有存心利用與為德不卒之兩種情形，但在今日情形下與友人談金錢利益即難免為一場空虛，余於得失觀念本最淡漠，而取與之辨亦甚清楚，不知何以近來與此輩相交而陷入魔障，實惶惑難以自解也。

3月8日　星期四　雨

集會

下午，出席勞工保險管理委員會與監理委員會聯席會議，討論蔗農保險辦法草案及開辦費與行政事務費預算表，據報告此項保險實際為台糖公司所舉辦，但因係保險事務，故併入勞工保險範圍之內，余在會議席上未多發言，只對於承繼死亡給付之所謂專負扶養責任一節請起草人解釋，據云係以原勞工保險辦法為藍本云，會議至二小時始散，出席者多管理委員會方面人員，且託代表者甚眾。

交際

晚，華壽崧兄在寓為即將出國之李先良兄餞行，約余及同學若干人作陪，其中有逄化文、宋志先、牟乃紘、朱鼎、王慕曾、徐嘉禾等，席間閒談當前一般行政界之作風，黑暗處幾乎超過昔在大陸之所為，無不為之長太息也。

3月9日 星期五 雨

集會

上午，會計師公會理事八人在張安侯會計師處集會交換意見，此八人為十五理事中之多數，在常務理事選出以後原擬經常保持接觸，但因故不果，最近因余與虞舜、汪流航三人擔任常務理事已經十月，較之原定八個月任期已經超出，故召集商談，蓋在互選常務理事之時，曾約定八人中分成三組，每八個月輪流一次，三次而足二年任期，余等第一期擔任者為踐宿諾而於今日提出改選之議，改選方式至簡單，即余三人提出辭職，在理事會中有八票一定通過，改選時照預定名單亦一定可以當選，今日到會者除余與汪將此意提出，虞舜未到外，其餘到會者有劉階平、張安侯、嚴以霖、吳崇泉均一致表示不必更張，鄒馨棣則因汪流航未能通知得到而缺席未參加，今日之事對此竟無結果，張安侯提出應早準備下屆競選問題，認為必須有絕對過半數理事當選之把握始可免於被人吞蝕，此見解極正確，又須防止者則國民黨黨團刻在最無行之程烈與徐光前集團之手，彼等屆選舉之期必以全力向省黨部爭取提名，省黨部雖未必肯於提名，然黨團幹事既以彼方人數為多，其以大吃小之企圖恐終於不得不嚴加防堵，即日談話者均認為余等競選之動機無他，旨在能使公會繼續成為公器，不為少數人所操縱把持，於願已足，故以此立場而參加競選，實對個人只有犧牲而已。晚，舉行小組會議，討論關於黨籍總檢查之計分等問題，此項總檢查定於二十日以前辦竣，故須補證明文件者須於近日為之，又討論參加研讀黨義及總裁訓詞競賽辦法，公推余擔任，固辭不獲，此項競賽之方式在公文中所知甚鮮，似係提高研讀心得報告之類云。

3月10日　星期六　雨

集會

下午，應山東同鄉會之召集，到省黨部參加歡迎杜光塤大會，杜氏係於去年以我國出席聯合國大會顧問身分赴美，事畢後經過法、義、西德與巴基斯坦、黎巴嫩等國家回國，今日杜氏在歡迎茶會席上發表演說，報告在法國、義大利、西德、土耳其與巴基斯坦等國與議員接觸之情形，及一般反共情緒，其中最足令人注意者為巴基斯坦係與中共有外交關係之國家，而境內僑胞則對共匪深惡痛絕，甚至餐廳用餐對其廚役猶不能不加戒備，又泰國僑胞最多，泰國政府亦反共無疑，而因美國政策動搖，遂亦不能明朗云。

3月11日　星期日　雨

聽講

上午到師範大學聽潘重規教授講禮記，今日所講為哀公問，孔子答哀公問何謂大禮，而特別指出先確定夫婦男女之關係，哀公認為小題大作，潘氏解釋孔子所以不同意哀公之見地，即在人倫造端乎夫婦，是為一切社會秩序之基礎，亦為人獸之辨之樞紐，蓋獸類未嘗無男女，然無夫婦之關係，故禽獸不能有社會秩序，此點最精。

娛樂

偕紹因、紹彭到明星看電影，為金素琴主演洛神，實為京戲，只平妥而已，無甚精彩，此片為勞軍義演之出品，有若干歌舞場面，惜無彩色，只看其雜沓而已。

3月12日 星期一 陰

業務

陳丙丁案之查帳報告書已完成一星期，陳子並於數日前來此看過，直至今日父子始再度來接洽一切，余將已成之報告書及附表交其詳閱，渠對於所剩餘之資產項目與負債項目不加理會一節表示不解，但余亦因言語隔閡，不能詳加解釋，只囑其照報告書文字加以深思即可，彼對於負債亦曾認為須兩合夥人均分，余詢以資產豈非亦應全分，但如兩俱不分，而將其對造應得之本利算明退回，豈非等於全分，彼始略有所解，此外並在文字上將一百箱茶之「價購」商改為取去，余認為可以照辦。

3月13日 星期二 晴

師友

下午，童世荃兄來訪，係依昨日電話所約同往訪物資局溫廣彝處長，據童兄云，數日來亦未晤及申購杉木之楊慎修代表等，究竟進行情形如何，詢之吳麟兄亦不知情，比詢之溫處長，據云似已交款半數，然則豈非已將木材買去半數，日來正在醞釀分配，竟至無法獲得結論乎？與溫君約定下次有杉木運到時通知再行購買。下午，到社會處訪牟乃紘兄閒談，本欲提出請在民眾團體代為注意謀取固定工作，或仍在勞保委員會另發表一委員，但經三思之後，又深覺不妥，遂未提及云。

3月14日　星期三

閱讀

十餘日來讀 Eugene Staley: *The Future of Underdeveloped Countries: Political Implications of Economic Development*，此書共四百頁，分為三卷，第一卷論經濟發展之本質，分章申述在經濟落後國家，美國與其他國家之不同觀點，第二卷為共產主義侵入經濟落後國家之策略，敘述其宣傳與拉攏之方式，已經歸入鐵幕國家之實際情況，第三卷論民主方式之發展途徑，此部分占全書之半，共分九章，一論政治與社會之條件，二論人文與組織之因素，三論農業改革，四論資本形成，五論人口問題，六論原料分配與工業化，七論世界之大環境，八論外援之要義，九論美國應採之政策要點，此書最大特點為根據之書籍有數百種，而採用數字則尤為博贍，所取觀點不囿於美國一般之夜郎自大觀念，而處處由落後民族之特殊情形設身處地，以求擊敗共產主義，而與落後國家共躋康樂和平之境，作者對於落後民族之發展不以物質與經濟條件為最重要，而在致意於教育、社會、文化、生活之改觀，認定非此不足以結束落後之生活，更非此不足以使經濟發展導入邪途如日本、德國、俄國之先例，凡此所見，皆為警闢精審，在白種人中有此遠見，可謂難得，非有深刻研究者不能有此力作也，至於此書行文淺顯，語調頗重情感，則亦有引人入勝之妙，惜有時嫌重複絮聒，則小疵也，書中又引用數字若干，頗足注意，記述於下以備遺忘：（一）政府吸收國民所得普通百分之十五，但必要時不妨達卅五，（二）經濟發達之國家人口增加率以百分之三至四為適合，（三）美國國民所得二百五十比林，超過全世界其他各國（西歐150比林，其他80比林），其適度之對外投資為百分之二，計五比林，但事實上只有二個比林，故對外投資尚有餘裕，（四）全世界國家分成高度、中度與低度發達三種，一為美、加、比、丹、法、德、荷、挪、瑞、瑞、英、澳、新西蘭，二為南非、阿根廷、古巴、波多黎各、烏拉圭、委內瑞拉、以色列、日本、奧、捷、芬、匈、義、波、西、葡、俄及愛爾蘭，三為以外之六十九國。

師友

上午，會同逄化文、童秀明、李鴻超到台北縣政府交涉潭墘地皮複丈分割地積迄未通知確數問題，當抄來複本一件，持回後再行進一步辦理其他手續。上午訪宋志先兄，託再積極代為將其鄰右之土地出售，以便早日著手建屋，又訪施取代書談此事，據云近來甚少交易云。晚，廖毅宏兄夫婦來訪，余託其再向公賣局探詢公賣共濟組合財產之清理事宜。

集會

晚，開小組會議，辦理四十四年度黨籍總檢查，余共得八十七分半，在新辦法為較高者。

3月15日　星期四　晴

師友

上午，王景民君來訪，轉來羅東其友人來函，係託為余建屋所用木料估價事，已將估價單寄來。晚，廖毅宏兄來訪，談關於菸酒公賣局公賣協會清理工作洽詢情形，謂資料不全，難以下手，當約定於明日同往該局訪其經手人員再作面晤。下午訪逄化文兄不遇，留交余根據昨自板橋取來之地政事務所所開潭墘地皮分割面積，由甲數換算為坪數之清單，此項清單將據以為統算地價之根據。

閱讀

讀方丁平小說「五鳳朝陽」第二本，自第七至十二章，此冊為寫書中二姊月鳳，並引起以下同年之三鳳上場，筆調與金樓韻事相似，故事雖異，而其剪裁則亦多相似處，因係連載，故不夠洗鍊，印刷亦草率，目錄甚將 12 章漏去。

3月16日　星期五　晴

師友

上午，到電力公司訪李耀西兄，談該公司之股票去年已辦申請上市手續，依規定每年度經過後，須於三個月內將決算表經會計師簽證後送財廳查核，此項手續未知已否準備就緒，據云決算甫經辦就，此事當注意及之。上午到公賣局訪孟佑之兄，並與廖毅宏兄晤面，經孟兄以電話介紹其主計室主任林君，余往洽談公賣共濟組合之清理事宜，據林君云該局所存資料不全，曾儘量檢出一部分送吳崇泉兄看過，認為不易進行清算，云云，余歸與吳兄談亦係同樣情形。上午，到省總公會訪簡文發理事長，不遇，留片探詢關於鐵道共濟組合之清算事宜是否準備著手，因余所經辦之林業共濟組合已準備賡續辦理也云。下午，到立法院訪韓華珽兄，閒談景美地皮須出讓事，韓兄謂立法院須買地供建疏散房屋，將詢以是否需要。下午到立法院訪劉代表綽然，渠在景美之房屋與余之地皮為一個地號，余之地須出售，其方式為登報徵求，為便於應徵者領看，特託劉代表代為接洽指認所在之地段，當蒙照辦云。下午，到嘉陵公司訪吳先培兄，告以上月所洽一部分國大代表須買杉木轉售，託吳兄查詢受主一事，由於代表中品類不齊意見不一，現已不予過問，又在景美中和鄉之地皮必須出售買料造屋，請隨時代為注意受主，此外為姑丈夏季經營織繡需借款一萬元，詢如該公司有來存款者，不妨代為介紹，據云此類存款該公司早已不收，但知何人有款可存，當為物色接洽，其方式希望能開出支票作為借據，余允用余之支票為之，但如信用方面不為出借人所知時，希望吳兄亦為之加一保證或證明手續。以電話與紀萬德兄商聯誼會事。

3 月 17 日　星期六　晴

師友

上午，到中和鄉宋志先兄家談出售其屋後地皮事，不遇，留言謂明日登報出售建地，寫明係請宋寓領看，屆時請代為照拂云。下午到立法院再訪劉卓炎君，不過，當將所備余之住址卡片十份交郵寄至景美劉寓，備代領看地皮後交看者前來接洽云。

家事

上午到姑丈家，交七弟由金門帶來之紫菜一包，又林業試驗所寄來松香試驗報告一本，又面告為借款事與吳先培兄昨日接洽之經過，暫尚未能定期限利率。

集會

下午，出席會計師公會業務推廣委員會，此委員會共有十五人，均係自認參加者，由余與張安侯為臨時召集人，年餘以來始召開第一次，計到六人，推出余與張君為固定召集人，今日先就一般事項廣泛交換意見，如新所得稅法之改正估計、平均地權之評價問題、民事訴訟代理人問題等，並暫訂每月開會一次。

開會時接值月常務理事陳秉炎電話謂昨日常務理事會（余因事未到）及酬金標準小組會議開會時，曾有人提及勞工保險基金監理委員會方面之辭職事，社會處仍待余之辭職函件始好改聘，余告以公會既有公函，個人不必一再表示，其實第一次之個人辭函即屬多餘，只因以往慣例如此，余不能不從之而已，此事余在旬前已催主管方面即根據公會公文解決，不知何以又延至今日尚未辦出，此項根據情形望即轉達提議人勿躁，余知此人即為待接之徐光前也，陳君又提及昨日有人發覺工商協進會設徵信所辦理近似會計師業務，有人提議開緊急會議，詢余有何意見，余主不必操之過急，因該會之設有此部分已非一日，本會須查出法定之根據一舉而糾正之，總宜謀定而後動云，後聞該協進會已自動修正其辦法云。

3月18日　星期日　晴

師友

下午，王立哉、劉馥齋、逄化文三兄來會商關於潭墘建地之分割面積問題，決定先將算出之每段坪數通知五人小組中之另二人李鴻超與童秀明，至於進一步如何解決連帶問題，決定：（一）地價找算如何根據，調查鄰地成交或即以此地徵售以得實價或請第三者代為評定，（二）李鴻超與王宣二家分割不均問題，此事最為微妙，李本主張必須有二百坪之半，王亦同，但兩人相加不夠此數，而李則實占百坪有餘，余認為李可照其應得之半除應攤巷道面積外，以餘數與平均數相比，超過部分照市價找出，李意不找付王宣，如王不堅持即作為公共之用途，逄兄則主餘人分享云。

交際

下午，到中山堂赴同鄉郭健秋之喜宴（其子結婚），飯後至中正廳接德芳等同返。

3月19日　星期一　晴夜雨

師友

上午，到立法院訪韓華珽兄，因彼前日曾來電話談關於買地事，特往詢內容，據云立法院買地係為集體興建房屋，所需土地在一兩千坪，余等景美之地只有六百坪，不敷應用，且如價在百元以外亦不適合要求云，余因昨日孫福海君曾來告在景美另有放領地一千八百坪及二千四百坪各一段出賣，託余介紹，乃約韓兄往訪經手買地之修君，告以此事，當約定明日一同往看，至於價格若干，將與行政院國民住宅興建委員會商討，如成交時亦由該會承購分割使用，其限度將以劃出道路用地後每坪淨價不超過八十元為適宜，余於談竟後即於下午通知孫福海君。

3月20日　星期二　晴

業務

與余及吳崇泉兄同事務所之李洪嶽律師，日昨曾正式來函對於下月一日起即須續約之事務所房屋租賃事有所表示，此中問題甚為微妙，蓋兩年前彼與余兩人為代表承租合作大樓房屋之時，預定四人合用，彼約一人，余約吳崇泉兄，後彼所約之人未來，而房租則已先付二人者，中途約吳麟兄來參加，半年前渠二人又因支付房租應按月抑應按半年一次事，不歡而散，吳兄離去，李兄又恢復原始之狀態，彼時渠本託人向余與吳崇泉兄表示房屋應各負擔三分之一，余等因與原議不符加以拒絕，現四月一日又將續約，李君來信云，房東表示將收回房屋，但如不收回時，擬仍補成四人合用，現有人在接洽參加之中，如屆時尚未洽妥，即改為三人分擔，又四人負擔時如有欲退出者，亦須於兩個月前通知，以便準備，云云，其所以正式用書面者在表示其確切之態度，余今日與吳兄商量，咸認為雖原始之狀態未嘗不可改變，然李君欲以其本身之困難加諸余等，終屬不當，經決定答復在月底前找人參加，如屆時不成，余等即不再需要此房屋云。

寫作

為全國工業總會寫一短文，刊於其會訊之內，題曰「論工業化」，取材大半自最近所讀 Staley: *The Future of Underdeveloped Countries*，首寫全世界國民所得之分佈的懸殊，次談工業先進國與半先進國中之特例日本與蘇俄工業發展之概況，由其歷史之回溯而談工業發展未必為自由平等民主之後果，於以證明自由世界之前途全在於此全人類三分之二有待工業化人民所將採取之途徑，如先進國不好自為之，多數為蘇俄所利用，世界之遠景不堪設想矣，因題目太大，故加子題曰世界工業化現況及歷史的回溯，共四千餘字。

3月21日　星期三　晴

集會

下午，到裝甲之家參加國民大會代表全國聯誼會歡迎我國出席聯合國代表蔣廷黻氏，首由何應欽氏致開會詞，繼由蔣氏演說其在聯合國大會否決外蒙古入會成功之經過，最後由吳忠信氏提出一問題為美國對我光復大陸之態度，蔣氏未作答復，今日蔣氏謂聯合國憲章深合我國傳統立國精神，益以我國內朝野對蔣氏之鼓勵與支持，使代表團勇氣百倍，毫無孤單之感，可謂十分得體，蔣氏湖南方言太重，不易使聽者完全了解，然辭令固甚佳也。

參觀

下午到交通部參觀郵政六十週年紀念郵票展覽會，

美不勝收，私家出品尤多珍貴，惜余於此為門外漢，且室內光線太暗，觀眾太多，未能詳細閱覽，然走馬觀花中得一印象，世界愈小之國家愈有最大最豔麗之郵票，且為平素所不經見者，參觀竟，買紀念郵票及信封信箋數枚以為紀念。

師友

晚，隋玠夫兄來訪，面交前撰「勞動者與合作運動」刊登於合作界季刊之季刊兩本，並稿費二百四十元，隋兄交來現款袋內只三十元，苦思其原因而不得，後知係其夫人由其衣袋內作為自有之款，取去作為家用，亦趣事也。

3月22日　星期四　晴

師友

上午，同孫福海君到立法院訪韓華珽兄，並同訪修秘書不遇，今日係為探詢該院前數日看過景美地皮後有無購買之意思，韓兄允詢之修君再告，至於此次所看之地為一千八百坪，孫君意如立法院認為可用，其出路須另租他地，此事須由介紹人一併代為辦妥，該院不必顧慮，又此地之介紹費賣方願比一般略高，出每坪三元，將買方百分之三假定每坪六十五元約合三千五百元加入，共約九千元，介紹人孫君方面共四人，另應將韓、修二秘書加入，蓋因成交後手續由國民住宅興建委員會出面，立法院亦只為介紹人之立場，二人亦不必避嫌也，但韓兄甚謙遜，允轉告修君云。

集會

下午出席勞工保險基金監理委員會，主要議案為勞工保險四十五年度預算案、四十四年上半年結算案，及四十四年追加預算案，此三案係經五人小組審查提會，今日將預算案通過，結算案則併將來決算案，追加預算重行審查云，今日會議席遇簡文發理事長，渠允聘余清理鐵道共濟組合。

聽講

晚到華美協進社聽孔慕思教授講「矛盾與合作——美國的民主經濟」，歷一小時餘，內容並不十分深刻，但口齒清楚，趣味盎然，譯者張彼德則較遜色。

3月23日　星期五　晴

瑣記

上午，三張犁周君來談買景美地皮事，渠甚願買此二百坪，余讓至一百二十五元，渠再出至一百二十元，余認為索價本已不高，希望不再爭講，渠謂係準備三家分用，須回去商量，允明日通電話。

師友

下午，同逄彬青兄到中和鄉訪宋志先兄，談潭墘地皮分割中可能發生之爭議，希望必要時宋兄能為中間人使此問題能不致影響情感，所謂爭議者最大問題當為每人面積大小不等，大者須找出現款，小者須找進現款，計算標準依時價，而所謂市價則漫無標準，據逄兄今日先訪童秀明與李鴻超二人交換意見，除已決定先行開全體大會商討一切外，李君先發表意見，竟認為渠係在馬路邊，不需要巷道，意在掩飾其佔用一百零四坪使其比鄰只餘九十坪，且須全除巷道之不合理與不公道，此種只知有己不知有人之見解殊使人大為驚訝也。再託宋志先兄急為讓售其房後之余所買地皮，以便得款早日興工建屋。星期日登報，竟完全無人來看，可見近來地產交易確有停滯之象，至於此地難售尚有一原因即在都市計劃公園預定地內，非強有力者實無硬行建築之可能也。

3月24日　星期六　晴

家事

上午，表妹婿隋錦堂君來談已將林業試驗所寄來之松香試驗報告閱讀一過，認為所用數目頗多，欲在深山內作業顧及集中之原則，則地點殊關重要，至於由樹幹提取原料後之重製工作則極簡單，此項煉製松香工作聞在日據時期曾有作業，勝利時廢棄且將資料毀損，現在每年耗巨額外匯進口應用云。

集會

下午，出席會計師公會常務理事會，今日無何正式提案，只對於上星期有人提議對於工商協進會所設工商徵信所事提出對策，作再度之研討，緣該會發出印刷品，列舉徵信所業務，其中大部分為會計師之業務，如會計證明，登記申請之類，會計師中頗有提出激烈主張認為立即登報質問或先開緊急監事會者，但該所之章程係呈奉經濟部備案者，如欲該所更張，或請經濟部糾正，勢須在法令根據上充分提出理由，該會之行為自然對會計師構成威脅與妨害，如無有力根據，只憑常識判斷，則經濟部可憑其先入為主之勢，自護其短，本會失敗事小，為會計師業務建一永久障礙則事大也，故決定召開理事會議對此案提出縝密討論。

3月25日　星期日　晴

聽講

上午到師範大學續聽潘重規教授講禮記，今日為禮器章，以前各章均字數較少，本章則字數較多，且內容偏重於禮節儀文方面，或制度形式方面，但並不枯燥乏味，有時且特具興趣，例如今日習用之介紹一詞，日本多作紹介，此名辭實為諸侯相聘禮中之禮官名稱，有上介、紹介、末介等，其義即為居中傳語，後則變為今義。

娛樂

下午，率紹因、紹彭到台灣戲院看電影，為卡通片「小劍俠」，以小約翰被巨人所擒逃逸後至蜜蜂國立功，然後在蜜蜂之協助下反攻得勝，救出同伴為故事，色彩極鮮豔。

3月26日　星期一　晴

師友

下午，到立法院訪韓兆岐、修魯慶二秘書，將談介紹景美建築基地事，不遇。在中山堂周治華畫展門前遇胡陶庵兄，囑以電話再商吳先培兄買畫一幅，乃照通電話，據云已通知進出口公會總幹事照辦，余乃歸告胡兄，但彼已離去，乃留字交畫展辦事人員代達與進出口公會洽辦，設今日閉幕後而該會人員未到時，仍可接洽，其實余在電話中已與吳兄談妥，設不來時即代為擇定一幅，因胡兄不在，此節無法照辦云。

家事

下午，姑丈來問向外借款事，乃以電話詢吳先培兄，未獲晤談，及姑丈已去，再通電話，知已有洽妥出借之人，遂約定明日下午共同辦理手續，余並於傍晚到中和鄉姑丈家將此事通知，姑丈又為出售潭墘土地事允在介紹所以 140 元代售。

瑣記

景美地出售事，上星期有實踐米廠周君來談，曾出至每坪一百廿元，余堅索一百廿五元，連日未通消息，今日到三張犁訪詢，據云已另看一段不及百元，故此事當作罷矣，其實余當時已允一百廿元成交，彼或可交定金，可謂到手機會失去。

閱讀

讀 George Soule: *Ideas of the Great Economists*，全書只二百餘頁，但將古今大經濟學家如重商主義之 Thomas Mun、Colbert， 正 統 派 之 Smith、Malthus、Ricardo，社會主義之 J. S. Mill、A. Marshall 及限界效用派，現代革命者凱因斯，制度學派之 Veblen、Commons、W. C. Mitchell 等人之生平與理論輪廓均有扼要之敘述，可謂要言不煩，余只讀其中有關 Marshall、Keynes、Mitchell 等人之部分，誠因此數人之學說係在余出學校後始成一家之言，而逐步蔚為大觀，此前諸家則余在校所習，固較此書所述為精詳也，作者為一美國有數之作家，其論文散見經濟專門刊物甚多，其思想固傾向由政府對經濟加以適當控制。

3月27日　星期二　晴

集會

下午，出席光復大陸研究設計委員會財政組金融小組委員會議，討論保險事業問題，余因事早退。晚，到農林廳會議室參加經濟座談會，此為余被介紹入會之第一次會，由張靜愚主席，工業委員會李國鼎報告出席亞洲及遠東經濟委員會之觀感，首先以數字說明台灣工業發達情形在此區域內僅次於日本，但認為工作尚屬不夠，蓋東南亞若干國家可以吸收我國之出口貨或物資或人才，而皆未受我國朝野適當之注意，渠此次在印度開會時，與有關國家洽談此類事項頗有收穫，但回國後即一盆冷水，渠對於我國政治風氣之只講手續只重責任大為感嘆，認為自由中國工業之略有今日規模，正是有人肯冒不講手續不怕責任之鋒鏑，不顧立、監兩院之吹求而致之，此點正是自尹仲容以來之論調，當亦有其一面之理也，今日開會前並循例聚餐，全部程序歷時二小時而完成。

家事

下午，與姑丈同訪吳先培兄，取來所介借用林作梅太太款半數五千元，其餘半數一兩日內補來，利息每月四分，每過一個月由姑丈送四百元交吳兄轉寄前途，期限三個月，當由余開出六月二十七日期支票一張，因姑丈在銀行未使用支票也。

3 月 28 日　星期三　晴

瑣記

與吳崇泉兄在事務所閒談本年即將實施之都市平均地權與日產房屋之關係，據云現在尚在由土地銀行公產代管部經租之日產房屋，數年來未調整租金，出售價格亦係數年前所定，所以不能調整，即因負擔能力不同，調整後反不能切實收到或售出，但今年實行都市平均地權，其主要手段為評定地價，照價收稅，如有買賣，漲價歸公，私產如此，特種房地產即日產亦將如此，則不久此項土地房屋即將以政府所定地價為地價，無形中必將漲高，至於租金則原照價按百分比算出，亦將比例得提高，如此情形，將來繼續居住日產房屋者，如非目前承購，將來必更無力承購，且由於購價提高，如繼續租用時，不但租金負擔大增，即使不住而出頂時，亦將因購價之提高而使頂費不得不降低，故依吳兄所見，以目前照舊價買進為比較適宜，至於將來如果出賣，則係照第一次公布之地價與出賣時相比之差額計算漲價歸公，並無了不得之負擔，又現在戶稅制度對有收入與有財產者均徵收之，將來如戶稅停止徵收，則有財產者並不增加戶稅，只照往例繳納房捐一種而已。

3 月 29 日　星期四　晴

師友

下午，同德芳到羅斯福路三段訪張中寧兄夫婦，因其夫人於舊曆年時在馬路滑倒脊椎骨跌斷，特往探視，並贈物品，據云已經兩個月，係用雲南白藥治癒，前後凡服用十餘瓶云。下午，到南昌路訪徐嘉禾夫婦，至則知已於昨日移居，但後至植物園與徐兄相遇，據云不久其服務機關可以分配宿舍云，又云李先良兄已回台中，渠此次係來辦理出國手續，事先曾簽由總統府秘書長張羣轉奉蔣總統批准，且已領到護照，但近日保安司令部又奉國防會議安全局之命，不發出境證，其意無非因李兄有若干在青島時期之美國友人，慮其出國或有不利之宣傳，此為對付所謂CC 集團之法，與今日張中寧兄所云此次立法院張道藩院長辭職之真因，為院內之青年團分子提議院長應有任期以期再由團方人士接掌該院，此種細大不捐之作風，徒見當政集團之狹礙作風，較之在大陸時期尤有過之耳。下午，又同到廣州街訪廖毅宏兄夫婦，廖兄亦係在植物園相遇，並有其內兄甘君，乃同到廖寓相訪。

參觀

下午同德芳在中央圖書館看美術節美術圖書展覽，分數類，一類為西洋印刷名畫，一類為金石拓片，一類為日本出版銅器瓷器書，一類為中國插圖書籍。

3 月 30 日　星期五　晴

聽講

上午，到女子師範參加聯合國中國同志會之座談會，今日主講人為泰勒教授，乃華盛頓大學遠東研究所所長，題目為「中國文化之將來」，泰氏於四年前來台灣，就其所見所聞，認為四年來已經在文化工作上有長足之進展，所舉實例為大學已不只一所，中央研究院院址保藏設備已經完成等，氏認為中國文化之悠久傳統，在其足跡所至之中國大陸周圍國家無一不表現深刻之影響，但共產黨在大陸已經從焚燒古書與洗腦窒息思想等途徑滅絕中國固有文化，以為純粹物質主義開路，雖以偽裝方式重印國學書籍或精美圖冊向海外炫耀，然只為一種欺騙外界人士之手段，使誤認為其不棄絕中國文化，然大陸今日在文化上已一片荒涼，故今日必須由大陸周圍以新的姿態發揚中國固有文化向大陸反射，此任務之中心負擔者無疑即為台灣云，歷時一小時半始竟。

業務

余與吳崇泉、李洪嶽二人合用之事務所，本月底到期，房主第十信用合作社以收回自用之姿態向法院聲請調解，今日李律師已撰狀由余與彼為代表人委託孫福海君於明日出庭表示繼續租用，聞房主目的為製造調解原因以筆錄代公證云。

3月31日　星期六　晴

瑣記

今日參與一件最不愉快之事，回思極覺無聊，緣台北市公共汽車今日登報公告定於明日起提高票價，各種票於明日起憑舊換新，照價折算，獨公教與學生月票則可延用一個月，其意似在優待此二種人，故依其公告，今日仍應售票，余因紹南、紹寧二人之學生月票前數日已用罄，且已到換購之期，即余所用公教月票亦早已到換購之期（超過半月），乃於上午到該處換購，不料其窗口不開，若干人等候買票，毫無動靜，俄而臨時用墨筆寫一紙條曰，上午月票停售，下午開始出售新票，見者大譁，余亦甚為氣憤，至樓下各辦公室皆無人負責說話，乃與數人到樓上訪其處長黃坤榮，告以不可玩視政府政令自行伸縮，且今日來買票者皆犧牲時間甚有請假而來者，該處既非假期，何得停止辦公，黃無言答對，至爭論間有人以請其開會為名將黃喚出，於是無人負責，只餘警員數人，雖亦不直該處之所為，但官官相護，彼等既不能令該處恢復售票，亦只好勸請購人不再要求，同時其職員數人亦只說請原諒一切，是時眾人漸散，余亦深覺無味，與此等人較量短長，真有同群之恥也，此公共汽車管理處與社會本已早有惡感，今在漲價前夕，尚未忘留一最壞印象，所謂斯人而有斯事也。

4月1日　星期日　晴

交際

上午，到市立殯儀館弔文德郁代表之喪，並送至六張犁墓地，只是浮厝，送者二十餘人，文代表乃山東同人中之年事較輕者，胃癌纏綿經年，終以不起，今日在公墓所見，全是內地人士，不禁感慨萬千，送葬者亦皆欷嘘，所謂生寄死歸，在此嚴酷之時代，固已永得安息寐滅，然生者西望大陸歸去之無期，實生亦寄死亦寄也。

娛樂

下午，率紹寧、紹因、紹彭到國泰戲院看電影，片為蘭克公司出品大雜技團，原名 The Woman for Joe，乃以馬戲團為背景寫一段殘缺之戀愛，別有情趣，尚佳。

瑣記

自一月間借得第一次建屋貸款，至今兩月有餘，未能動工，焦灼之至，其原因為建築預計需款較之第一批貸款者有倍之，而貸款數目仍較前無異，故余雖屬於甲種為額最高者，然照預定之數四萬元亦須加倍而成八萬元，除貸款一萬八千元外，尚須自籌六萬元之譜，而目前余一無現款，只恃將以前所買之不用基地三百餘坪出售，而自舊曆年前政府抽緊銀根，市面物價呆守，交易稀疏，直至今日未能轉暢，致兩次登報，多次託人，均未能售出，而舊年底買磚三萬塊堆於工地，直至今日，一籌莫展，地產不動之原因尚有因不久實施都市平均地權，致一般多存觀望所致云。

4月2日　星期一　晴

師友

下午，徐庶幾兄來訪，談所營五連行經辦向公路局修車廠洽修車胎已經三月，第一批為一月份，明後日該廠可以將帳單開出，據云其開價將視工礦公司定價減去一成，則一月份可以盈餘四千元左右，渠所以向余說明，係因第一次到該廠接洽係由余前往之故，又談前代遠東游覽汽車公司向公路局接洽通融大型客車免換底盤事，自遭蕭國祥處長函謝澄宇兄堅決拒絕，又遭該局正式公事批駁，遠東乃向徐兄索回其經謝兄送蕭之一萬元，徐向謝兄分批索回，直至三月底始收回九千元，自謂係賠出者，但徐兄之見解則認為謝判斷錯誤，以為該局之行政習慣可以由局長譚嶽泉一言而決，譚兄處由余無條件求情，既允予同情考慮，於是謝兄陽為代向蕭送款，陰實以投機方式，對蕭威脅並出賣人情，而將該款中飽，未料事與願違，於是因羞成怒，與徐幾乎絕交，且口出不遜，謂須徐及余與其三人分擔，此言經徐兄轉述，余即當場大不為然，並正告其二點，一為彼此既係三十年同學，以後徐有事要余幫忙時，余仍當幫忙，但不要涉及金錢，二為即使非二人可成之事而須第三者介入，亦須先知其所言所為與實際相符，方能配合運用，否則徒鬧笑話，即如此次之事，余本欲固守對譚嶽泉兄不常求情之初衷，知難而退，無如徐兄云監理處自蕭以下均已說妥，自待局長劃行即可告成，余始向譚兄關說，孰知事實恰好相反乎！徐兄又談及代利源化工廠向公賣局申請售純鹼事，因第一批告成後迄今兩月尚未試用完畢，廠方已有不耐，近來且出惡聲，自謂此刻已逼上梁山，不問該廠態度如何，仍須繼與公賣局交涉續用云，其所以說出此事，因彼以前曾許聘余為會計顧問，為時半年，音訊杳然，現既已遭遇新的困難，前事自須再等候當前局勢化險為夷後始能再行進行，余對此事本已向其早有不耐之表示，今日聽其一番說詞，未表示任何意見，蓋此人之說話，縱在最動聽時亦須打一對折也。晚，蘇景泉兄來訪，閒談。友人之子張彬來訪，刻台大上學，賴友人資助，本由余經手支付，本學期只收到一百元，照數轉交，無以為繼，據云近來均係由崔唯吾先生處借取云。

聽講

續聽朱楚方氏授英語會話，已經過去四個月，對發音之糾正，透過國際音標之學習，已發生成效，今日余首次單獨朗讀，據云輕重均甚恰當，可見已有進步。

報稅

申報去年度戶稅，所填為收入額每月三百二十元，全年三千八百四十元，家屬寬減額則填德芳、紹南、紹中、紹寧、紹因、紹彭等，按規定為每人每年二百四十元，但數目未寫。

4月3日　星期二　晴

業務

上午，到同鄉會調查商界同鄉情形，以為推廣有關所得稅會計業務之資料，未遇一人，僅有趙國棟兄一人寄寓其間，據云同鄉會無人辦事，亦無此等資料，言談間在其桌上發現有往年同鄉大商號為反共義士捐款清單一份，已經事過作廢，乃取來以作參考，並據趙兄云不妨與張敬塘兄一晤，渠情形較熟，此語提醒余頗多，乃於下午訪張兄於峨嵋街，允協助推行，並謂不妨再與孫典忱兄一商，因孫兄對於其牟平同鄉情形最為熟悉，且為牟邑人望，此語亦將余再度提醒，乃函新店孫兄，約其於後日上午在寓等候。上午到林產管理局訪臧金泉組長，詢問林業員工互助協會清理工作何時可以恢復，據云尚待財政廳報告社會處向法院洽詢該項機關能否作為財團法人登記，始知何時方能開始，其間土地銀行公產代管部有接受辦理之企圖，其實毫無理由，余又催其將公費早付，彼允簽請支付一部分，其實此語在一個月前即已答允，但若無其事，今日又重新允諾，余恐其再遭遺忘，故約定一週內用款，歸後並另辦公函一件寄去，防其前函有失也。陳丙丁侵占案查帳報告作成後今已匝月，而陳所欠公費仍不照繳，近來幾乎每日每通電話，每通話陳必允明日送來，但每至次日又例必爽約，此等人惟台灣有之，余今日與介紹人李崙高律師通電話不果，乃寫信去請其考慮辦法，是否限其明日下午三時來將手續辦清，逾期余等該案不再負責，抑如何辦理之處，請其酌定。

師友

晚，王慕堂兄來訪，言其夫人在昆明已有函致香港友人，此為數年來之第一次通消息，故甚興奮。晚，徐庶幾兄來訪，談今日至公路局修車廠洽算二月份修胎用費，因開價略高，該廠又再考慮，渠今日來向余說明，因余為原始與該廠接洽之人云。

4月4日　星期三　晴

瑣記

上午到土地銀行公產代管部訪李副理兆聯，請介紹其主管員李、張二君洽詢有關余現在居住之日產房屋事，據云此房產價五千四百元有餘，在過戶後可以承購，過戶時繳納百分十四之教育建設捐七百餘元，並將欠租兩年繳清即可云，此事與都市平均地權有關，因恐將來定地價後則售價比現在高出多多，故如欲承購以目前為宜也。

師友

上午，訪王慕堂兄，閒談，並索以前電信總局復洪蘭友氏電話事之復信，知已先送來。

娛樂

下午到美國新聞處聽音樂看電影，有加州兒童樂園，羅賓斯坦之鋼琴演奏蕭邦曲集，最後有安德生「美麗城市」與 Pearce 之歌唱，及 Heifetz 之小提琴獨奏，均佳。

4月5日　星期四　晴

集會

上午，到三軍球場參加同鄉會所約集之團體，一同入場參加各界追悼大陸反共死難同胞大會，到者數千人，谷正綱氏主祭，並有反共義士及死難家屬之報告等甚多。

師友

下午，孫典忱兄來訪，余本於前日函約於今日上午到新店拜訪，渠來電話改約為今日下午在余事務所見面，余將計劃請渠與張敬塘兄代為在此間商界介紹所得稅完稅與會計業務事提出，孫兄甚表贊同，並表示願與各方面洽云。晚，韓華珽兄來訪，係代牟尚齋兄送來資助張彬學費一百元，並閒談近年來學佛之造詣，又談及立法院買地建築宿舍事，七張之地由孫福海介紹者可能成交。

集會（二）

下午，出席會計師公會常務理事會與理事會，討論兩案，一為酬金標準修正草案，余認為尚有漫天要價之缺點，如銀行註冊公費為二萬元，實際現在根本不准開設新的銀行，無此業務而定此大額公費，徒貽人以口實而已，經決定刪去，又討論工商協進會設立工商徵信所辦理若干與會計師相似之業務，應如何對付一案，余認為此事對協進會只能據「理」力爭，而不能一定認彼為非法，對經濟部則不妨提出較嚴正之觀點，因經濟部為主管機關，必須有明確態度也。

4月6日　星期五　晴

業務

上星期六受胡琦之委託函基隆大世界股東及會計於今日來余事務所清算帳目，本用普通雙掛號信，以期簡捷，幸尚發生反響，其股東余君託律師復函否認其為股東，而會計黃君則於今晨來所面談，謂並無帳目在其身邊，但謂其一部分帳因前訴訟送至法院，至於是否尚另有一部分則未之知，又原始憑證等件則亦未提及，由此種種反響，可以逐漸尋出解決之途徑也，余此次未用公證函，因其手續太煩，亦未用郵局存證信函，因其收費太重，且在一般人眼光中其效力尚不如法院之公證函也。

4月7日　星期六　晴

業務

起草一件以孫典忱、張敬塘等兄之名義致此間山東工商界人士函一件，寫明今年政府有兩件大事與工商界切膚相關，一為年初實行新所得稅法，二為七月初將擴充商業會計法之實施範圍，前者在提倡查帳課稅，後者在使一般工商業之會計趨於健全劃一，所得稅新稽徵程序繁複有加，而合法的減輕負擔，全在運用會計與稅法，故應事先加以注意，況稅法規定得委託會計師代辦，可見有延用專家之必要，茲介紹會計師常務理事吳某，如有委託，必能達成任務，普通諮詢概不收費云。

4月8日　星期日　晴有陣雨

瑣記

上午到潭墘建築基地會同三台營造廠高九峯君點收瓦窯所送之磚，原定三萬個，每個二角九分五，已付八千五百元，但點查結果，尚有二千八百個未送到，故該窯本索補尾款者實際上尚須補磚，至所送之貨原定為火頭磚，內容甚雜，且因風吹雨打，有少數化為泥沙，高君本謂瓦窯應負責，但後又謂數少無妨云。

娛樂

午後與德芳率紹寧、紹因、紹彭到公館，欲游農業試驗區而阻雨，折回大世界看電影，為日本片「千姬」，大映彩色，京町子主演，甚淒豔，尤其色彩攝影佳。

4月9日　星期一　晴

師友

上午，到光復大陸設計研究委員會訪張隆延組長，託代領信紙數十張，以備以孫典忱兄之名義打製寄各山東工商界處介紹會計業務，張兄為陽明山受訓之同學，長於中英文及金石考訂等，今日遇其正在籌備於十二日舉行蘭亭序展覽，據云已得二十餘種，展出地點為歷史文物館，且將售出門票云。

聽講

下午，繼續聽朱楚方氏講英文，今日已將第二冊拼音部分讀完，而進入第三冊，會話部分則已將第一冊讀完，而進入第二冊，拼音內多有為昔所不知之處。

4月10日　星期二　晴

瑣記

上午訪鄭旭東兄，代為籌到款項，下午亟往土地銀行公產代管部辦理現在所住日產房屋之承購手續，因數日前曾由李兆聯副理介紹其李股長，故今日渠承辦甚速，且允戶籍謄本補交，於是會同承租部分之張君，將交租過戶等件（實際尚須補繳租金與過戶費）一併收下，正欲繳款，李股長謂因基地須辦分割複查，今日不能辦理，往與錢副理（李副理不在）交涉良久，只允即速派員複查，絕不通融云。

師友

晚到新店訪孫典忱兄，將昨日打成之介紹信送閱，並商定致送各信之對象。

4月11日 星期三 晴

瑣記

上午，到區公所辦戶籍謄本，下午持往公產代管部補入昨日之申請承購房屋書件內，並先將欠租與過戶費照交，然後再度拜託其速送登記課辦理複查，余並持吳崇泉兄之介紹片訪登記課蕭夢痕君託辦，因文件尚未移來，故無由著手，又須明天矣。

師友

上午到峨嵋街訪張敬塘兄，託在已打就之介紹信上蓋章，其中有十一份為與孫典忱兄共同出名者，有二份為張兄單獨具名者，均當時一一蓋章，下午孫典忱兄來訪將上項共同蓋章九份（另二份請張兄一人蓋章），又有孫兄單獨蓋者六件，全十九件。

4月12日 星期四 晴

師友

上午，到三張犁探王立哉氏之病，據云已有多日，由於直腸發炎而導起神經衰弱之宿疾，嚴重時幾於完全不能用膳，余少坐片刻，只談書畫之屬，未涉及任何正事也。上午，到峨嵋街訪張敬塘兄，不遇，留字附介紹業務信兩件請蓋章後封發，次兩件本為昨日張兄已經蓋章準備與孫典忱兄會名發出，後因孫兄不肯，乃重新打出仍請張兄一人具名者，按此兩件以外，尚有張兄具名者二件則於今日發出，孫典忱兄具名者六件及二人聯名者九件亦於今日發出，其中郵寄者十一件，專送者六件。下午，同孫福海君到立法院訪修魯慶、韓兆岐兩秘書，談為該院介紹買地建屋事，雙方尚難接近，余因事先退，孫君事先告余因雙方距離相當不易接近，故介紹費賣方已取消，買方尚不知如何，余不知賣方實際情形，對孫君言尚存疑也。

瑣記

上午，到土地銀行公產代管部，先在房地出售部分查悉余之申請承購書已經送至登記課，請先辦理分割手續，余乃到登記課請蕭夢痕君介紹主管者張、鄭二君，託其查以前各項根據，藉以明悉是否地積確未經測定而有複查之必要，經鄭君查卷，認為資料確屬不足，須先調查，而後決定是否需要測丈，余乃約其提早前來，乃決定於明日上午先來調查，此事究竟將如何處理，尚不敢預料，但據今日所接觸該部人員所透露，明日有關機關開會商討自本日開始申報都市平均地權案之地價後，該部之房屋土地價格將如何決定，預料對於已經遞進申請承購書件者，應在舊案範圍之內，不應提高價格，余亦作此判斷，蓋平均地權案內所定價格極高，照此而將日產房地調整，結果恐無人問津，反不若照舊價結案，在該處尚有實際款項可得，於己固有益無損也。

集會

下午，出席會計師公會常務理事會，主要案件為討論關於工商協進會所辦工商徵信所之業務與會計師業務抵觸，應如何對付，據張安侯會計師與該會人員接觸結果，該會尚不願全部放棄，今日會議除決定對於明日約定該所正副主任范鶴言、郭孝先二人茶會一事，應有若干人員參加外，尚討論具體方案，決定先禮後兵，法律上該所有其缺點，第一該所服務項目繁多而皆收費用，自屬營利組織，必須登記，聞登記即不能批准，第二即使該所不收費用，其所營業務有必須先具備會計師資格始可經營者，如會計證明、會計設計之類，仍不能取得合法之經營資格，設該所不能自反，將呈請主管官署取締或逕登報警告云。

4月13日　星期五　晴

瑣記

上午，土地銀行公產代管部派鄭君來調查余之承租房地情形，據云此項土地地積不明，在地政事務所亦未能查出，故必須測丈，經將房地形狀劃出，謂將於日內移請該部之測量隊前來測丈，如欲迅速，並請於日內至代管部向關係方面催促辦理云。

師友

上午，楊愷齡君來訪，謂政府因實施都市平均地權，公告於三月十五至四月十五日免罰補辦土地變更登記，余等十四戶在潭墘所買之地如尚未辦，希望早日辦理，余於下午遇逄化文兄請其早照辦，以免將來加罰。晚，馬麗珊女士來訪，託為其在經濟部託張景文兄代向總務司接洽因即須銷假至木柵辦公，希望調至城內云。

業務

由日前與林產管理局臧組長金泉接洽支付公費一部分事，當因兩月前已經洽允而實不辦，於是表示希望一週內有結果，今日以電話問林慶華君，知仍在擱置，並未簽請辦理，於是再度向林重託，此等牛皮糖式之作風實向所未見，猶如近來所遇之當事人陳丙丁自許於十五日支付公費而每日延宕，至今尚無消息，乃至如前年之王基業留置公費五百元，先將查帳報告騙去，待後函索面索均置若罔聞，某次其妻在途相遇，佯為不知而滿面均不自然，均可謂官不像官民不像民。

集會

晚，出席里民大會，全里共二百零數戶，而到者只二十餘人，乃改開座談會，由水肥不除、羅斯福路不修，以至氧氣工廠抗不遷移等等問題，俱有涉及，但此會之所以皆不出席，余意大半由於凡所決定未必能發生效果，充其量將各項意見分別轉至主管當局，結局猶如石沈大海，焉能使里民有與會之興趣。

4月14日　星期六　晴

瑣記

上午，到土地銀行公產代管部洽詢申購房屋之測量手續事，據登記組一呂君云，尚須先到工務局查是否合於都市計劃，再行定期測量，只好等候其辦理矣，又到房屋租售部分詢李股長，正見其持有名冊一份，列出十日以前申購而尚未辦妥手續者數十戶，據云將請示省府對此等戶數之產價是否調整云。午，逄化文兄來談已於上午到台北縣洽詢地政科枋寮地皮應在十五日免罰截止前辦理過戶與稅契，因渠下午有事，託余再到中和鄉訪施取代書託辦，比往，施謂需匝月始可辦妥，余乃取回將情形告知逄兄，余在中和鄉公所時曾查閱平均地權案內之規定地價，潭墘兩地均為七十九元一坪，又與職員吳君談，據云過期過戶可仍照舊章辦理，只憑成交日期延後即可。

師友

晚，同德芳訪張景文夫婦，託為馬麗珊女士在經濟部商洽調至城內辦公。

4月15日　星期日　晴

業務

上午，李崙高律師來訪，面交陳丙丁案之第二次公費，計一千元減除其介紹費提成四百元，余按總數出給收據，余並告以報告書副本已送交陳丙丁本人一份，其餘正本兩份將送法院，並曾告陳丙丁將其副本交李律師一閱，此案至此始告一段落。

游覽

下午率紹因、紹彭到士林園藝分所看蘭花展覽，因星期日人多，進場時須排隊，延候至一小時之多始獲進場，今日所展出者比往年為遜色，蝴蝶蘭較少，洋蘭包括美齡蘭較多，此外則有插花數盆展覽，多見匠心，為往年所無。

4月16日　星期一　晴

業務

上午，到高等法院晤張業昭書記官，面交陳丙丁侵占一案之查帳報告書，計共二本，附送以前調來之案內帳簿共計七本並家用帳二本，張書記官本因今日上午開庭囑余亦到庭，余詢以事先未接通知故有他約，不知能否稍遲再來，張君乃往詢推事，歸謂今日不必到庭，乃補具本案鑑定之切結，並將報告書收據取回，此案乃告一段落，據張書記官語余，雖曾催余送報告多次，但聞李律師相告，陳丙丁延不支付查帳公費，於是出傳票於今日開庭，余由此亦證明陳丙丁之有意拖延，設非定期開庭，彼尚不知延至何時也，中午於回寓時又悉晨間陳丙丁之子曾陪同李崙高律師來訪，下午至事務所又聞之孫福海君云，李律師曾來電話謂希望查帳報告緩遞，但事實上余已遞進，且報告內容早於一月前分給陳子與李律師看過，如須斟酌亦當早日表示，而延至今日，實自誤也。上午訪林產管理局林慶華君探詢林業員工互助協會清算案進行及請支公費事，據云自去年十一月開會推定社會處向法院洽詢職工福利委員會可否作為法人後，社會處因以前曾向內政部請求解釋，久久不復，故不能立向法院洽詢，但內政部又不能早有復文，於是陷於擱置，官府事之豈有此理，往往如此，至於公費一節，因該會缺乏現款，將先支付一部分三千元，即此數亦千呼萬喚，幾乎交涉兩月有餘，始有今日之結果，故余亦不再言其他矣云。

師友

日昨與張景文兄所談之馬麗珊女士調城內辦公事，今日電話中詢明張兄已與經濟部總務司方面談好，下午馬有電話來相詢，余即據情轉告。

交際

上午，到善導寺參加殷君采氏周年忌辰公祭，由魏棣九、倪摶九、孟傳楹等董持其事，與祭者以山東同鄉為多，時間為九至十一時，禮品概不收受。

4月17日　星期二　晴夜雨

集會

晚，舉行小組會議，乃二十四日之會議提早於今日舉行，任務為票選出席二十九日召開之各區黨員代表大會，結果余又當選，此為余所最不願擔任之工作，蓋依選舉法之規定在此代表大會上之主要任務不過為就上級加倍提名名單中圈選區黨部委員，此種選舉其名指定其實之會議，不過虛有其表，徒然浪費時間而已。

娛樂

下午，同紹南、紹寧及紹南同學楊秀卿往看「亂世佳人」，費雯麗主演，片長三時半，演技攝影俱皆上乘，果然名不虛傳，此片在台已演過數輪，仍叫座不衰。

4 月 18 日　星期三　晴

閱讀

閱陳定山作「龍爭虎鬥」上集，共二十回，此為黃金世界之續集，寫孫美瑤抱犢崮劫車案與上海聞人間之一段淵源，另有一段則寫上海交易所之現象，此部分出現之人物乃以黃金榮為主，而以張嘯林為副，其中涉及杜月笙者只有在交易所風潮中放出多頭賺得之利益搭救若干空頭，而使風潮頓息之一段，表現聞人風度的是不凡，作者之寫作宗旨本為杜氏之傳，以明其超凡入聖之過程，惜此冊多為閒筆耳，文字方面瑕瑜互見，不若黃金世界中之細膩而凝練，然大體則不弱也。

4 月 19 日　星期四　晴

師友

下午，應約至逄化文兄寓所集議關於枋寮所買地皮之過戶登記事，參加人除逄兄及余而外，為童秀明及李鴻超二人，討論結果認為此項手續事項仍應託施取代書辦理，但有若干先決問題如契稅所據之契價，及成交之日期如何填寫，及各同人應自行準備之印鑑證明書等事項，則應自行分頭通知早日辦理備用云。

娛樂

晚，與德芳到新世界看康樂總隊演話劇「佳婿乘龍」，計三幕，為一笑劇，其中含有諷刺意味，但除一笑之外，值得回味之處不多，二小時半散。

4月20日　星期五　晴

業務

下午到林產管理局訪林慶華君，洽取林業員工互助協會第三期公費之一部分，並催詢未了事項何時可以賡續辦理，據云內政部並未有解釋，當先到該部洽詢何種名義可有法人資格承繼前林業共濟組合之財產，然後始能決定如何辦理，至於財產方面亦有變遷，如電力公司股票正在換領，以一股換五股云。

寫作

三日來作成「累進課稅學說之發展」，計八千字弱，主要參考資料為 Randolph Paul 之 *Taxation in the United States* 一書內 Story of Progressive Tax 一章。

4月21日　星期六　晴

瑣記

上午，依前日之約到板橋會同逄化文、童秀明二人到縣政府地政科與錢君接洽枋寮地之變更登記事宜，據云刻雖已過免罰登記之期，但仍可按舊契價申請登記，所不同者即須另加罰金，至於契稅則仍照舊章計算，蓋因新平均地權條例下之地價雖已公告，只為申報之張本，並不作為確定，故目前交易不能適用也，此見解自甚正確，於是相偕到鄉公所接洽繳納契稅手續，財政課示余等以縣府公文，謂按平均地權條例將來須對於土地買賣繳土地增值稅，而目前尚未至此階段，契稅應如何徵收已請示省府，目前應暫行停徵，於是不得要領而返，並約定下午在到板橋詢問縣府此項公文是否連帶的將土地登記亦加以停止，蓋依目前控制稅收之方式在登記前須先完契稅也，下午余未往，逢兄歸後來告下午到縣府未晤及財政科及地政科之主管人，故決定後日再去，此事已經夜長夢多，萬不宜再有延誤，而目前財政科任意規定停徵某稅之事實，須予以糾正云。

閱讀

讀 Richard L. Walker: *China Under Communism: The First Five Years*，本書出版甫數月，故材料甚新，計分十三章，一述五年來中國大陸之概況，二述五年來統制之方法，三述心理之管制，四述發動各種運動之妙用，五述經濟管制之概況，六述農民狀況，七述工人狀況，八述文化與知識分子，九述恐怖之為用，十述對外關係，十一述與蘇聯之關係，十二述如何對付美國，十三述中共對世界之威脅，此書所採資料甚豐富，但就一中國人閱來，皆耳熟能詳，並無若何新奇之處，難得者乃作者之觀點極為正確，不但認為中共決不願和平建設，且認為其存亡盛衰關係世界之命運，並喚醒美國朝野勿認為此是亞洲問題，須知此一世界問題，只有在自由世界落後地區之民族經濟問題有所解決始可無事云。

4月22日　星期日　晴

參觀

下午，率紹彭到植物園游覽，並至新設之國立歷史文物美術館參觀，此為教育部之新猷，但在開創之初，內容殊太簡單，余今日所見者為各種模型，如京戲之臉譜及舞台形式，又有各種中國樂器分別列名，甚多失傳，再如萬里長城、蘆溝橋與大雁塔等模型，則足以使參觀者知我大陸上之歷史遺物的豐富偉大，書畫方面則梁鼎銘之拐子馬油畫與于右任氏題詞極有氣魄，至於其他如宗孝忱、溥心畬之作品，亦皆有價值，惜地方太小，布置不易耳。

4月23日　星期一　晴

瑣記

上午到板橋會同逄化文、李鴻超、童秀明三人向台北縣稅捐稽徵處交涉枋寮土地稅契過戶問題，前日所遭逢之暫停受理稅契問題，已悉該項公文乃稽徵處所辦，既未向財政科報告，亦未會地政科核簽，今日晤其課長王君與股長陳君，彼等亦自認此事之無法立刻解決，余等說明縣府不候省府命令，即自行決定停徵某稅，殊有擅作主張之嫌，但王君則云係根據契稅條例，凡已開徵土地增值稅之地方即停徵契稅，而不知目前實施都市平均地權乃全省通案，各縣市不能各自為政，該處殊有斷章取義之處也，況此等法令問題乃財務行政機關所主管，今不向財政廳等候答復，亦復不問財政科意見，即如此擅專，亦嫌越權，縱謂對公務熱心，然實不得其宜也，談約一小時，彼等知土地登記新罰則太重，不能長此拖延，乃云在本週內覓取妥善解決，余等遂辭出，又訪地政科之主管股，該股對此事並不知情，但亦無積極覓取解決之意，只謂不妨將登記各件向地政事務所申請，待其不夠之件發覺後駁回再說，甚至又謂不妨逕向地政局請求解決，此等人推諉公事，出言如此拙劣，亦可謂不思之甚，但最後決定為向稽徵處商洽解決辦法，余等遂辭出，四人分頭回台北及中和鄉，此事雖不能立即解決，但為使新村十二家同人知各事進行情形，仍定於後日開會商討，在今日歸途中逄、童二人曾因細故面紅耳赤，且童君謂逄兄應多負責任，其原因為彼有「待遇」，失言之甚，莫過於此，人之無涵養至此殊可異也。

4月24日 星期二 晴

師友

下午，國大代表吳麟、翟宗濤等來商洽準備後日到內政部請求解決放領地建屋之問題，緣民意代表所買放領地於今春多接縣府通知，對於申請提前繳納地價，認為不合耕者有其田條例，有先行轉讓之情事不予核准，但耕者有其田條例之修改二十八條文字將建築使用一項加入可以移轉之一事，原為內政部所擬解決此項問題之方法，但至縣府執行之時，又提出阻撓，據云依耕者有其田條例施行細則八十三條之規定，如耕地放領後有不按規定使用，政府即按原價收回之規定，則可能政府據此收回重新放領於現在使用人，但此法不通，因已取得使用之人不願再出一次價款，政府亦無如之何也，況都市平均地權條例規定市地超過三百坪者須於二年內出售，則承領耕地者又何嘗不可據此即行出賣，則曲折更多更難解決矣。

4月25日　星期三　晴

瑣記

上午到區公所請領印鑑證明書，備辦土地登記之用，此為在台灣第一次辦理此項事項，辦事人員本謂須明日可取，經以有急用為理由請其於十分鐘內辦就，後據人云，此項印鑑證明書如遇有係由其他縣市或鄉鎮移來者，尚須憑原鄉鎮區之證明未曾辦過或已辦而註銷始可受理，則手續奇繁矣，又此項證明書在辦理時計填申請登記書二份，小型印鑑卡三份，申請證明書二份，另外蓋章無數，手續始告完成。

集會

下午，出席參加枋寮建屋之全體會議，討論如何辦理過戶登記事宜，前日向台北縣稅捐稽徵交涉之完納契稅問題，頃已得王文蔚股長來函對本案特加通融，請於二十六日以前到鄉公所稅契，故今日討論之重心為明日希望能將稅契事辦妥，此中包括與賣主簽訂杜賣契十四件（或十二件），每人將印鑑蓋就，將契稅預定需要數湊齊，且須由賣主提供其完納租稅未有拖欠之證明書，又聞賣主印鑑證明書須再行更換一次，綜合此種種賣主應備之件，即恐非一日可以完成，又須託代書辦理一切手續，恐代書明日不在其寓所，故託今日回中和鄉之李鴻超君與其先行約定，明日預定須辦理之事項今日多加以預籌，然恐有若干尚不能完全事先預料，故究竟進度如何，不敢預知也，又此次辦理登記共有新所有權人十四人，其中有四人只有兩地號，故名義發生問題，蓋前次前來測丈分割時，此四家未能到場，如何分割無法預知，故只可每二人作一地號，今日會內彼等希望能在登記時予以分割，當於辦理時盡量做到，如地政事務所不肯為之，即當作為二人共有予以登記，好在如使用或出售皆可互商也。

師友

晚，訪崔唯吾先生於新店，贈茶兩斤為其少君赴美用。晚，到新店訪孫典忱兄，據云介紹業務信已有三家有反應者，其餘容得暇再往當面連繫以期有成。

4月26日　星期四　晴

瑣記

上午到內政部訪地政司馬寶華司長談國大代表所購放領地提前繳價俱遭台北縣政府拒收事，同往者本有吳麟、李鴻儒、謝麟書、楊揚、翟宗濤等，同人中有提出真憑實據證明有縣府核准而其條件與我等相同者（申請前已有建築違背規定），馬與省地政局通電話，悉省方將對此等土地收回重新放領，果爾其價頗高，現用主絕不肯出，余正告以此為日產房屋之續，恐十年即無法收清云。

師友

晚，蘇景泉兄來訪，閒談。余近來晚間會客有精神不濟情形，談時思睡。

4月27日　星期五　晴

瑣記

上午，到中和鄉會同李鴻超、逄化文二兄在施取代書處會同辦理枋寮土地過戶事，其實仍為準備工作，此等工作包括預填與賣主楊年中間之杜賣契約，每買主一份共計十二份，均一一將十二人圖章加蓋，另有委託代書之委託書與使用耕地保證書亦皆每人一份，分別蓋章，上項杜賣證書尚須由代書聯絡楊年中加章，且須取得其印鑑證明書與各項稅捐完納之證明書，此等工作預定於一兩日內由施君接洽完成，預定星期一持同各件到鄉公所繳納契稅，據云日昨持稅捐處王課長之私函前往接洽稅契時，該所不認私函，但後又接縣府另一公函，對於契稅暫停一事自動取消，此蓋懸崖勒馬，亦可見輕率魯莽，將公事作兒戲，連日之奔走接洽皆由此等庸人自擾之政令所引起者也，辦完後即進城午飯。此次辦理過戶每坪交費一元，係前日之大會議決，余因現款不夠，今日先交一百元，亦因前次量地時余曾墊一百元，且此次用費或不需太多也。

業務

財廳陳漢平廳長某次於開勞工保險基金監理委員會時，曾囑余對新所得稅法加以研究提供意見，余今日撰就一信，長千餘言，主張營利事業所得稅應一反往日十九逕行決定之惡習，而推行查帳完稅之制度，其法由會計師於平時即受委託注意其當事人之帳目，對其申報所得額即作為確定課稅之根據，稅務機關則常年在外複查，一有發覺舞弊串通，即從重處罰，如此互相牽制，收效必宏，本函繕就後曾先交吳崇泉兄一閱，渠認為極其切實，惟會計師責任太重，平時必須戰戰兢兢，故一人不能辦理多家云。

集會

晚，舉行研究院小組會於公賣局招待所，洪執主席，余為紀錄，會前先行便飯，事實上為組內研究員陳寶麟局長所備，但由召集人劉愷鐘出面招待，開會時討論事項無多，僅由劉君報告最近研究院主任陳誠招待各小組召集人餐敘之經過，提起台灣省辦理選舉所發生之流弊，希望全盤檢討改進，目前最受攻擊者為競選人只有國民黨一人提名之問題，對於其他提名者往往借題使其喪失資格，即使黨內提名者亦往往由上而下，在地方人望不孚，結果使黨在各處之信仰為之喪失，由此而更談及整個黨與政府之作風，幾乎眾口一詞，認為目前一切決於人事與奔競逢迎，亦可見一般鬱結之深也。

娛樂

晚應高化臣兄約到警務處觀二十五期晚會，京戲得意緣，平平，未終而返。

4 月 28 日　星期六　晴晚雨

師友

上午，到松山興記化工廠訪華壽崧兄不遇，留片，但晤及總務部分之龔祖遂兄，據云該廠自下月份起改組，歸中央黨部所有，成為黨營事業，余託其轉達華君，如有可以連繫之事，請與注意，下午華兄來電話約往一談，比往，承告該公司新董事會已成立，經辦變更登記，而事先王庸會計師已往接洽，彼與該公司早有往來，與其董事長趙聚鈺乃復旦大學同學，此次擬承辦變更登記，索公費四千元，華兄認為太高，只願以二千元為度，且願交余代辦，惟方式最好再假手其他方面予以介紹，俾可不傷王之顏面，華兄提出胡希汾兄，余告以胡兄自為財務委員會秘書後，拘謹有加，余前曾領教其對中央電影公司改組時之態度，華兄又云朱揆元、蘇曾覺，余乃主請蘇君為之，蓋朱亦會計師，與王甚熟，且為程烈之工具，余素與之無好感，蘇君則曾在齊魯公司同事，且與王庸決不至有何往來也，乃到中央財務委員會訪蘇君，據云王庸辦中央電影公司之登記，即曾索公費四千元，此次松山化工廠在中央最初主對此等事自行辦理，後又聞該公司會計人員又回中央信託局，仍將委託會計師辦理，余託其對華兄寫信，渠云將先與胡希汾兄商量，並預定於本月三十日與華兄等見面，必將此意轉達，余見其意如此，不便相強，故亦只好安排至此，聽其解決矣。上午到電信管理局訪汪聖農兄，不遇。到國民住宅興建委員會訪王保身兄，亦不遇。

4月29日　星期日　雨

集會

上午，代表小組到廣州街出席第三屆全區代表大會，此會共三百餘人，頗極一時之盛，但一般情緒極為不佳，其表現一為區黨部常務委員之工作報告，被提議省略，二為工作檢討時若干出席代表對於區黨部表示不滿，有一代表具體指出某一職員經手經費有中飽情事，三為市黨部指導人員致詞內提及「第七艦隊保護台灣」，辭畢即為聽眾指出保護二字實為失言，諸如此類，均見一般向心力之不夠，揆其主要原因乃在於選舉方式之無視下層職權，引起反感所致也，自九時至十一時此等節目始畢，開始討論提案，余因事早退，至於選舉則列於最後，余因選舉法規定由市黨部指定加倍人數圈選太不合理，故亦不願投票也。

師友

晚，逢化文兄來訪，商談枋寮建築用地委託施取代書代辦登記過戶之費用問題，據云施索二千元，太高，商洽結果認為先行託辦以待全體商量決定。

4月30日　星期一　雨

閱讀

看張愛玲作小說「赤地之戀」，全書三百頁，以共匪之土改與三反運動抗美援朝等為中心加穿插以戀愛故事，寫來血淋淋，讀時為之不寒而慄，則寫作之成功處也，其中運用農村語彙，亦皆天成自然，不顯枯澀，尤其為一般作品所難企及。

娛樂

晚，同紹南到圖書館參加音樂欣賞會，此會由美國新聞處合辦，每月半月底舉行，今日節目為全部歌劇「藝術家的生活」，包括女高音二人，男中音低音六、七人，內容甚為精彩，惜余對於聲樂興趣甚低，故感覺反不若交響樂演奏之動聽也。

體質

近來有若干表現，顯露體格衰敗之象，其一為牙齒，現在幾無一十分健全者，飲食時略硬之物即不能咀嚼，尤其素菜之有渣滓者，如芹菜及辣椒子類，偶一墊至臼齒而即痛疼難支，有時為之跳躍，且牙齒對於冷熱極其敏感，即微涼之水亦難漱口，二為胃，余向無胃病，旬日來飯後時感有酸氣上衝，余只有節食，三為右足面之右側忽有麻木感，已半月矣，服維他命B1 並搽樟腦油，未蔓延。

瑣記

上午到中和鄉會同逄化文、李鴻超二人辦理土地契稅過戶等事，余自九時廿分到達，候至十一時無人前來，乃廢然而返，其間余往施取代書處探望數次，其餘即閱報矣。

5月1日　星期二　雨

瑣記

到中和鄉辦理枋寮土地稅契過戶事，昨日逄化文兄爽約，本另約今晨再往，但有雨即罷，今晨小雨不停，余乃依約中止，迨外出既歸，知逄兄來過，謂如十一時前雨止，仍將前往，余到其家相約於十一時到中和鄉施代書處，施方將應用各件臨時辦就，其時有另一代書來謂契稅所據之不動產評價於昨日中午起調整，增加將近十倍，此言有如晴天霹靂，乃亟往鄉公所財政課，知縣府公文廿六日發出，鄉公所則昨午方奉到，而規定為文到之日即行實施也，於是約計應交契稅之數目，連同防衛捐及監證費共需六千餘元，比調整前之不逾千元者，增加七倍左右，當以備款不足，又復廢然而返，按此事延誤之原因有遠有近，遠因一為代書必須立契十二份，且須約賣主楊年中蓋章，同時楊居板橋，其印鑑證明須另行更換，其間有一段時間，二為稅捐稽徵處停收契稅數日，在此期間只顧交涉開會等事，迨辦後復誤以為無限期延展無妨，不知縣稅捐處來函主於廿六日以前來辦，即寓有深意也，近因為昨日逄兄忽爽約未來，其實前晚相約時正在下雨，當時講明如雨比此雨小時即可前往，而昨日即落雨甚小，渠竟因循坐誤也。

5月2日　星期三　晴

師友

上午，到國民住宅興建委員會訪王保身兄，詢問以該會所貸之建屋貸款委託該會代建房屋手續，據云尚可登記，俟開始建築時將全部貸款移至該會，另以不足之造價按半數預付該會，其餘半數則按規定分兩次付給，至於已經支用之第一期貸款，則將俟上項貸款支用時，按本息算還該會，將來扣還日期則另按新款支付後四個月為之云。晚，薛秋泉兄來訪，為計劃以國大代表資格向國民住宅興建委員會貸款自行建屋，地皮有意用余在宋志先兄房後之部分，余請其先往所在地察看情形，並詢問申請貸款用之建築執照與建築證明能否向地方政府領到後，再行具體洽商，余固知該處現在已不能領用建築證明，只可營建違章建築云。

瑣記

下午，到交通部訪朱如淦兄，詢問請裝電話事之進行方式，據云最好能在本週內向電信局登記，辭出後余即往訪該局嵇局長，據云目前先不能接受登記，必待管理局將辦法核定公告後始可，屆時始為正式開放，詢以此項機會能有多大，據云不過十之二三，其實公開登記後人數眾多，有若干成分固不敢預必也，余遂將國大秘書長洪蘭友氏致該總局長所得復函交閱，詢如用公務名義請設電話是否另有較活動之方式，據云可以公文申請，彼必轉請管理局核示，只須管理局批復，即可照辦，地點則羅斯福路最難，中山堂前似尚留有餘地云，余乃至管理局訪汪聖農兄，據云目前管理局長陳樹人並兼代總局長，最宜另有有力之私函託其對台北局請示公文予以肯定之批復，故須先由此處下手，俟函到後汪兄當可與職掌公共關係之主管人連繫為有力之簽註云。

5月3日　星期四　陰

師友

下午，訪王慕堂兄談申請電話事。下午訪王保身兄，不遇，將代建房屋申請書留交。下午，到松山化工廠訪華峻山兄，據云蘇曾覺君前數日曾云見面時將談公司登記委託余辦理事，但見面未提，云云，余即知二人互相矜持，乃往訪蔡繼善兄請從中轉圜，蔡兄即往中央黨部訪蘇君，歸告（留字）如由該會介紹至所屬公司辦理公司登記，只能負擔公費五百元，是仍為不願向華兄作介紹形式之意，不知其何以與余見面時不提，近年余由若干事窺知吾校後期校友處事之聰明而現實且翻臉不認，均超出想像不到之程度，前年所遇之唐昌晉、胡希汾（電影公司改組時），今日所遇之蘇曾覺皆有類似之作風，如謂其公爾忘私，則附屬單位如一意孤行，彼固亦毫無辦法也。

5月4日　星期五　晴

集會

上午，到逄化文兄家參加枋寮建地過戶會議，余到時尚早，因等候到者至越過一小時尚未開始，余即因事早退，後聞決定事項有每坪出款五元限明日交到，此較之原定每坪一元計加五倍，余本應交二百元，現則須交一千元，此皆由於逄化文兄星期一不到鄉公所接洽，因一日之差而發生之損失，不問道理如何，事實上必須由全體負擔者也。

師友

上午，依昨約到交通銀行訪王慕堂兄，同到電信管理局訪管理股王股長，探詢關於請按裝電話之進行方法，王君乾脆認為中山堂方面無空線可用，無論採何方式皆無法做到，此蓋因與余素昧平生，即與慕堂兄亦為受訓時之初交，自然談不到較深之問題也。歸到交通銀行訪總經理趙葆全兄，詢以能否對電信管理局長陳樹人寫信，據云雖相識而無深交，侯警齋兄與之較熟，容商量後再行決定對象，余又對趙兄轉達王兄對於日前奉令召集事務人員改善事務管理一事未能允諾之苦衷請諒解，趙兄反應甚好，辭出後即與王兄相告。下午，到立法院訪韓兆岐兄，請查詢交通委員會委員人選，余將據以託人向電信局寫信為按裝電話事請予幫忙，並取來該院信箋備用。

交際

下午，到中山堂參加林頌檉會計師嫁女之典禮，計有賓客百餘人，光復廳地點太大，故顯出稀疏之象，其新婿為警務處之職員，新娘則稅捐處辦事。

集會（二）

下午，到會計師公會出席常務理事會，五人中僅余與毛松年二人出席，輪值之汪流航反因事缺席，故僅將有時間性之事務略作處理而散會。

5月5日　星期六　晴

師友

上午，到中和鄉訪宋志先兄，商洽應託何人寫信致陳樹人局長託為余按裝電話，商量良久而無結論，宋兄與陳亦相識，但只能面訪，寫信不足為有力之根據云。到廈門街訪鄭旭東兄不遇，將黃海公司未將戶籍謄本交來之董監事名單交其夫人轉達，請速籌解決辦法，以便早辦公司登記。到彰化銀行訪朱民威君，介紹與林有福副理談擬向該行辦理透支事，據云該行極不願承辦客戶之透支，只允辦理定期抵押放款。到電器公司訪蔡繼善君，談商松山興記化工廠公司登記事，蔡君云蘇曾覺君確有不能不提公費數目僅作空泛介紹之困難，最好公司自決，彼自作不知，余即以電話詢華峻山兄可否託其他方面介紹，彼云不妥，怕該會將來挑剔，蔡君允再居中斡旋。訪馮允生君不遇。

5月6日　星期日　晴

游覽

實踐研究院第一期經濟組同學聯誼會原定上星期日遊烏來，因雨改至今日，上午十時由中山堂前集齊，乘交通車出發，一路過吊橋，查入山身分證，一小時餘始到達，即在電力公司招待所休息，並在溫泉沐浴，余率紹因、紹彭前往，一一為之浴身，然後午餐，每人野餐食盒一份，汽水一瓶，飯後本應討論下期第一期全體聯誼會問題，此為余請召集人紀萬德、修城二人在通知上寫明請第七十一至八十號同學順便在旅途中集議者，但實際上此十人中只有余與董中生兄二人參加，以致未能討論，於是參觀烏來發電所，並至瀑布處，連日雨水較多，瀑布之勢較大，登山時本乘山地之台車，返回時則步行，一路山光水聲，鳥語花香，風景宜人，回招待所休息至五時，乘原車回台北，今日步行較多，兩兒女雖幼小亦不言疲倦，實則歸後已渾身無力矣。

師友

由烏來歸途至新店芊蓁湖路訪徐君佩兄，不遇，家內且完全無人，乃留字請為備函介紹陳樹人電信管理局長催詢電話按裝事，並附辦就之信一件，註明如屬可用，即請簽署，否則請改正，辦妥請寄回或交立法院韓兆岐兄轉下。郭福培兄夫婦來訪，不遇，與德芳談甚詳，渠夫婦係由巴黎奉調回國服務者。

5月7日　星期一　晴

瑣記

上午，逄化文兄來約同到中和鄉公所辦理枋寮地稅契事，逄兄昨日已將各戶應出之款大致收齊，經分戶計算由代書持赴鄉公所將契稅與監證費分別開出稅單，由余與逄、李二兄到鄉農會送交現款，十四戶共六千三百餘元，此係按不動產評價委員會最近之評價計契，比上月高出六、七倍，按契稅解釋本應照交易之價格計算，如交易價格不及評價之八成者，應發還重報，此應即為可照評價八折，但因鄉公所辦理財政人員皆膠柱鼓瑟之輩，且習慣上十之八九均照評價計算，特往交涉又將曠費時日，故余為再有枝節將致公共之事更難善後，絕不提供辦此交涉之意見，又土地增值稅在平均地權條例施行之初應無增值可言，則屆時契稅停徵而增值稅又可不負擔，此刻大可不必急於辦理登記過戶，可先以前手名義辦理地價申報，以待地價確定即行申請過戶，此項奇重之負擔或亦可免，但余亦因同一理由而不願具體提出主張也。

娛樂

晚，率紹寧到萬國戲院看電影，為珍妮佛瓊斯主演「春風化雨」，寫一老教師之教育生涯，為一純文藝作品，若干鏡頭均極動人，為不可多得之作。

5 月 8 日　星期二　晴

師友

日昨與韓兆岐兄約定於今日到新北投訪郭福培夫婦，於下午三時與德芳到汽車站與韓兄聚齊，乘車至新北投下車後，知赴上北投之汽車尚須一小時後始有班次，韓兄乃臨時雇用小汽車一輛北行，由新北投循泉源路而往，五分鐘而達電力公司招待所，因事先韓兄相與約好，故在寓等候，談郭兄留法十年餘之經過，回國乃奉調者，但工作遲遲不予確定，尤其宿舍不能立刻支配得到，故一切煞費安排，盤桓約二小時下山，臨行約定於星期六歡宴，各同學聯合舉行於立法院俱樂部。下午，逄化文兄來訪，余外出，及晚往訪渠尚未歸，移時又來，謂昨日各同人所備之土地登記用自耕證明書今日晤及施代書又謂須加區公所圖記，施先不以此相告，致又須一一分送各人，一事兩辦，徒增周折，且勞奔波，極為憤懣，經約定明日下午分別湊齊，希望能於下午到中和鄉約同代書至板橋辦理此事云。

業務

黃海公司王馨山、陳淑堂兩科長來接洽關於該公司變更登記所用附件事，今日又交來董監事戶籍謄本十四件，連前已交共廿五件，尚有三件中一件未到，二件均有軍職，似不方便送作公司登記之用，託余研究如何變通或補救云。

5月9日　星期三　晴

集會

上午在國民大會黨團召集革命實踐研究院聯合作戰研究班第一期同學自七十一至八十號同學，商討籌備聯誼會事宜，結果只到卜昂華一人，商談結果認為先行與有主管機關之同學如汪元等研究有無可供安排之節目，如無之，即由以外之同學協助設法，如樂幹兄在警務處，自多種種方便可供利用也云。

瑣記

昨日逄化文兄交來之土地移轉自耕保證書謂須向區公所辦理申請人印鑑證明書，及余到區公所詢問，始知為為保證人對保，古亭區由黃君擔任，渠每星期三六出外對保，今晨已經出發，須明日再來交涉，余因逄兄經辦數個區公所者，決不能太快，故亦聽之，下午逄兄來電話，謂彼所經辦者已分別交涉完成，望余速辦，余乃再到區公所，詢知黃已返所，但人不在，由四時候至六時始歸，意在推至明日始辦，余大不為然，謂他區皆可通融，何以如此刻板，如監印人欲下班，請其先行備好，余歸取兩保證人身份證，如核對無誤，豈非時間正好配合，彼乃允諾，余乃歸索周、王二人身份證，歸回時彼已辦好，乃送逄兄。

集會（二）

晚，舉行小組會議，普通事項外，由余報告上週參加區代表大會經過。

5 月 10 日　星期四　雨

瑣記

上午，與逄化文到中和鄉訪施代書交土地登記所用之自耕證明書，施不在，約於下午再見，下午二人又往，本欲同往板橋辦理土地登記，施又謂賣主楊年中應出具之印鑑證明書與完稅證明書尚未送來，仍不能辦，於是只好等其先催楊送各件再定期辦理，如此即須停頓一時再說，此事一波三折，總因人多，否則一兩人事，或託人辦或即自辦，均不致如此拖延，甚且發生損失，類此等事件，最好不涉及，免精神受損。

師友

上午，到中和鄉訪宋志先兄，託於明日到電信管理局訪陳樹人局長為按裝電話事當面請託，不遇，留字。上午分訪佟志伸、廖國庥兩兄，請介紹民營前農林公司各單位委託辦理公司設立登記事，公費對介紹人提三成，廖兄允託人連繫，佟兄不在家，留字。上午訪倪摶九兄閒談。下午訪蔡繼善兄談關於松山興記化工廠公司登記事，中央財務委員會蘇曾覺不肯向華壽崧兄作隻字之介紹，華兄則懼其將來挑剔，不肯以默契方式委託余辦理，故只好作罷，此事較之前年中央電影公司辦一公司登記出公費四千元者，財委會只好默認，可見此等人對於合理事偏不解決，不合理者無如之何，此即今日百事之縮影，可為浩歎。

5月11日　星期五　陰雨

師友

上午，到電信管理局及交通部訪友進行按裝電話事，先晤參事金平歐兄，繼晤朱如淦兄，朱兄允面向陳樹人局長洽談，並謂趙葆全兄曾與朱兄亦提及此事，又晤汪聖農兄，告以各種安排，渠允與管理局營業部分取得聯絡，於是乃將徐君佩兄之致陳樹人局長函交管理局勤工，余又往訪台北局嵇觀局長面交國民大會之公函，請其迅轉管理局核定，下午宋志先兄來訪，未遇留字，謂亦與陳局長談過，徐兄之函即交台北局，又與趙葆全兄通電話，據云已與陳局長談過，允與幫忙，望由國大秘書處給一公函，云云，以上種種運用似已在同一時間發生作用，或有成功之望。上午到長安西路訪徐庶幾兄，據云因手續費事與利源公司大為齟齬，且在交訌中。上午，訪尹合三兄，留字請注意為余介紹合作社方面業務，並請轉介紹省農會業務。

業務

農林公司財務部張副理電話云，廖國庥兄託介紹招攬該公司分售單位公司登記業務事，望與該部徐秘書洽談，乃往訪，由徐君備介紹函十七件交余直接覓取連繫，下午佟志伸兄來訪，談及張處佟兄亦為之提過，廖兄則介紹徐君，余因雙方皆為力，介紹費有關，乃向佟兄提起，渠謂俟有成時當助余處理之云。

5 月 12 日　星期六　陰雨

師友

上午，到台灣銀行訪汪元兄，商談最近應即舉行之聯戰班第一期全體同學聯誼會有關事宜，經即對以下各事作初步決定：（1）舉行日期本月二十五日晚間，地點在實踐堂，並已與實踐堂連繫，保留該堂使用，（2）不聚餐，備茶點游藝，游藝節目由汪兄洽蔣文彬同學請省黨部文化工作隊負責擔任，（3）工作分配，由余任主席，沈任遠任記錄，董中生亦同，卜昴華任總務，單鳳標任文書，汪元任讀訓，（4）定於下星期二在台灣銀行三樓舉行第二次籌備會，由余通知，即於今日於下午打就發出。

建屋

下午，應國民住宅興建委員會之邀到該會接洽委託建屋手續，據告委託書希望於下星期六以前辦就，至於以前已經貸就之款將先行向該會貸款組清還本息，如此將來扣還貸款之日期將延後，而貸款之全部將只作轉帳手續由貸款組移至配售組，又據云中和鄉委託建屋之民意代表共十戶，而純粹委託承建房屋者則為一百戶，此地日內即行開始分割土地開闢道路云。

業務

昨日農林公司徐秘書交來之信件，今日加以整理，其中有南部者四件，包括台南與雲林等處，因無法逕洽，當交郵寄往，尚有兩件為嘉義者，將託友代交，此外則十一件為台北、基隆等處者，則將親自往洽，又今日與徐秘書通電話，其中鳳梨公司一件已經當面問過，謂已辦公司登記，但認為仍可連繫其他業務云。

5月13日　星期日　雨

家事

下午率紹寧、紹因、紹彭到姑母家，送所備表妹生子之禮品，計為籐床及衣被等物，據云出院日期尚未決定，現在嬰兒因膚色太黃，延醫診斷無病，但奶水不足，尚須補充奶粉，余以為皮色發黃，當與此有關云，談竟，率紹寧等辭出，紹寧回寓，紹因、紹彭則隨余到新公園及博物館略作留連，又到公館將參觀電力公司之十週年紀念會，因為時已晚，以致未果，然後折返至十普寺一游。並率紹彭至理髮店理髮，至六時半始返，其時德芳已單獨至比鄰鄭君赴湯餅筵。

業務

下午到廈門街訪鄭旭東兄，商談關於黃海水產公司登記事之有關問題，最重要者為戶籍謄本中有四份為公務人員身份，另有兩人無謄本，情形亦同，余認為其中有一人可以改用其夫人名氏而謄本內已列名者，鄭兄認為不妥，又有二人之無謄本者則鄭兄認為將改請他人擔任，但又恐股東會議決案已經為經濟部閱過，如此不無漏洞，經決定澈底解決，六人一律作為寄居香港，無謄本可送。

5月14日　星期一　晴

瑣記

上午，同逄化文兄到中和鄉訪施代書，欲同往板橋辦理枋寮地之移轉登記，但施云賣主之印鑑證明書雖已取得，其完稅證明書則因尚有欠稅須籌款清繳，故預料尚須後日始可辦理云，余又詢其數日前共買林水柳地之李君來談該地已接通知可以分割過戶，按其情形既為放領地而已建房屋，手續似不如此簡單，即預先辦理提前繳付耕者有其田案內之地價已不易做通，更談不到過戶矣，施云，在余與李二人買其地以前，李之戚屬已建房屋部分曾經於耕者有其田實施時加以登記，此種土地可以分割轉讓，現在余與李合買之部分則尚未建築，提前繳價自無不可，然因所有權狀載明為持分放領，其中如何分界尚不可知，勢須先經分割手續，始談到提前繳價或轉讓，俱係依情理奪之，轉讓時固須如此，提前繳價用林名義似不需如此也。

業務

下午到廈門街訪鄭旭東兄，催速開出黃海水產公司在青島時舊董監事名單，此項名單為登記事項表所必須填明，又請將具名之過半數董事與監察人名單再加斟酌，因其中有任公務員不得任董事，遂作為在港致無謄本，此類董監事如具名呈請在情理上似不甚妥，故應以名義上在台者擔任呈請為宜也。

5月15日 星期二 晴

集會

上午，到台灣銀行汪元主任秘書處開革命實踐研究院聯戰班第一期同學聯誼會第二次籌備會，今日台北六人全到，經將上次討論決定初步結果加以檢討，除各人職務分配不變外，開會地點改為警務處，當以電話與樂幹處長洽妥，茶點改為聚餐，每人繳費二十元，眷屬減半，發起人七人各準備二百元以備屆時墊支，談竟即同單鳳標兄到實踐堂查各同班同學之最近通訊處，以便寄發通知，此事由擔任文書之單兄擔任辦理，回單則寄台灣銀行汪元兄處云。下午，到會計師公會出席理事會，討論修改公費標準等案，余因事先行退席。

業務

上週農林公司徐君所備介紹業務函件十七份，於星期六交郵發出台南、雲林、彰化四件外，昨日訪搠水軒陳錫圭及合興行鄒新和，均不遇，嘉義兩件則前日託趙榮瑞君託友往詢，今日訪鳳梨公司副總經歷葉定松、冷凍廠副理黃永炎、中央戲院基隆冷凍廠總經理蔡阿仕，據云公司登記已經辦好，義美行訪高雄牧場高騰蛟，不遇，峨嵋街訪蘇澳冷凍廠謝總經理，未有所聞之和平鋸木廠，此二份當改為交郵寄發，尚有四件有待續辦，今日奔走獨多，甚多步行之處，幾類沿門托缽。

5月16日 星期三 微雨

瑣記

上午，與逄化文兄同到板橋地政事務所按預約日期會齊施取代書，接洽枋寮地之移轉登記事宜，應備各項附件及應貼印花於今日備齊，當交該所人員審查，在辦理時遇該所以前派赴中和鄉辦理地價申報之吳君，據云余等之土地已由前業主楊年中出面申報，均按公告價八折填表，余與逢兄商洽，認為地價低報適於以使用為目的之情形，如不能使用預備相機出售者，則以高報為宜，蓋高報每坪數十元，在平時徵收之地價稅稅率不過千分之十五，所增負擔有限，一旦轉讓將課之土地增值稅稅率為百分之三十，差額每百元將有三十元之負擔，則非同小可也，於是決定改報，但依規定不得改變，乃與吳君商定，今日下午辦妥新申報表，到地政科將舊的抽換，於是與逢兄由代書引導訪楊年中之婿在五份新申報表上預行蓋章，此五份除余二人者外，為王立哉、劉桂及尹志伊等三人者，據判斷均將不建築，由逢兄代為作主，因時間上不及徵求意見也，此時已經中午，乃回寓。下午又同往，先到中和鄉公所將原申報號數查出，並據登記之地價冊將新申報表五份填就，乃持到板橋地政事務所由吳君引導到地政科查換，其時據云已經整理就緒，即將送審查會審查，如已送出，即不可抽換矣，今日五份新申報表逢兄意填八十元，與公告價七十九元相似，余個人則報九十元，原楊年中代填六十四元，即相差二十六元矣。在地政事務所順便探詢上午送審各件情形，原前來測丈數次之劉新嘉突又發生枝節，謂原土地號曾作一度合併，應先作一次申請，然後始能作今日之分割之申請，其實土地登記簿早已將此種經過記入，足見其已有充分根據，何以又來節外生枝，余乃力斥其非，彼往請示地政科，歸始無言，吃手續飯者往往膠柱鼓瑟也。

5月17日　星期四　雨

業務

下午到基隆持徐秀溪秘書之介紹函訪基隆造船廠與台灣水產公司接洽公司登記事，僅遇後者之羅經理，據云早已辦過，歸程在中正路訪台北乳場，未遇其經理。到基隆訪黃海水產公司王馨山、陳淑堂兩君，二人時已來台北，雙方相左，件已交來。

交際

晚，陳漢平廳長在寓約宴，在座尚有楊幼炯、張成達、劉師誠、毛松年、楊家麟、周玉津、王世銓、鄭逸先等，皆為陳氏邀約擔任研究工作，俾政治與學術能發生實際之溝通工作，席間有談凱因斯者，有談中國哲學綜合西洋思想重分析者，議論紛陳，余提出西方近年之落後地區研究一節，應引起吾人之注意焉。

5月18日　星期五　晴

師友

上午，到中和鄉訪宋志先兄，詢上週彼與陳樹人局長面談為余裝電話事之經過情形，據云陳局長面向宋兄與朱如淦兄表示一定交台北電信局辦理，但台北局此次寄來之表格完全與外間登記抽籤者相同，余恐照此法申請反而誤事，故希望與宋兄往台北局訪嵇局長觀面談再定，宋兄亦表同意，定於下週前往。在宋寓時遇王興西代表，將回韓國一行，出入境證須有保證人，余允擔任其一，即帶回填就蓋章，並於下午遇逄化文兄，渠亦擔任其一，故又加蓋，於是手續完備，即行交郵寄回。汪聖農兄來訪，不遇，余下午到電信管理局答訪，據告電話事電信管理局陳樹人局長已知照公共關係室提出審查小組，依過去成例，此項小組為對於特許按裝者分擔責任之機構，凡提出者甚少被否決之例云。

業務

上午，到一心乳業公司訪李悌恭經理，不遇，面交徐秀溪秘書之介紹辦理公司登記函，此項信函至今日止已全部送出，但無一生效者，因大半皆已辦過也。上午訪鄭旭東兄，請預備申請黃海公司辦理變更登記應用之印章等，共十二人，有別號者尚須臨時鐫刻，談後並以此情函達該公司王馨山與陳淑堂兩君。

5月19日　星期六　雨

集會

下午出席黨團小組會議，由組長趙雪峯報告此次列席中全會經過，其中有為外間所不及知者甚多，例如此會之正式會員為中央委員，不過二十餘人參加，而列席者則各所屬黨部黨團共有二百餘人，而發言盈庭，則皆列席人員之事也，據云立法委員、監察委員為國會名義之爭，亦既在兩院之間尖銳化矣，在此會中亦甚惹人厭煩，討論幾達兩天，而無結果，又列席人員中對於政府施政諸多批評，對於中央黨部職員之有類官僚亦多抨擊，凡此皆為以前所無，蓋以前各次全會所謂列席人員亦只旁聽，而今日則幾乎喧賓奪主，只是無表決權而已；趙君又報告對於行政院國民住宅興建委員會之現象，謂該會購買地皮幾乎為一立法委員參加該會為委員者所壟斷，渠從中圖利，大有可觀，其實該會組織根本有問題，該會乃一行政院之業務機關，立、監兩院各有委員代表參加，在體制上實屬大謬云，最後討論提案兩件，促發第三期建屋貸款而散會。

業務

黃海水產公司變更登記用一應文件均已打印齊全，只待用印及具名之董事、監察人加蓋名章，今日函知該公司主管人務於星期一前來取去辦理云。

5月20日　星期日　有陣雨

集會

上午，到木柵參加母校國立政治大學二十九週年校慶紀念，事先接校友會通知，今日在火車站有交通車輸送，余率紹彭等候三路公共汽車至火車站，因太擠未能搭入，而去木柵之省公路局售票車車站亦在余門首附近，乃改變計劃，買票到木柵後換乘學校交通車到校，其時已十一時，大會早已開始，因禮堂內只容數百人，而返校校友即有六、七百人，在校同學亦有二、三百人，故多數人只在室外與相識之校友互道契闊，至到達時之手續為先行簽名，領名條，領學校出版本校概況一書，憑以前預發之空白收條填明後領取校友通信錄及餐券，取午餐時並領選舉理監事票與晚會換票券，於是與數同班校友應同學方耀光兄之約至其宿舍內午餐，飯後即行搭交通車回台北，其時已十二時矣，今日種種情況甚為熱鬧，但覺學校校舍不夠宏敞，數百人到達即擁擠不堪，且屋宇皆空心磚牆水泥地，簡陋之至，然亦可見篳路藍縷，其事實不易也，今日所發選舉票所印各理監事之三倍參考名單，監事票內且列有余名，其實此種方式最引起誤解也。

娛樂

晚，到中山堂參加同學會慶祝晚會，由大鵬劇團出演新四郎探母，此劇為台灣戲劇界所改編，前半段與舊有相同，回令後則另有發展，余與德芳同往，看至過關見娘即已十時，恐尚須二小時始完，故即先返，出演角色，四郎為胡夫人與哈元章，公主為趙玉菁，楊宗保為徐露，以次角色雖多，則更無足觀，即上舉各主角，亦皆大體尚能夠勝任，演來極鬆，且無特別叫好之處焉。

5 月 21 日　星期一　晴

師友

上午，到中和鄉訪宋志先兄，約同到電信局訪嵇觀局長，據嵇氏云，余所申請之電話，據悉已由管理局列入另案辦理之內，當即前往查詢，歸云現在決定辦法為在開放區域以內者仍照手續參加此次之登記抽籤，設能抽中更佳，否則另行設法，談時即又將表格交來一份，談竟即辭去。到工業委員會訪卜昂華兄，擬同往警務處訪樂幹兄接洽二十五日聯誼會之事務籌備事宜，但因電話未能接到，下午五時又通一次亦未接到。下午，王景民君來訪，託介紹李洪嶽律師，解釋其為人出具死亡證明書但實非自己治療，現在治療者被控過失致人於死，渠本人有無責任一點，據李律師云實無何責任可言，不必擔憂云。

娛樂

晚率紹寧到台北煙廠看政大校慶話劇公演「樊籠」，四幕五景，大體尚好。

5月22日　星期二　晴

體質

月來足部發麻，每日服維他命 B1 十公絲者一片，並無顯著之效力，今晨到省立醫院福州街分院內科就診，據檢查甚為詳盡，所詢問題亦多，諸如生活習慣，睡眠情形，飲食消化，咽喉口腔，膝部跳動反應，俱有涉及，並為余量血壓，得一百廿八度，並不算高，診斷畢為余處方兩天用藥水藥粉各一包，處方用字余多不識，只有表飛鳴一種為余所知，乃係對腸胃所用，因余曾告以時有酸水上湧之現象也，又為注射兩 CC 之針藥，據處方箋所載為 Meta，余細看藥瓶上之用字，有 Complex 尚清晰，其餘則皆已模糊，意者為多種維他命 B 製劑，初用維他命B1，後又註銷，由此亦可見為此等藥劑，注射為皮下，在右臂。

師友

下午，卜昂華兄約同到警務處訪樂幹兄，不遇，事先卜兄經樂兄之介紹，有關廿五日禮堂使用事項可逕與第六科謝科長接洽，乃往訪，對於會場布置之需要及表演應用之舞台均作說明。下午到財政廳訪唐季涵兄，託詢問糖蜜出口事項，允後日答復。晚，高明一君來訪，交來託其收集之新所得稅法應用表件等，據談財政廳對於營利所得稅所派審核員服務情形甚詳。

5月23日　星期三　晴

師友

下午，卜昂華兄來訪，據云預定後日下午舉行之革命實踐研究院第一期聯戰班聯誼會自發出通知後，根據收受復函之汪子年兄通知，尚只接到復函參加者三十五人，故預定食品只需五十份左右即可，經即同到美而廉定食盒五十份，每份十元，必要時通知增加數十份，據云亦可辦到。至於省黨部文化工作隊方面，據云報酬為五百元，以數十人之團體自不為多，工作隊為顧慮場面不夠熱烈，故希望人數愈多愈好，汪子年兄已在印製一種入場券，除給所在地之警局處一百份外，另分發給各同學以便其家屬晚間亦可參加，此外今日卜兄數度與顧文魁兄連繫，據云已出差尚未回台北，卜兄之意，顧兄有主管機關可以略助經費，渠本不在此十個召集人之列，因受訓期間半途出國，但因其號碼本在此十人之內，故亦列入發起人云。

瑣記

因申請安裝電話係用國大代表名義，以住宅為妥，而余之戶口不在事務所所在之信用合作大樓，若改用會計師名義，則登記手續較繁，且將來按營業電話收費，負擔亦重，於是計劃在事務所設立戶籍，昨日由古亭區辦理遷出，今日到城中區報遷入，當取得光復里四鄰戶口名簿，戶號為六三三號云。

5 月 24 日　星期四　晴

業務

黃海水產公司之變更登記事項業已將文件備齊，下午持赴建設廳與主管人詢問是否尚有問題，大致業已無他，只認為公司章程之最後一條不應以修正年月日為訂立年月日，而須將其原訂年月日之文字加以保留記載，又認為股東名簿上之保留股應註明係何內容，此實為在台未登記之股東所有，自可再加註明，又股東大會記錄尾頁應有擔任主席之徐董事長蓋章，余乃將蓋章處送板橋中學徐國傑董事長處照蓋，並將應加之文字加以補充，亦加蓋名章。

家事

上午率紹寧到蔡文彬醫師處為其看病，因內部有腹疼及小便頻數之現象而兩眼則腫而發癢，疑其有內科症候，但經蔡醫師看診後並至南昌路化驗小便後，知小便清明，無糖尿，亦無膀胱炎，乃斷定為眼皮之局部症候，只服藥調腹痛，另用金黴素藥膏搽眼。下午，到姑丈家見表妹姜慧光所生幼兒甚為肥壯，並告以助產士林不來洗澡，望在中和鄉另請。

集會

晚，參加小組會議，只若干例行報告事項，另有前數日曾廣敏君來託活動黨內古亭區長提名，余於今日乘機將名片分送各在座者請予協助。

5月25日　星期五　晴

業務

上午，到建設廳總收發送交黃海水產公司之登記文件及規費三十元，經手人將文件並附件一一點清後即行收下，不給收據，後聞須自行將收據填好，彼始蓋章云，余經辦公司登記若干次，或因公司籌備不成，或因公司負責人意見不能一致，結果數次均未能有何結果，此次始為第一次變更登記正式向官廳申請，故細節多甚模糊，收發方面之程序習慣亦不詳知，數日來始摸索而漸漸熟習焉。

集會

上午到台灣銀行與汪子年、單鳳標諸兄商討今晚革命實踐研究院聯戰班第一期同學聯誼會有關事項，決定分送家屬入場券及今晚開會程序等項，下午五時半余等即先到警務處安排各項工作，七時開始開會，由余主席，報告籌備經過，對同學中之協助其事者符伯良、梁興義、樂幹、蔣文彬諸兄，及外人協助此舉之警務處與省黨部文化工作隊均表示謝意，繼由本期同學刻在立院服務之李曜林報告院務，汪元讀院長訓詞，討論重編通訊錄等，歷半小時而散會，開始聚餐，八時開始餘興，由文化工作隊表演歌舞魔術等，以康定情歌、新疆舞蹈，及類似芭蕾舞之扇舞諸項為最精彩，十時餘始告散會。

5月26日　星期六　晴

家事

上午，率紹寧到開明眼科醫院為其看眼癤，當行簡單手術，其法先行在眼皮注射麻藥，然後在眼之內皮割開，將膿血擠出，並加包紮。到女師附小參加紹因上課之一年級和組母姊會，由級任范建南女士主持，余到時已近尾聲，關於普通之一般性事項已經報告完畢，余詢問個別事項，據云紹因性特好靜，不善說話，故說話一課應再加注意學習，寫字則持筆太硬，寫來雖整齊而欠開展，或亦與個性有關云，會議於十一時散，余順便至輔導部訪李作民主任，不遇。

瑣記

申請電話事，余據電信局之來函將所附之申請書填送，今日該局派員來查明填戶口名簿號數及何時遷入，蓋依照登記須知之規定，凡住戶申請按裝電話必須係一個月前申請將戶口遷入者始允登記也，余即面告來調查之彭君，此電話乃經該局之審查小組討論者，登記抽籤只是其中手續之一，如不中籤，該局仍須設法按裝，余為申請前後一致，名義用國大代表，自然以住戶為適宜也，但如用會計師事務所名義將來不妨礙第二步之進行，余亦無成見，望彼回局與嵇局長商洽，如何決定，余皆無不可，彼似側重於改用事務所名義，此則由於登記須知另有一條規定，凡申請人之戶籍為自由職業者時，其所在地相同者應用執行業務之名義，余告以對此點亦知之，如必須照此辦理時，望先來電話告知，以便將證件由家中帶來，備其前來再度查對云。

5 月 27 日　星期日　晴

師友

下午，中和鄉潭墘一七九號地之共同買入人李君來詢關於分割登記事，緣彼曾於去年春間在該地放領佃戶林水柳處買得數十坪，當有代書施取代為備函縣政府請求分割，此地總計二百餘坪，四分之一為公有，現歸宋志先兄由前承租人處頂進作為建築之用，其餘四分之三除李君去春買其數十坪外，餘數於去冬與余共同買進，並持有所有權狀一紙，上寫有持分放領字樣，上星期李君曾交來彼於第一次買進數十坪後向政府申請所得之復文，准予分割，余甚覺納悶，不知其所申請者為如何根據，詢之李君亦謂無底稿，而以前詢問施代書則謂係該數十坪之賣出在耕者有其田案放領耕地以前，因已有建築，經向政府聲明，故准予分割，但今日李君又謂係去年春間之事，顯然在耕者有其田案之後，究竟係何情形，殊難揣知，乃約定於後日聯袂到板橋向地政科面詢一切云。

5 月 28 日　星期一　晴

集會

下午，國民大會黨團中興英語研究班上課後開會，討論本班至下月五日為六個月，按組織章程規定為一期，對於應如何繼續及改進事項有下列各項決定：（1）本班應繼續辦理，現在尚無人感覺應加結束者；（2）現在擔任教授之朱楚方氏雖有人表示不滿，但目前尚無法聘到更理想之教師，其中有其提及安愛傑小姐者，彼並不能來，且發音學並不更優於朱氏，況朱氏所編之廣播基本英語四冊現已讀完三冊，最宜將第四冊一併讀完，再談其他；（3）現在基本會員只有二十人，每人月納二十元，黨團幹事會補助一百元，尚虧空一百元，希望代表同人或其眷屬儘量參加，收入即可維持，對於新參加者仍補授國際音標，將現在之上課時間內開始半小時內作為初學之時間，正課改為一小時半；（4）定於下星期一全體聚餐並公請朱楚方氏云。

5月29日　星期二　晴下午暴雨

瑣記

上午，到板橋與李君會同到地政事務所接洽關於潭墘一七九號林水柳地之分割事宜，據張君答復，謂此事進行甚早，去年即有公文通知林水柳可以辦理分割，後經林前來接洽，因契稅太重，延緩至今云，余細按此地情形，在台灣光復以前為日人與台人共有，勝利以後變為政府與台人共有，其中政府乃承繼日人之財產，成為公地，刻以租賃方式歸佃戶耕種，實則已頂讓於宋志先兄建屋，台人部分於耕者有其田案內歸林水柳承領，但在此以前得其前地主同意，以一部分讓與李君之戚建屋，現在政府核准之分割，實為放領部分與公地部分之分割，照契稅條例分割應有契稅，但此地乃耕有田案內之地，在此案內之佃農取得所有權狀時通案免納契稅，故此項契稅應否完納實不能確定，張君云已請示縣政府，或有請示財政廳之可能，談竟，余與李君商洽由彼往詢買地之介紹人施取代書數項問題：一為分割契稅是否必納，何人負擔，二為不分割可否提前繳清地價，三為提前繳價依理須無違法使用土地之事項，李君之戚在地上所建之屋是否構成政府之一項藉口而不予批准，請李君就此數項先行徵求意見，再行面晤是否先行申請繳納全部地價，因申請之期每年二次，今春刻已開始將滿也。

師友

下午，到交通銀行訪王慕堂兄，不遇，留交紐約趙太太託轉之函件。訪張敬塘兄詢問上月備函介紹各同鄉工商界業務所得反響如何，據云皆告有事必以相託，此反響可謂良好亦可謂不佳，因山東商家多欠開明，對政界人士多敬而遠之也。

5 月 30 日　星期三　晴

瑣記

下午，電信局之彭君再度來調查申請按裝電話之條件，前次來時對於以戶口名簿為證件申請按裝住戶電話，曾發生戶籍臨時移入不合規定之問題，今日來調查執行會計師業務之許可手續，余當將公會會員證書及建設廳准予登錄之批示號數交其抄註余所送申請書上，彭君並謂如抽籤不能抽中，仍不妨害以會計師名義經過特許按裝，此余所顧慮者相反，蓋余本以為國大代表名義易於核准，且可以特許，因富於政治意味也，今則知實際上無何關係，其中之差異即為住宅電話費較省，而營業電話費用較高，且聞有仿照上海成例按次數計費之醞釀，余申請用住宅名義，此亦為原因之一，但該局亦有規定，即凡執行業務者其戶口同時在業務所者，只能按後者申請，而不能按前者申請，此即由於話費有上下之別云。余與李洪嶽、吳崇泉合購景美之放領地萬盛段溪子口小段八十號去年秋申請提前繳納地價經縣府退回不准，但放領地受法律之種種約束，將來價格不可能再高，故經三人商洽之結果，仍向縣政府申請提前繳付地價，並將依據前聞有其他同樣情形之土地不乏已經核准者為理由前往當面交涉，現在申請書已託孫福海君備好送至縣府先行審核云。

閱讀

讀殷海光譯德貝吾著「西方之未來」，此為一十萬字左右之小冊，但為一綜合性之歷史哲學書，全書分三部，第一部為簡述若干學者之對世界文化的看法，而以斯彭格勒與湯因比為主，著者於湯因比之學說備致傾倒，此部分多為純理論之探討，頗多枯澀深奧之理論，第二部為西方文化之現狀，所謂西方即指歐美而言，由文字、科學、美術、建築等等證明西方文化並未至衰落而致潰亡之階段，此部分偏重於當前事實之認定，內容敘述多於理論，以上二部分所占篇幅達全書四分之三以上，余只擇其要者加以涉獵，第三部為西方文化之未來，則兼及於世界大勢與美國現在在世界上之地位，雖篇幅不多，然說理則透澈明白，冷靜正確，說情亦豐富熱烈，動人心弦，幾有字字珠璣之妙，其中認定西方文化刻正與共產大敵抗爭，所恃為民主自由與宗教精神，此二者為集權國家之所缺，美國所恃在此，然對於受援民主世界之說服與認識尚不夠澈底，故今後尚應加強，著者認為蘇共目前所擁之大陸，地廣人眾，史無前例，然尚缺東南亞之橡膠與錫、中東之石油、西歐之科學，此數者必不可令其攫得也。

5月31日　星期四　晴下午陣雨

業務

去年曾依照台灣省證券商管理辦法十九條之規定，受台灣電力公司之委託，在該公司所送申請股票准予上市交易之文件上代為證明，依該項辦法第二十條之規定，凡核准交易之證券發行機構須於每年度終了後三個月內，將該年度之資產負債表與損益計算書向主管機關提出審查，此項表報須經會計師之證明，三月間余曾以此事往詢電力公司財務處長李耀西兄，據云會計處已經在編製中即將完竣，當與洽辦，候至昨日將近兩月猶無音訊，乃以電話與李兄探詢，彼尚未接洽，並在電話間詢其副處長，其想法似乎只須去年送過即為完事，不知尚須何為，余乃告以此項條文之關係，李兄云最好再寫一私信予黃煇總經理，彼必交下，此信或即送李兄處理亦可，余乃於今日辦一私信，寫明去年適用十九條，今年適用二十條，擬請循案委託余代為證明辦理云。

瑣記

電信局為余申請按裝電話事今日又來，囑在申請書上將所填各項加以修正，主要者為將以前所填之住宅用個人姓名，改為某某會計師事務所字樣，並將所附其他表格亦同樣加以改正，同時加蓋事務所之章戳，至此申請登記手續始畢。

6月1日　星期五　晴下午陣雨

家事

上午，表妹婿隋錦堂來談，嬰兒方舟即彌月，惟數日來又感冒發燒，尚未治癒，湯餅擬延至百天舉行，此嬰兒因懷胎不足月，故體弱多病，除感冒外，尚有腹瀉之現象，刻正延醫悉心治療云。紹因在女師附小經其學校當局統一檢驗血型，需繳費二元，兩日來均忘卻，今日下午欲著紹寧帶往，臨時又忘，無法乃於今日下午由余送往，至時其級任教師又不在校，乃交其辦公室內之桌上，留字並託其他教師轉達一切，是時大雨驟至，無已，乃至其圖書室內閱覽報章雜誌，雨歇始出。

6月2日　星期六　晴有細雨

瑣記

聞之國大代表同人方念諧兄，國民住宅興建委員會預定民意代表建屋基地中之中和、板橋、北投奇岩路，北投大屯里等地中以板橋為最方便，余乃於今日往該地探查，其地由車站往只五、六分鐘，多為柏油路，在中本新村隔壁，現為農田，道路甚寬，通到新莊，其優點為距菜場只二、三分鐘，距車站亦不遠，缺點為地勢太低，大雨時恐浸水，且周圍皆為建築物，不甚合疏散原則，至於到台北之交通需時亦較長。

師友

下午，到交通銀行訪王慕堂兄，不遇，留字謝茶葉聯營公司聘書已到，並還借書。

6月3日　星期日　晴

參觀

上午，到師範大學聽潘重規教授講禮記，值該校為十週年紀念舉辦美術展覽會，出品多為學生之中西畫，教授作品不若往年展覽之多，可取者有林聖揚、歐一行臨摹之油畫，幅面甚大，線條亦美，孫多慈之油畫，甚為老練，黃君璧之山水，氣象浩瀚，吳詠香臨古人山水，陳含光題詞，甚推崇，設色有特殊意境，而古樸則似不足，書法中學生作品無一達於水準，教授宗孝忱篆書十餘件，條幅佈局與用筆作字大小皆最合作者之運筆，較大者為對聯一付，「斅於古訓乃有獲，樂夫天命復奚疑」，字較大，工力灌注，較為難得，此外鄭月波畫動物亦特佳。

師友

下午，王慕堂兄來訪，因所介紹之茶葉聯營公司聘余為會計顧問之聘書已到，詢是否將應送公費亦催其送來，余以為可以暫時等候，王兄對余事極關心，友人中居今之世似此者並不多也。晚，蘇景泉兄來訪，余因事外出，不遇。

6月4日　星期一　晴

交際

參加國民大會黨團英語研究班倏已六月，今日課畢，各代表共同宴請教師朱楚方氏於立法院俱樂部，菜極平常，參加者共十五、六人，每人出三十元，另以十元彌補數月來經費不足之數，關於此班將來計劃改為每星期一、五下午三時半至五時半上課，歡迎新生參加，以首半小時教授國際音標，對初學者得以銜接。

家事

德芳自昨日臥病，頭痛而嘔吐，昨晚服十滴水始止，並請蔡文彬醫師配治胃病藥等服用，今日始稍好，余上午完全在寓照料飲食起居之事。上午，表妹婿隋錦堂來訪，謂賣磚事正在接洽日內可妥，又談其所進行之人造纖維廠工程師一事已經考過獲取，今日持保證書空白請余擔任保證人云。

師友

魏盛村君來訪，有數事接洽，其一為前台北市第七倉庫利用合作社清算後該項房屋歸于兆龍所有，其後出售到地政事務所辦裡過戶，前手即用于名義，但以前係用合作社名義買進者，致有不符，仍改用合作社，須用理事主席名義蓋章，余即予以照辦，其二為所居同安街住宅被竊，報案後數日未破，余乃為其函請樂幹警務處長飭令迅即破案，據魏君又談及會計師同業刻在台中之于國霖兄有意來台北開業，其地點為于兆龍氏在中山北路之房屋，不出房租，辦案提成，事務上請魏君代為處理，亦照提成辦法辦理，但魏君要求須固定按月雜支二、三百元，以致尚無成議，魏君又談及余託其代售中和、景美兩地之地皮，因係放領地，不易獲主云。

6月5日　星期二　晴

集會

晚，參加經濟座談會，由經濟部王撫洲次長報告最近簽字之中日貿易會議經過，內容大意為開始之時日本氣焰甚高，後因國際糖價步漲，其勢始殺，因要挾降低我國糖價不成，我國之糖且以另有受主故也，以次報告要點如下：（一）日本大使堀內宣布會議原則為正常化，適合潮流，與平等化，確可代表其國家之政策，（二）所談問題有五，包括貿易計劃、管制貿易問題、航運比例問題、美援採購問題及日本在台設立商社、銀行問題，而重心在貿易計劃，（三）貿易計劃本不難談，而因糖價問題不能解決乃生阻障，另一問題為赤糖出口日本只接受半數，其餘半數台產過剩，而日本須拉攏琉球，吾國須另謀出路，（四）管制問題只成立同意書，雙方各應儘量放鬆，（五）航運日本要求平均噸位，已協議略比以前優待日本船隻，（六）日本設立在台銀行、商社問題，因中日復交後該二行業始終未開放，即本國人亦然，故不能准予設立，但為示優待，特准成立貿易機構五家云，講畢略有討論散會。

6月6日　星期三　晴

師友

下午，到台灣企業公司籌備處訪楊紹億兄，探詢其一般情況，俾作為推廣會計師業務之參考，據云該公司須八月間正式成立，屆時或須辦理公司登記，又云該公司之財產全為此次實行耕者有其田案農林、工礦二公司開放民營後，兩公司及分售成立之新公司將較有經營價值之廠礦分別選去以後餘下之保管性的單位，將來計劃估價變賣，以所得流動資金作為經營新事業之資本，則此項估價工作亦似有延聘專家處理之必要，現公司歸翁鈐主持，上級秉承以財政廳為獨多，若託陳漢平局長介紹必有效力云。晚，蘇景泉兄來訪，閒談一小時餘。

6月7日　星期四　晴

師友

上午張子文君來訪，談與王文季及荊君所合資經營之義通證券公司因業務難做，即將清理解散，王意託一律師兼會計師負責處理，余告以其本人不能置身事外，且兼二業者類多知其一不知其二，應須慎重，余意以不傷債權人之和氣為上策，股東中略多負擔幾文亦無所謂，況據告帳係暗帳不能公開，而未收回之債權尚不能謂全無希望，張君對此尚無確定見解，其本人來意在詢問王文季以房屋移作張君所有，償還其所欠公司款，而該款亦為用債權人名義張君所存，此帳如何轉法，余約略相告供參考，

集會

晚，出席里民大會之輔導執行委員聯席會議，討論關於十五日示範里民大會事宜。

6月8日　星期五　晴

集會

下午，出席光復大陸設計研究委員會財政組會議，議程所列題目有三，一為財力動員組所擬之財力動員方案，二為財政收支劃分方案，三為其他組議題由本組擬定一項價值單位作為各種設計之參考並採用，余到時

正討論第一案，該案據報告上半段為李崇年與台大數位教授之共同作品，詰屈聱牙，無法卒讀，立意固多可取處，而內容為文字所累，極為可惜，下半段為方案之本身，乃劉支藩委員所擬，此部分較有系統，文字亦清楚，但上下兩篇等於兩部分不能化合之元素，內容與體裁皆極不一致，如何使之合而為一，實乃一大問題也，劉支藩繼說明其下篇之要旨，再將財力二字包括財政以外之種種經濟力，甚至如消極節約之物力及人力之動員，亦皆包括在內，但為便於其他各組之配合，乃不能不仍以財政部分為主，其他則略加提及而已，報告畢，余因另有他事，即先行退席。

聽講

本日起為朱楚方教授擔任之中興英語研究班第二期開始，今日將其所作英文廣播教材第三冊全部授完，余到時較遲，據云已經議決將時間改為上午，余因上午往往有他事牽累，故向教務員賈國恩表示恐不能繼續參加。

6 月 9 日　星期六　晴

師友

上午，到交通銀行訪王慕堂兄，不遇，下午通電話約定後日到茶葉聯營公司拜訪其主持人陳清汾、陳舜畊二人。上午到交通銀行並訪趙葆全兄，亦不遇，留片，中午趙兄答訪，詢是否有事，余告以並無其他事，不過因監察院為趙兄前所主持之中國農民銀行調撥款項發生疑義刊之報章，特往慰問之意，趙兄即謂已將詳情向關係方面說明，為避免刺激民意機關，故暫時不在報端上為任何之文字表示云。下午，到財政廳訪陳漢平廳長，閒談彼約定余等十數人擔任研究工作是否有具體進行計劃，及會計師業務情形，陳氏表示前者尚無成竹，後者彼極願與會計師連繫，但目前工商界假帳問題甚嚴重，擬俟新年度開始，先由公營事業方面開始，陳氏又表示在立法委員可以掛牌為律師、會計師之現狀下，難望有健全之發展，可謂一針見血之論，余又請介紹正籌備中之台灣企業公司主持人翁鈐連繫業務，陳氏立即寫卡片，意甚懇切。

交際

晚，參加孫伯棠子瑞華之婚宴，其子係今日在地方法院公證結婚，余率紹因赴宴。

集會

晚，出席小組會議，無要案，余提立委執業律師、會計師問題，僅先交換意見。

6月10日　星期日　晴

聽講

上午，續到師範大學聽潘重規教授講禮記，今日將禮運篇結束，此為比較篇幅之最長者，然意思甚為簡單，即凡國家政事祀戎百工生聚，皆不能離卻禮之運用，始免於無次序之混亂，充其極致，可以到達與日月出沒，四時流行，有其不期然而然之妙，存乎其間，含蓄哲學思想，極其蘊藉，惟潘氏對禮運二字之運字未加解釋，又其中有小部分名詞較為簡單而非指破不能明白者，亦尚未說明。

家事

上午，表妹婿隋錦堂來訪，據云已到頭份人造纖維公司開始工作，現在只為安裝機器，半年後始可生產，故以渠習化工者而言，目前尚無用武之地，只好亦參加機械方面之工程，頭份距此須二小時之汽車或火車，故現在只能每星期歸來一次，又談余建屋所在之磚出售事，因欲買者言係火頭二等磚，只肯出每個二角二分，則比買價差七分五釐，極其吃虧，然亦無他法可想，託渠相機出賣。

娛樂

晚，同紹南到國際看電影，為環球出品彩色片「一段相思無限恨」（One Desire），主演者安妮伯絲德、洛赫遜、茱麗亞坦絲，乃一文藝片，前段刻化人情，極其深刻，但發展至後來不可收拾時，即以起火將三角中之一角喪生，結尾反似喜劇，頗不宜。

6 月 11 日　星期一　晴

師友

上午，訪王慕堂兄，同到台灣茶葉聯營公司訪董事長陳清汾、總經理陳舜畊，上週曾接其聘書聘為會計顧問，乃作首次拜會也。到台灣企業公司籌備處訪楊紹億兄，告以曾獲陳漢平廳長寫片介紹該公司翁鈴主任，但片上未寫明具體事項，為慎重計乃商決於明日下午來訪，俾陳氏得於明晨在省府會議席上晤及翁氏再當面提及此事，余本日下午曾以電話向陳氏提醒此事，惜未接通，但當時曾面允見面說明，或不致遺忘也。下午，汪聖農兄偕趙君來託介紹借款五千至一萬元，付買地皮價款，余允代為張羅，辭出後與吳崇泉兄洽妥借用，明日接洽辦理，並作決定。

瑣記

上週末擬就提案一件於今日送里長辦公處提里民大會，案由為請市府將本龍匣里劃入女師附小學區，如學額不能容納，亦應將另有較近學校可以分發之愛國里與花圃里改劃至其附近之國語實小或老松國校，而城中區文賓里距東門國校與女師附小相似，又何必擠至女師附小，本里赴東門則路程倍蓰乎？

娛樂

晚，同德芳到萬國看電影「娜娜」，係依左拉所寫小說拍成，由馬丁加露與卻爾斯鮑育主演，故事在寫一蕩婦之糜爛生涯，馬丁表演極佳，服裝亦新穎。

6月12日　星期二　晴

師友

上午，到事務所與汪聖農兄通電話，詢以昨日託余介紹借款事是否尚有需要，余已與吳崇泉兄談妥可以借用五千元，如不需要，亦可作罷，據云仍有需要，但以房契作押是否可改為開憑支票借取，余告以昨原議不如此，最好不改，當約定下午再談，下午吳崇泉兄來辦公室，旋汪兄亦來訪，乃約定仍用房契作押，借用五千元，訂於下星期五辦理手續，利率四分，為期一月云，今日汪兄談其此次代趙麐借款之原因為趙君本為32 軍軍長，其同僚有在聯勤總部服務者，知趙君正經營一所小型豆腐店，聯勤需要與大型每日能供應三千板豆腐之店訂貨，適趙君有其他同僚在此三張犁經營實踐米廠，有七馬力半之馬達，為現在申請按裝不易達到目的者，此米廠因軍隊開拔而必須出售，計租公地七百餘坪，廠房三千餘坪，時值近廿萬元，而以八萬元成交，買下後即須成立大型豆腐店，故自購廠至經營設備必須籌措一筆資金，現在張羅頭寸即為此也云。

6月13日　星期三　晴

家事

本日為舊曆端午節，自為角黍之食，小兒擦雄黃之酒，中午略添菜餚，諸女均照常上課，僅紹彭幼稚園休假一天，而紹因在小學為上午班，下午無課，乃於下午率二人到美國新聞處看電影，有曾景文繪畫游歷卷軸及其家庭生活作畫習慣等，又有我們的時代第二十一集，所記有狗展覽會、太空探險、高棉商品展覽等項，一小時演完，即到美國圖書館看兒童書，五時返。晚同德芳到大世界看電影天鵝公主，排隊入場時只差十數人竟告客滿不能進入，今日假期觀眾太多，余等到達亦遲。

6月14日　星期四　雨

業務

下午持陳漢平廳長之介紹片到台灣企業公司籌備處訪翁鈐處長（瑞棠），詢問將來可能採取之業務連繫，據云公司登記將自辦，財產出售部分估價將由一委員會處理，而主其事者將為主計處，但如有外人幫助之處，當隨時連繫，其意又像推諉又像肯定，大致尚須看將來之演變，余辭出後將情形告楊紹億兄，請隨時通聲氣。

集會

下午，出席會計師公會常務理事會，無何要案，自明日起又輪至余為值月常務理事。

娛樂

晚，率紹寧到中山堂看育光幼稚園游藝會、兒童節目外，為戴綺霞之孝義節即馬寡婦開店與春香鬧學，又有周正榮之定軍山，皆尚可取，尤其孝義節一劇為戴伶之拿手戲，余初次看，有入木三分之妙。

6月15日　星期五　晴有陣雨

集會

晚，出席里民大會於第七信用合作社，余任主席團三人之一，會議於七時半開始入場，實際八時餘始開會，由余報告上次會議記錄後，即請葉外交部長公超報告時事，但其命題為解釋反共抗俄人人有責之義，說明不但大陸來台人民反共抗俄，台灣人民同須反共抗俄，全世界人類亦同須反共抗俄，因共產黨只認黨與非黨，無黨外自由人民可以存在，設不能抗拒其來，即難逃不被清算之命運也，此題材自最適合於里民大會，特不易引人入勝耳，繼由吳治檢察官報告政令宣導，糾察組報告國民公約執行情形，然後開始詢問，其中不外水肥與公廁問題，均經主管方面予以答復，於是討論提案，只有余事先所提之請市政府將本里劃入女師附小學區一案，經余說明後，當即無異議通過，以下有臨時動議將動員公約重新印發一次者，亦獲通過，最後圓滿散會，時為九時一刻，不逾二小時之規定限度，今日出席人數在百人左右，據云為空前，但恐仍未達三分之一法定人數（約一百三十餘人）焉。

娛樂

下午，同德芳到大世界看電影「天鵝公主」，格蘭斯凱萊主演，故事甚蘊藉，若干細節則亦幽默風趣，可稱佳片，至於配角亦皆紮硬，能收相得益彰之效焉。

6月16日　星期六　晴有陣雨

參觀

下午，到省立圖書館參觀交通展覽會，此為紀念鐵道與電信七十五年之舉，共分十二部門，一為鐵道，多為過去資料，但另有三館陳列台灣部分，其中較有趣味者為車門自動開關之空氣濃縮機使用原理，及阿里山林業鐵道模型等，二為電信，其中較有趣味者為自動電話交換之實際情況，另有若干電波原理之陳列，則不甚了解，第三部分為公路，多為統計圖表，不暇細看，四為郵政，在郵政六十週年時已舉行郵票展覽，此處只走馬看花，五為水運，多為輪船模型，六為港務，其中高雄運鹽碼頭之模型，頗現偉觀，七為民用航空，飛機模型甚壯觀，八為氣象，展出雖甚豐富，余因了解不易，且無時間，未能詳看，九為廣播，除陳列各種收音機、錄音機外，並在公園設一小室隨時廣播節目，並在隔室收聽，惟參觀時時間不合，致未聽及，十為打撈，陳列工作模型，十一為旅行事業，無何重要展出，十二為交通教育，一部分為交通大學之歷史博物，另一部分為台灣之交通研究所辦裡內容，且將學生之作業亦皆陳列，另有交通訓練班之作業亦全部陳列，惟細看內容，多不見佳，甚至有題目亦不甚通順者，亦可異也。

6月17日　星期日　雨

集會

下午，到內政部參加黨校同學座談會，今日參加人數較多，計有二十餘人，因歡送李先良兄出國之故，席間推陳玉科同學主席並致詞，李先良兄報告其出國之計劃為對於市政作二年之考察與研究，繼之致詞者有徐庶幾、逄化文、石鍾琇、王建今、張金鑑、謝澄宇等，其中最精闢者為石鍾琇兄所談李兄以八年抗戰出死入生之精神，作事已可謂成果輝煌，然做官則大為失敗，如當地駐軍之丁治磐得作江蘇主席，劉安祺得在此屹立不搖，無非皆以守青島居功，然守青島之民眾武力及其領導人李先良兄投閒置散，張敏之兄且以最反共之人為政府以共匪名義殺害，事之不平，孰過於此，云云，以下有趙葆全兄報告校友會產生總幹事郝遇林之經過，及其在中農行任內受監察委員柴峯中傷之內情，均為大家所注意之事，又有馬星野報告到馬祖勞軍經過，對於當地戰備之強，認為見所未見，今日會議進行時間甚長，外面大雷雨歷一小時餘不停，在座有以「最難風雨故人來」寫照者，確甚貼切也。

師友

在會議席上遇尹合三兄，談最近通信接洽之有關合作社查帳及介紹省農會業務兩事，據尹兄云，自主持合作事業管理處以來，深感各合作社帳務之失於監督，直接負監督責任之各縣市政府不但無懂會計之人才，亦因指導人員之常相接近，且有種種流弊發生，故頗思規定由會計師查帳，必須經此手續始能解除責任，在合管處立場因依法可以查帳，故作硬性規定，並無引起反感之慮，但為收實效，決不能由合作社自行聘請會計師，結果將等於不查，其方式應如何運用，須經深思熟慮，望余亦加考慮，至省農會進行業務事，俟渠在實踐研究院結業下山後當一同往訪，作具體之商談云。又遇逄化文、劉桂兩兄，據云向台北縣申請潭墘土地過戶，劉兄之一段謂住址太遠，無法「自耕」，須先遷址或先變地目，縣府之膠柱鼓瑟，可發一笑。

6月18日　星期一　晴

師友

下午，李先良兄來訪，談此次出國之醞釀已達六、七年，經過數度波折，始獲總統批准，其後至護照領到，又延長半年餘始得到出境證，故難免若干揣測，由於此種情形，故任何方面之名義包括學術團體等在內決不便接受，而出國路徑又不便經過香港，以免是非，此中苦況，不足為外人道也，出國後之考察目標將為市政，而注重其管理及美國各級政府間之分合運用問題，余貢獻意見，認為加拿大之現代化僅次於美國，而政府不似美國之散漫，不妨考察借鏡，李兄亦以為然。

6月19日　星期二　晴

瑣記

下午，同吳崇泉、李洪嶽二人到板橋訪民政局局長請介紹地政科長談景美地之提前繳價問題，地政科程科長不在，乃由該科主管之吳股長接談，由余將景美地號及前次申請提前繳價未准之經過，及最近又重新申請等情形說明後，吳君即說明縣政府處理此等案件之困難，謂凡放領耕地申請提前繳價者，加以詳細調查，其有先行由他人建屋者，即為違背耕者有其田條例二十八條，不能容許提前繳價，此原則不變，無何例外，有之只南港僑泰興麵粉廠與中和鄉之民意代表曾有專案使用放領地，但前者係行政院特准，後者為暫時使用，將來由地主繳回政府而由政府重新售之使用人，其價格直至最近始行核定為公告都市平均地權地價之八折，此外外間所傳某也准過、某也不准，皆空穴來風而已云，詢以此等問題如一而再的不准，而事實上原佃農早已讓人，無非將永成懸案，此亦非實事求是之道，吳君謂上級政府正在擬定辦法之中，據云月餘以後即可解決，惟內容不詳，此所指者將為政府又多一次聚斂機會，其法即以佃農違背放領使用規定為由，名義上由政府收回，重新售之新所有權人，此法將使已經建築房屋者仍以不理態度了之，一如上記中和鄉民意代表所用之地，使懸案之難免於治絲益棼，余等之地則一部分已經建屋，其立場與未建者不同，使此問題益增複雜性，在此情形下政府只能到一個目的，即放領地之買賣因此而漸漸無人嘗試，而所謂提前繳價云者，雖有皇皇條文規定，實際上只為重加一種束縛，其作用恰恰相反也。

6月20日　星期三　晴

業務

代辦黃海公司之變更登記，今日建設廳商業科由一馬君將簽辦內容送來接洽，其意見有三類，其一為章程須修改文字之事項，其二為資本額折為新台幣，應由監察人提出報告，其三為變更資本應加驗資，余與解釋後，決定第一項完全為文字問題，容詢董事長能否負責照改，然後在將來股東大會提出追認，第二項當洽監察人照辦，第三項始有船舶九隻，價值超過遠甚，如作為資本檢驗勢將發生估價問題，且在申請登記期間暫未照新資本額記帳，余詢以當如何處理，渠認為俟事實查明或即以證明方式出之亦無不可，此人來意頗多若干賣弄人情之處，殆無疑也。

師友

下午五時到松山飛機場送李先良兄啟程赴美，送者約有二、三十人，大半為黨校同學，其餘則青島時期之舊部，師長中有余井塘氏，余係搭立法院交通車往還。

6月21日　星期四　晴

瑣記

下午，到景美景南里五十五號房地產服務處接洽余在景美土地之出售事宜，其經理高君不在，其家人云不久方有人要買近山腳之土地，此地亦近山，略有距離不妨，余告以以前曾在該處登記，不知何以至今渺無音訊，彼亦不知，須候其經理歸來問明始知云，余並將中和鄉潭墘小段土地亦一併登記，以上三地私產每坪定價一百六十元，放領地一百三十元，其介紹費據云照例百分之五，內賣方百分之二云。下午，到建設廳訪商業科高君交還其昨日交來之黃海公司登記審查意見表。

師友

上午，到主計處訪紀萬德兄，不遇，又訪牟乃紘兄，亦不遇。途遇廖國庥兄，告以前託介紹農林公司由徐秘書為余備函介紹各分售單位承辦公司登記事，余已分別接洽，面見者多已辦過，未見者則或有復函在徐君處，容日面晤，但目前尚無一家有此需要者，余意縱或有之，亦係另有糾紛，暫不能辦云。

6月22日　星期五　晴

瑣記

會計師公會會址之土地與房屋自買進後迄今三年，猶未將過戶手續辦完，本月由余為值月常務理事，不願再延，據查除土地部分已早委代書人申請並曾完過契稅外，房屋部分拖延不決之原因為不知契價應報多少，及成契之年月應以何時為適當，余於今日著宋治平幹事赴市府稅捐稽徵處查明數事：一、房屋刻完房捐所具之產價遠較該房買進之價為低，不知此項評價是否適用於契稅，因契稅在台灣並不根據申請契價，而係根據評價也，二、成契年月無何關係，因契稅罰則本重，但自統一稽徵條例公佈後已經從輕，縱作為四十三年成交，亦無妨礙，三、契稅所據之評價最近外縣有提高之事，北市聞下月調整，此事務於三數日內辦妥。

6月23日　星期六　晴

家事

上午，同德芳到省立台北醫院從事婦科檢查，因每週一六由該院名醫產婦科主任徐千田看門診，事先知以前在該院應診之蔡文彬大夫與徐氏相識，故往託蔡氏寫片介紹，比至，又因持國民大會證明函，可以作為公教人員優待，故先到社會服務部將掛號證加蓋公教字樣，然後至產婦科室外候診，余因須照料家事故先行回寓，至午德芳檢查完畢，歸謂徐大夫意須住院詳細檢查，因患過風濕，不能斷定能否施行刮治手術，緣子宮口曾有潰爛，按通常情形須行手術，但住院為短期照料家事便利計，希望待下週三紹南暑假考試完畢再議云。

6月24日　星期日　晴有陣雨

集會

晚，舉行小組會議，有數事，一為小組長任滿，經票選朱懷林繼任，二為須選拔優秀黨員，始而口頭推選，余首提吳治應選，因其數年擔任組長及幹事，不辭勞瘁，但渠堅辭，於是余又提朱懷林應選，朱、吳二人則提余應選，余亦堅辭，無法可想，乃改用票選，余提朱票，復因事早退，未知結果如何，三為上級黨部派員來辦理小組競賽，其法為根據預定之表分項填列分數，據云，凡滿八十分以上者即將參加組際競賽，須憑全部之記錄文卷等經過極複雜之手續，本組因組長及幹事俱無暇晷，向來員說明，結果只評七十餘分，可免予參加矣。

師友

晚，高注東兄來訪，據云係日昨來台北，原因為渠與李雄、蕭天石、曹挺光、金平歐合編三民主義辭典已交中國新聞出版公司付印，現在開始複校，此項校對並非以核對原稿為準者，因初稿並非定稿，須一面排印一面審核，故複校之重要性極大云。高兄家住屏東，已半年未來台北，此次將逗留近月。

家事

下午，率紹因、紹彭到新公園參觀交通展覽會，今日為最後一天，人眾擁擠，只能隨人潮進出，根本無細加考閱之餘地，且室隘路狹，空氣極污濁。

6月25日　星期一　晴 有陣雨

家事

上午，到中心診所為德芳掛號就診產婦科，蓋上週主治醫師李士偉曾於配藥食後云如出血現象停滯，可以到院再作刮子宮手術，今日乃先往診察，謂下午即可行手術，其費用為九百七十元，而又不收支票，余乃於午後先到銀行取款，迨到該診所時，醫師尚未按時到達，余在樓下等候繳費，及三時半德芳由手術室出，謂已做過，云今明服藥，後日再診，此項手術無須住院，只注意如有出血現象即速就診而已，此與台北醫院之主先住院再詳細檢查者為簡捷，僅費用略貴耳。此次治療之目的包括切片刮子宮及檢驗有無癌症與內分泌不足等現象，檢驗結果俟數日後始知，今日手術最迅速，李氏為婦科名醫。

業務

孫福海君介紹李阿桶來接洽其所營營造廠漏稅案，余未辦過此種案件，但觀其帳簿記載及先後文卷，似有相當理由，允予承辦訴願事項，約定明日下午將全部文件取齊前來正式委託，渠本意今日即須代為擬成訴願書，余告以時間不及，詢其理由，云須向省議會請願，愈快愈好，但如余不能將請願書辦好，渠可將此部分另託代書人辦理，訴願事項則託余為之代理云。

6月26日　星期二　晴

集會

上午，出席黨團小組會議，計有建議二件，一為余提，請中央透過立法委員黨部將現行立法委員可以同時執行律師職務一項規定加以變更，其方式或請立委自行整肅，或請修改法律，以杜流弊，而正視聽，蓋現在立法委員根據三年立委即可取得律師資格之規定，數百人均可執行職務，流弊滋多，而且不成體統，如聽其自然，此風氣只有愈演愈烈，其本身有若干份子曾提議在任不執行律師、會計師業務以示自重，但遭擱置，現在欲再提此事，只有運用黨的力量，由立法委員黨部自作整肅，或修改法律，雖明知中央未必有此可以貫澈之力量，但心所謂危，不敢不言，此案立獲全體之同意，通過向中央建議，二為趙雪峯提出，請中央制止立、監委員備位行政院國民住宅興建委員會案，蓋因此委員會本稱國民住宅技術小組，當時邀集民意代表參加，後擴充為委員會，仍因襲固有之構成，其實此刻之委員會已成行政院之業務機關，依法立、監委員不應參加，此案亦立得全體同意，通過向中央建議，討論完畢後即同到會賓樓聚餐，因中央對每小組有每月二十元之活動費，一年以來已積聚二百元，乃仿各組成例，用以聚餐也。下午，到公會主持常務理事會，五常務理事均到，主要案件為關於公會房屋之過戶事項，經余報告研究此案之經過，認為罰則不重，成契日期仍照三年前原日期填寫買房日，預留空白之契約，至契價則依據兩年來政府收繳房捐之底價一萬一千元申報，如此即可以一千元左右將此問題解決，其中各人感覺成問題者無非契價較實付低至半數，與帳上支付數不符，但為團體節省開支，應略負責任，當照辦法通過，惟仍將補提理事會追認，散會後余又詳查統一稽徵條例，發現新問題不能解決，按該條例所定契稅最高罰則為百分六，較契稅條例所定可高至一倍者為低，但今年上半年適用之條例則對此並無規定，若依該條例未規定事項仍從原稅法規定辦理之解釋，似又恢復舊罰則，果然如此，此次即須負擔二千餘元矣，但縱然如此，已無法避免，蓋如變更成契日期，稽徵處可以房捐已完數年為理由，認為不實，將更無以自圓其說也，歸後乘訪高注東兄之便，留字託其子查資料。

家事

上午，姑丈來訪，談余介紹向吳先培兄友人處借之一萬元明日到期半數，但由余所開支票則全數明日到期，當決定先送半數，聲明其餘到期亦還，支票請勿提交換。

6月27日　星期三　晴

閱讀

讀中譯本「現代科學與現代人」（*Modern Science and Modern Man*, by J. B. Conant），為一有系統的四篇演講集成之小冊，第一篇為十年來科學與工藝，第二、三篇為科學景象日新月異，科學與人類行為，第四篇為科學與精神價值，作者為哈佛大學前校長，乃一化學專家，本書則注重自原子能有輝煌發展以來之物理學，認為過去一世紀為發明家之世紀，發明由實驗而來，與科學原理之發展並非一途，但有相成之處，自原子能與國防發生關係，便脫離科學發展之公開與普遍的形式，又自外間對科學之評價，多認為皆為客觀冷靜不著雜念，其實科學家亦皆血肉之軀，設無精神方面之熱情與意志，恐無科學之今日之成就，又科學家既要研究又要實行，研究應以懷疑精神為主，實行則不能缺乏肯定之信心，此二者具備於一人之情緒亦精神之高度發展也，作者對文學與社會科學之造詣亦深，故此四篇演講雖以自然科學為主題，然全部為綜合性的，極其引人入勝，惜余時間所限，未加詳細咀嚼為憾耳。

業務

前日孫福海介紹來委託辦理減稅之李阿桶，本謂昨日來辦手續，但兩日來杳如黃鶴，孫君云亦係友人介紹而來，大約因另託代書寫請願書送省議會認為已足，或余告以按訴願手續辦理，渠得此啟示，亦一併託代書代擬以省費用矣，余所遇當事人往往如此，得有相當了解後即自行辦理去矣。下午黃海公司王馨山君來研究建設廳囑該公司補送之監察人對於資產淨值檢查報告書內容如何，余告以應將全部資產湊足現有之登記額即十五萬元，渠云大陸資產如何，余謂須列一象徵數字，表示全豹，但不宜過多，至於資產總數當超過十五萬元，其差數，均可一併作為公積金，總使資產負債兩方均可相稱，談竟即歸去整理項目，並將建設廳擬對章程所加之文字修正亦加以研究，如董事長可以一人負責，即先行修正，然後再提董事會或股東會追認矣。昨記會計師公會契稅之可能罰鍰一節，今日宋治平幹事來云據代書談罰金確能達到一倍，余乃以電話與各常務理事相商，除汪流航與毛松年未能接通外，虞舜、陳秉炎均主成契日期改為現在，以期免罰，遂通知代書照辦，但余晚間再研究契稅條例，知該條例四十二年曾修正一次，罰則為三天百分之一，三十天送法院，則罰金又不逾一成矣，甚矣稅法更張之多也。

6月28日　星期四　晴有陣雨

業務

下午，李昭軒兄介紹劉馨吾君來訪，為與三友合夥組織工人用手套工廠一家，因營業不振，雖只為時半年，三人均希望結束，只有負廠務責任之初君提異議，但三人欲以彼為執行業務人，渠又不肯，現對外籌款負債，責在劉君，如此長久虧累，且發覺初君有逕行賣貨不入帳之行為，益為擔心，特與余研究如何結束，余告以初君有不忠於合夥之行為，自係違約，三人可以提出退夥，渠如不允，可提議解散，至於手續方面，余初只主張由三人委託余函達初君，後經加以研究，劉君認為顧慮初君私自處理存貨，使其他三人蒙受損失，故主張不先去信，俟布置妥貼後再行邀余並請派出所派人前往，會同點驗存貨及機件後開始清理，余亦認為可行，於是請其先由三人自行議成議定書託劉君及余辦理其事，以免再有變卦，並請其明日先將合夥契約交余一閱，至於公費，余照清算例最低數收二千元，另按最低百分比收百分之六，劉君亦允照辦，至詳細手續容改日再行洽辦。

娛樂

晚，持社會處所發人民團體招待券到中山堂看電影，前部為伊漱威廉絲之碧水桃源，余到時只見其尾，下部為鍾情等所演之「金縷衣」，為一喜劇，尚可。

6 月 29 日　星期五　晴

集會

下午，參加國民大會黨團召集之演講會，由陶希聖氏講「論憲法上的統帥權」，大意為元首之統帥權在各國皆為絕對的，不受立法法律之約束，我國憲法三十六條無「依法」二字，亦是此意，此解釋如通，則比臨時條款採授權方式者遠為妥適，繼說明統帥權之概念、行使，與困難，認為國家在危難之時，總統本於其軍令之權，可不經立法院通過而對外作戰，但涉及人民權利者，仍由行政院長向立法院負責，而在行使之時，則以國防會議為行政與軍事機關協調之機構，命令發佈單一，行使在戰地亦同受此一元垂直之指揮，統帥部仍為憲法上所定之機關，不另組織，再次說明對此說所遇之批評，軍政與立法方面，皆持懷疑態度，其實相反相成，又附帶說明國防組織法在立法院延擱多年之問題，認為如此項解釋可通，該問題不解決而解決，蓋法律本有「應為」、「不應為」、「能為」、「可為」之四範疇，此屬於可為之範疇，固無須乎經過立法院也，其言甚辨，而講來如抽絲剝繭，層層深入，頗為動人。晚，出席研究院小組會，除一般節目外，由余作專題報告，自定題為「當前稅制得失檢討舉隅」，以所得稅與契稅為例，說明距簡化便民之境地尚遠，歷時二十分鐘，有書面。

6月30日　星期六　晴

瑣記

數日來余為公會主持辦理會址房屋過戶登記事，研究契稅罰則，迄無結論，蓋契稅條例所定最高可達百分之百，台灣統一稽徵條例自四十年實施以來即定為最高百分之六，數年無何變更，今年修正之統一稽徵條例對此未有規定，依條例第一條之規定凡未規定者適用原稅法，故代書告公會宋幹事謂罰則可達百分之百，必係根據此點，惟余詳查以前所剪之報紙，知契稅條例於四十二年曾對此條文有所修正，最高罰則為百分之十，依統一稽徵條例之規定，凡本條例有規定而原稅法又有修正者從原稅法，經余檢視四十三年之統一稽徵條例，仍為百分之六，使人不知契稅條例之修正究於何時發生效力，如為係自公佈日至年底係百分之十，次年又改為照百分之六，似又不致如此朝三暮四，為證明四十三年後之罰則是否在事實上仍照統一稽徵條例之百分之六辦理，乃於數日前託高明一君索取財政廳每年必加規定之統一稽徵條例簡明表，高君謂四十四年四十五年皆尋找不到，無法可想，乃以電話託財政廳何君淹專門委員代為查詢，或有結果，其中最重要者為本年度之簡明表，蓋統一稽徵案例四十四年未修改，其表或沿用舊者。

7月1日　星期日　晴

師友

上午，高注東兄來訪，送還數日前所借之總理全書十二冊，據云將於今日回屏東，其所擔任之三民主義辭典校訂工作將寄回屏東逐漸處理云；下午一時余到其公子所住之杭州南路送行，據其公子明一云，恐又不及成行，因外出尚未歸者，余又詢其統一稽徵條例之簡明表事，據云四十四年與四十三年為全相同，四十五年則未加編製，余乃託其再將各現在之罰則表索取一份以備參考云。下午，趙榮瑞君來訪，為上月余託其函嘉義代詢農林公司分售兩單位已否辦過公司登記事，其所託非人，屢函不復，函託別人再詢第一次之人，又語焉不詳，只知信已交到，已否辦過，仍然不知，託人辦理之事，往往如此，余來台後所遇者多矣，趙君又託余為其弟趙琮擔任赴美出入境之保證人，余即簽蓋，並寫條囑其逕往國民大會秘書處用印。下午，李昌華君來訪，談林水柳地皮事，余告以申請繳價已過期，須再等半年，請留地點，望勿失聯絡。中午，逄化文兄來訪，談枋寮地事，余主張開五人小組會。

家事

中午，隋錦堂來，謂賣磚事極不易辦，有只要七千個者，余託其婉謝。為紹中補習英文，準備大考，已補習課本之大半。終日料理家事，如買菜、和煤球、修籬笆。

7 月 2 日　星期一　晴

家事

上午，到國民大會秘書處與福利、會計二科談子女教育費問題，據劉日昇科長談，各代表之子女教育費向皆照申請書請款，不附單據，洎報銷時始行附送，現經審計部審核通知，對於台大學費收據有免收學費者查詢原因是否領有公費獎學金或公讀獎助金，蓋依照行政院之規定，領有公費獎學金或工讀獎助金者不能再支子女教育費也，余在劉科長處見台大校刊所登之免收學費各種條件，其中紹南合於兩種，一為書卷獎，該學期曾因名列前百分之五及八十分以上而得過此獎五十元，二為工讀獎助金，二者皆免學費，余乃告劉科長以前者，余認為免費之原因在此而不在彼，經洽定按此意作復，秘書處當根據轉函行政院，余於下午擬一以書卷獎為理由之復函，認為不能據此停領子女教育費云。

師友

周玉津教授函託向稅務旬刊社介紹代銷其所著「財政選論」一書，今日與鄭邦琨社長通電話接洽，據云門市代銷為七折，如須其職員向外推銷，可另給百分之五及百分之十之報酬，談竟另備函致溫州街九十巷十五號周玉津洽辦。

交際

下午，全國商會聯合會新任理事長姬奠川就職，余代表會計師公會往賀。

7月3日　星期二　晴有陣雨

師友

下午，魏盛村君來訪，談月來考進市政府辦理地政臨時工作，核算平均地權申報地價之各種表冊，每日十三元，加班四元，因近來須工作至夜分甚至通宵，不能支持，且兩月期滿，即須隨同百餘人同遭遣散，故已經辭去斯項臨時工作，又談及失盜迄今未有破案消息，對余上星期為之送去樂幹處長復函表示感謝，只好盡人事以聽天命云。

業務

下午，到經濟部訪張景文兄，談黃海水產公司辦理公司登記須有監察人之資產淨值報告表，余已囑公司負責人將資料送來，固定資產十五萬弱，負債無，故可以作為證明資本十五萬尚屬正確，惟張兄認為該公司之負債分配於各分營單位後，已否償清，公司責任如何，尚須探詢，望能與公司負責人再加商討，余因屬代辦性質，對其內部事項，不願多示意見，即函會計王馨山請邀同鄭旭東常務董事往張兄處一談，余並將該公司送余之資料留置彼處供研究。

集會

晚，出席經濟座談會第一四三次會，由交通部次長錢公南報告瑞士工業概要，瑞士有紡織、機械、鐘錶、化工四大工業，而資源貧瘠，然工業發達，登峰造極，其原因為教育嚴格，政治金融安定，多數為人為因素，我台灣可作借鏡云。

7 月 4 日　星期三　晴

家事

旬日來德芳在中心診所檢查子宮病，作切片刮宮電灼等手術，今日檢查報告，斷定並無癌病，亦無內分泌不正常，但對於使用荷爾蒙劑認為亦無妨礙，乃處方內服 menagen 每日一粒，共十天，余初在藥房探詢價格，最後仍至該診所，因其價較低也，聞此項荷爾蒙製劑每片含女性荷爾蒙一萬單位，濃度極高。

集會

上午，到漢中街出席光復大陸設計研究委員會財政組會議，討論租稅小組所提之光復地區租稅改進方案，首先廣泛交換意見，然後逐段討論，今日已將前言及政策與機構等項討論完畢，各稅留待下次討論，今日有一插曲，羅敦偉對於政策中之自由經濟句法主張刪去，彼乃唱統制經濟老調者，經表決後多數反對未能通過，其實去掉亦無不可，只因態度不佳，引起反感甚深也。

聽講

晚，到教育部聽黎東方氏在聯合國座談會講「三國東吳人物」，首先列舉東吳之一般人物，其次舉陸遜與顧雍二人為例以說明其為人與孫權之能以相容，順帶舉君臣之義，且能近處取譬，恢詭足多，至於幽默穿插，尤其餘事，故其演講最能引人入勝，今日聽眾多竚立一小時半，了無倦容，亦因其所引之比方與現代多所譏刺，聽者如服一劑清涼散，惜其態度玩世不恭，有時又近於牢騷，莊嚴冷雋不足，為其缺點，以與其廣播比較，生動過之，精簡不足。

閱讀

看中譯本漢明威作小說「老人與海」，全篇故事敘一老人以垂暮之年在海上為大魚拖進海洋，費盡力氣鉤獲之，又於歸途被鯊魚圍攻分食，結果一場春夢，殆寫全部人生，由奮鬥而失敗，而成功，最後最有結果者亦往往最成空幻也，以如此簡單之故事，寫來不蔓不枝，又絕不枯燥乏味，非大手筆無此力作也。

師友

晚，牟乃紘兄來訪，謂漁會會計工作當為余活動，惟不知傅雲處長是否唱反調耳。

7月5日　星期四　晴有陣雨

家事

上午，姑丈來將三月前代出之借款支票一萬元退回，當即註銷，據云今夏之業務不如去年，現已漸漸減產，冬季擬改營製造領帶業務，又談及代余賣磚事，謂近來營建者少，且水泥貴後磚之窯頭窯尾者不能合算，故買主難求，自係實情云。

業務

下午，黃海公司會計王馨山來訪，謂關於監察人證明書事已與張會計長景文談過，擬由董事會備函致張監察人請其出具以作根據，余當囑其將資產數作最後決定，辭去後即據所留資料代擬報告書一件，並附董事長函稿一件。

7月6日 星期五 晴

家事

發育期之幼童衣鞋最難適合，就鞋一端言之，多令穿布鞋，蓋兩足長大甚快，布鞋敝時亦正是不堪再穿時也，但有時廉價皮鞋亦可酌用，余去年為紹中買零頭配給皮鞋，至今未破，尚可留紹寧明年穿用，現在中國皮鞋又有廉價鞋之特小者，今日率紹寧往購，極價廉合用，預料一年不破，明年尚可為紹因接用也。

娛樂

下午到台北戲院看日本電影「宮本武藏」第三集，此前兩集余未看過，然聞其膾炙人口，蓋故事中有游俠與道德二思想之如何使不完全之人格趨於完全的過程之描寫，頗適合一般傳統胃口，而片內故事背景又多引人入勝處也，今日觀之，確是佳片，色彩處理尤好，不在前觀「地獄門」、「千姬」之下也。

7月7日 星期六 晴

寫作

三日來寫成「二次大戰後西歐工業合作之新發展」一文，共一萬字，取材完全由於 Henrik F. Infield: Utopia and Experiment: Essays in the Sociology of Cooperation, 1955(9), *The Urban Cooperative Communities*，內容在以法國之新式工業合作社之組織與作風為例，提出新合作型態之所以異於舊式工業合作社者，特別強調合作社非僅為一業務性之組織，尤其應為一社會性之組織，如合作社社員不能了解其社會地位與社會使命，此合作社之基礎始終脆弱而風雨飄搖，此項觀點極正確，以之介紹於我國合作界，可以謂為對症下藥，金玉良言，故擇其要點以半作半譯之方式成為此文。

集會

下午到中山堂出席合作節慶祝大會，因會場太小，無足夠席次，後至者皆立於有座位者之旁，且場內熱浪襲人，無法招架，稍待即早退出焉。

7月8日　星期日　晴

瑣記

今日星期，各學校均不上課，上午率紹寧、紹因、紹彭到美國圖書館看兒童讀物，並借還圖書，旋至余事務所，看樓下窗外廣場上之汽車等候乘客到飛機場歡迎美國副總統尼克森，回寓後聞鄰長曾來通知往上海路一帶歡迎，余已外出，由紹中前往，至下午一時歸，謂未見有何動靜，及晚看報始知啟行甚晚也。下午在寓剪藏上月份報紙，並補看一月來積壓未看之自由人半週刊，其中文章率多對分析國際局勢有深刻之見解，看完七期，內以有關埃及承認大陸匪政權及中東局勢之文字獨多，中東殆近期世局之鑰也。

7月9日　星期一　晴

瑣記

上午到景美訪房地服務處高君詢以前向該處登記之景行里放領地出售事，有無受主，渠似無所知，蓋余前次前往登記時由其家人接洽，雖將要點開出，而不知竟棄置何處也，洎問以有無可能售出，答有可能，但價格認為只在百元一坪，余所開一百三十元太高，余謂可減，望隨時商洽，至中和鄉方面據談千坪以上者頗有需要，余乃將枋寮與逢化文兄所合買者開供參考，五人共一千坪，每坪價一百六十元。

業務

下午，黃海水產公司王馨山君來訪，將余上週寄去之所擬該公司申請登記用監察人資本淨值檢查報告書送還，該報告書已由監察人張敦鏞會計長蓋章，又送來船舶證書九件，每件二份之影本，備其驗資應用，此外建設廳修改文字後之章程亦另印就交來，但缺董事長簽字蓋章，持回另補云。

師友

下午，訪隋玠夫兄於合作金庫，面還以前借閱之中國貨幣金融論等書，又面交近作「二次大戰後西歐工業合作之新發展」一文，請登合作界季刊。

集會

晚，出席小組會議，討論關於將於本月二十九日舉行之區長黨內候選人提名一案之種種要點，但意見殊不見多，此外即由組長報告例案數題而已。

7月10日　星期二　晴

業務

與農林公司徐秀溪秘書通電話，告以以前由彼代為函該公司分售單位為余介紹承辦公司登記事，除一部分面晤者已云辦過外，其餘均將信留交或寄交，如有回信必係寄至徐君處，詢其情形如何，據云有若干單位曾經面晤，云與余見過，後有業務必直接與余連繫，至於未答復者係何情形，彼在電話中未作說明，諒係如台灣一般所流行之方式，置之不復而已。下午，到建設廳商業科送交黃海水產公司之登記補繳附件，一為照該廳意見修正之新章程，二為監察人之資產淨值檢查報告書，均面交馬君，又附有船舶國籍證書九套十八份，請其對此加以審查，可否替代驗資，渠最初主張將帳簿送該廳一核，余告以在未變更登記前尚未按新資本額調整，望即將此項證件全轉經濟部核辦，彼云將與陳股長陳商決定云，余承辦公司登記太少，不知股份有限公司之驗資究係何以辦理。

瑣記

連日天氣奇熱，似與往年大異，昨日報載溫度為九十八度餘，故汗流浹背，幾乎無喘息餘地，今日比昨日為尤甚，夜間整夜未蓋任何物件，而時睡時醒，醒時即必用扇取涼，余與彭兒同榻，此兒之頭項等部竟澈夜流汗焉。

7月11日　星期三　晴

閱讀

讀 Hayek: *Individualism and Economy* 中之一篇 Commodity Reserve Currency（因書不在身邊，上引題目名稱或有出入），乃十年前發表論文，由金本位與複本位談起，認為以事先選定之數種商品為準備金，乘經濟衰沉之時定價收購，必有穩定幣值之功效，但具體問題太多，非短文所能盡罄，此項理論之基調頗似孫總理錢幣革命之運用方式，惜乎錢幣革命亦為一短文，涉及具體事項，論者紛紜，三十年來幾乎無人敢談，良可惜也。

7 月 12 日　星期四　晴有陣雨

師友

下午同鄉曾廣敏君來訪，又交來競選用卡片十餘張，據云此次競選古亭區長黨內候選人有相當把握，其原因為區內魯籍黨員乃至北方黨員無與相競者，故票數可能相當之多，但仍不能鬆懈，因此種競選方式不易運用，選舉人為全體黨員，既不能逐一請託，而競選者共有十八人之多，如何能確占優勢，須不斷的知彼知己，而不能掉以輕心也，曾君希望余在本小組之十餘人以外亦能代為廣事連繫拉攏，余告以交遊不廣，恐無大效，但當勉力為之云。

7 月 13 日　星期五　晴有陣雨

業務

上午，建設廳商業科陳股長來電話，仍提黃海水產公司申請登記希望將帳簿送閱事，余明告以該公司在登記未核定前帳上只記營業數目，而資本額則一仍舊貫，等於擱置，故如送去驗看，必又生其他問題，不如先將此件轉送經濟部，帳簿候其按新資本額提整後再行補核，庶可兼顧，陳君詢以在登記前之資負情形，余告以湊巧其時並無負債，營業亦適夠開支，陳君乃允照余意先轉。義通證券公司張子文君自昨日即與余通電話，將委託辦理清算，但直至今日下午始來晤面，謂已經債權人介紹委託徐光前會計師辦理，此債權人與徐相識，此人曾將公司資產電話一部取去，謂徐如清理彼可交回，又徐可以不看帳簿，只憑該公司開數即可辦理清算，因該公司有兩套帳簿，如此正合當事人之意云，余以功敗垂成，只緣必須照規定辦理，而漫無界線者，一味通融，自然左右逢源，可慨也夫。

瑣記

存磚急於轉讓，而渺無音訊，在電話簿查到海山廠之市內營業處為南京西路三一三號，地在九號水門，至則無此門牌，詢之附近人云，在蓬萊閣對面，比往始知其門牌實為 310，單雙之差，相距極遠，聞之辦事人云，余磚或非向該廠訂購者云。

7 月 14 日　星期六　晴有陣雨

集會

下午，到會計師公會主持常務理事會議，均為例案，其中只有一項需要討論之案，有一會員向建設廳申請暫停執行職務，以副本送至公會，公會對此副本不能認為有申請退會之效力，蓋因在章程上只規定有退會，在會計師法上亦只規定有申請撤銷登錄等規定，無所謂暫停執行職務也，經決議分別行文建設廳及該會員將此意提明，今日開會後余值月已滿，自明日起移歸毛松年理事接辦。

參觀

建台百貨公司在國貨公司二樓舉行優良國貨展覽，

出品多為織物衣著及化妝品等，余往參觀，地小人多，擁擠不堪，其中貨品多為市上經見之品，此種展覽必須規模較大始可收觀摩比較之效，今日之展覽殊未見有何意義。

7 月 15 日　星期日　晴有陣雨

瑣記

忠心幼稚園今日放暑假，已將紹彭之平時勞作作業交其他幼生帶還，紹彭為大班，今年夏季理將畢業，但上月末連續通知應繳紀念品費二十二元、暑假作業費十二元，連同本月上半月之點心費將近總數五十元，實屬一種剝削，鄰兒有從上月末即不往者，紹彭自本月初亦即未往，故不作為畢業，而該園亦無所表示，此事幸紹彭亦不重視，否則見多數兒童畢業，當不免有向隅之感也，此固因該園巧立名目收取費用，實亦因近來經濟狀況太差，左支右絀，而開源無力，每念及此，輒為焦灼。

集會

下午，到逄化文兄家開建華新村小組會，僅余與逄兄及王立哉氏參加，決定早日以聚餐方式召集全體會議早作一種結束，惟問題太多，尤其地積未能平均分配找算地價一節已成多得者不問不聞之局，此現象最為令人氣悶，而在所有權狀將近取得之今日，此問題固不容再延也，會內又決定對辦理登記之施代書續付以公費五百元，但須稍延再付，談畢即閒談當前種種怪現象，王氏為考試院考試委員，近來視察各機關人事，發覺種種駭人聽聞之現象，諸如各機關在人事凍結狀態下而不能新陳代謝，各機關全係大官，無人辦事，美援機關最高待遇有達五萬元以上者，而文官皆只數百元，軍人則更不在話下，而此等機關之人員之真正待遇則更諱莫如深，又如五院院長之立法、行政、監察三院各有特支費五萬元，而考試、司法兩院則只有一萬元，全無理由，諸如此類，不一而足。

業務

下午，林慶華君來告，曾洽據財政廳主管方面謂兩星期內將召集各有關機關開會，商量各共濟組合如何改為財團法人事，林業員工互助協會正準備照改云。

7月16日　星期一　晴

師友

上午，楊孝先氏到余事務所來訪，不遇，乃於下午到中西旅社答訪，值孫雨航氏亦在，乃閒談，將近晚餐時楊氏提議請孫氏便飯，余乃約二人到余家，由紹南略備菜餚小酌，於是上下古今，無所不談，蓋二人皆六秩以上，其興感亦略彷彿也，楊氏刻尚在頭城中學任教，但有意另謀他職，而目標只在如亞洲人民反共聯盟等非正式之機關，楊氏又談及其外孫車君事，車君本為其在台之唯一親人，連年奉派在美研究，略有成就，為一華僑所賞識，堅欲以女妻之，渠亦中意於此女，目前計劃赴美再度深造，以博士學位為目標，但經濟方面雅不願受其對方太多之幫助，故悉索敝賦，楊氏為完成其錦繡前程，亦不願以衰殘之年為其牽累，因而去年計劃與車君在台相從而為隱士，又成過去矣。

參觀

在女子師範看台灣詩壇舉辦之當代名家書畫展，計共百餘幅，書家出品部分有陳含光、王壯為、宗孝忱、于右任、丁治磐、卓定謀、許世英、賈景德、梁寒操等，畫則較少，為展覽中書多於畫之創格，其中書品各有千秋，而較不常見者為卓定謀之章草，自成一家，梁寒操聯曰：「太璞未完終是寶，精鋼寧折不為鉤」，以意勝，此時此地而有此聯語，不禁令人毛骨悚然也。

瑣記

報紙廣告有二項徵求，余均以紹南名義應徵，於昨日郵出，其一為台灣水泥公司新出品墁砌水泥徵求商品名稱，余以「熟水泥」與「膠固水泥」二名應徵，二為廿世紀福斯影片公司徵求新片 The Man in Gray Flannel Suit 之新譯名，余以「灰暗到絢爛」應徵，港譯「灰衣人」，最貼切，不知該公司何以不繼續採用也。

7月17日　星期二　晴

瑣記

下午，逢化文兄約同赴中和鄉訪施取代書為代辦枋寮十四戶土地登記事續付公費一部計五百元，此數係依據前日之小組會議決，施君此次為辦之事曾因無意之拖延而發生契稅增高之事，故渠之公費亦無奢望也。下午到中和鄉中和路營昌建材行接洽該行前代買之火頭磚因建築中止，希望代為轉售，因其經理林君不在，故留字及電話，同時就近與姑丈洽談，據云所洽詢者並非營昌行，其他材料行暫時亦無受主云，余表示可非整買，每批能在萬數者亦可考慮分售。

師友

下午，同逄化文兄到安樂路一二六號訪趙季勳兄，渠方遷入其新居二月餘，此房比較寬敞，共有三十建坪，惟地皮狹長，房屋作落在大門邊，略侷促。

7月18日　星期三　晴有陣雨

瑣記

數日前鄭希冉君有電話託為其以前在山東田糧處之部屬王雲飛出具證件，以便作為在台灣銀行敘薪之依據之一，余只好應允，蓋此類事項已成公開秘密也，今日王君來，證明書已寫好，謂曾任山東省銀行專員辦理管理財政事宜，余即照蓋私章，並囑其自行到國民大會秘書處用印，此事雖細小，然使余頻增若干感喟，鄭君乃王耀武之親信，王降匪，鄭在台曾因代王隱匿財產而被扣押，釋放內幕無人知之，渠在魯因曾飛揚一時，省銀行之改組渠固為主謀或幫腔，然大陸固已化為雲煙，王之生死存亡亦屬莫卜，今日僻處小島，鄭君有時過從，態度已與前有異，故今日之事，應卻而難卻也；其次，台灣銀行今日為一典型之大陸金融界昔日人事風氣之縮影，故進退升降，全以來歷與奧援為依歸，鄭君介紹王之入行，又不知係用何人八行箋也。

師友

下午，李德民君來訪，謂一兩年來皆為妻病不能出門，最近在華美藥房之樓上就診於朱仰高，謂服藥頗奏效，其治法在用鎮靜劑以祛其精神之緊張，又用維他命C以補充其營養，又謂其所服務之造船公司將租美人使用。

7月19日　星期四　晴有陣雨

師友

李祥麟兄於十五日由美國返抵台灣，余昨日接到其夫人十四日寄來明信片通知此事，猶以為事實上或未如期到達，乃以電話詢問台灣大學法學院，據云回國是事實，且已到校辦公，余乃於下午到連雲街其寓所相訪，其夫婦二人均在，李兄云出國已十閱月，在美始終為雅禮，今春改赴歐洲遊歷，於經過新加坡時曾往其岳家探望，然後經過香港回國，對於其研究情形，倉促間未能詳談，其夫人擔任花蓮女子中學校長，據云存心使該校能提高程度，升學有望，但今年即遭遇第一次之困難，有七個留級學生不准畢業，其家長堅決反對，蓋其家長之見解只在敷衍資格便於出嫁而已云，此事曾見諸報章，登載甚詳。下午，訪蔡文彬醫師，探詢對於紹因眼皮開刀應就診何處之意見，據云台大之醫科主任似較好，當請其寫片介紹，蔡醫師又云適欲訪余，談其弟親事之法律問題，緣其弟去年訂婚，對方蘇氏女，延宕不允成婚，似有悔意，應如何應付，彼事先曾詢一鄭律師，主去函定期請其答復，如毀約須賠償，如再延宕可起訴，余亦以為然云。

7月20日　星期五　晴有陣雨

閱讀

讀張愛玲譯小說「小鹿」，此書原著者 Rawlings，原名 *The Yearlings*，寫一小孩因救父命之機遇得以豢養一小鹿，但小鹿長成，性格不馴，為害農作，小孩奉父命將小鹿置之死地，其中寫父子之愛、鳥獸之愛、生命與宇宙之奧秘，意味深長，作者後記所謂此等作品宜老宜少，可隨了解之深淺，而有不同之反應與鑑賞之深度，可謂的論，當中最感人者為小孩在父親被蛇咬臥病中將小鹿抱回，與橫心將小鹿殺死之兩段，蓋真正的純摯的悲劇之因素——不可避免亦不可挽回，寫得恰到好處也，茲錄意味深長之對話數則，以資玩誦：「孩子，你應當高興有人鼓勵你，我們大都活了一輩子也沒有人鼓勵我們。」此話乃緊接母親對醫師之話「他爸鼓勵他偷懶。」之後。「人人都想要生命是個好東西，一個安逸的東西，他是好的，孩子，非常好，可是他不是安逸的，生命把一個人打倒在地下，他站了起來，它又把他打倒了。」「我曾經想要你覺得生命是安逸的，比我從前安逸些。一個人看見他的孩子們跟這世界對抗，真覺得心疼，我總想不要讓你受傷，能保護你多久，就保護你多久，我要你跟那小鹿去玩，我知道你覺得冷清，有了他你覺得好得多，可是，每一個人都是冷清的，叫他怎麼著呢？他給打倒在地下的時候，叫他怎麼著呢？哪，就拿他當作命裡註定的一份，照樣往前走。」又有警句云：「生命往往說話不算話。」皆含有極深長之哲理，值得咀嚼。

7 月 21 日　星期六　晴

集會

下午出席會計師公會理事會議，討論案為第五次修訂酬金標準，主席毛松年主張連同第四次及現行者印發各會員參酌提供意見，無可無不可，當即通過，第二案為以前公會房地產係以李應臣為代表人申請登記，按並不用李之印鑑，李要求保管契據，常務理事會意不必需，但隨時將處理情形諮詢李君，並將此意函達李君以作根據而明責任，當亦通過，最後臨時動議，林有壬提議為工商服務社之取締事未臻澈底，主張再派代表向經濟部長請求，該社不辦會計業務，只有工商登記事項與會計師執業衝突，而又無法令可據以採取對抗行動，余半途早退。

娛樂

晚與德芳率紹中、紹寧、紹因、紹彭到三軍托兒所看電影「木馬屠城記」，根據荷馬史詩依利阿得攝演，場面宏大，色彩絢爛，故事亦緊張動人，演來極佳。

7 月 22 日　星期日　晴

瑣記

余在羅斯福路之寓所為一日式房屋，但非純粹之住宅用屋，如大門即係完全由改造而來，昔為壁櫥，今作玄關，故極不與一般玄關格式相同，在上疊席之前有木製小型階梯一層，用已七年，尚未覺有何不良情形，近來則逐漸由損壞而坍圮，尤其小孩上下，與鄰兒嬉戲常在該處，今日已至不可收拾之境地，余乃以相當長之時間加以較澈底之修理，先將其中四柱加以固定，因三面有木壁，三柱係在木壁上生根，兩隻較牢，一隻較弱，第四根則伸出在外，最為吃力，故須在側面另用橫板將整個之梯階掩蓋，其作用一為美觀，另一為使四柱間互相牽掣生力也。

師友

下午，蘇景泉兄來訪，閒談，蘇君近已在台大放假，甚為悠閒，今日所談為對於青海前主席馬步芳被派為回教朝聖團事，認為人選不當，蓋馬在地方時一味以魚肉百姓為事，敵人來時，根本無抵抗之意志，且連年居中東與政府無多少之連繫，在住埃及一段對於親共之埃及政權極為接近，立場非甚堅定者。

7月23日　星期一　晴有陣雨

閱讀

看「毫子斗零」，為一小說體之小型傳記，由 Nickels and Dimes: *The Story of Frank W. Woolworth*, by Brown Baker，乃寫法蘭克之坎坷幼年與到處碰壁遭受奚落但矢志不移，終於實現五分一角商店之理想的經過，雖篇幅不多，實為一極好的富於文藝性、人情味、傳奇的作品，且大人兒童皆適宜閱讀，此書最警惕之句在結尾，係法蘭克逝世後一家報紙所寫，在作者認為可以作為其墓碑者："He won a fortune, not in showing how little could be sold for much, but how much could be sold for little." 此項原理雖平淡無奇，然適用於具體事項，固非有敏銳之觀察，深遠之毅力，獨到之判斷，與無比的勇氣，難以奏功也。

瑣記

兩三月來業務毫無，開支不足之數，全賴德芳以兌換金飾準備承購現在所住之日產房屋而尚未接到通知之價款以為挹注，每次開具支票提取以供開支時即覺有不愉之感，今日本欲將前日所看認為滿意之黃色美海軍皮鞋買來，價二百三十元已不為高，但計算來源不足，又作罷論，只好以七十元買中國皮鞋公司之公教配給零頭減價皮鞋矣。上午無事，修理竹籬及屋頭低處之雨淋板，此處係被小孩破壞，歷次認為難修，今日幸獲成功。

7月24日　星期二　晴有陣雨

集會

上午，到光復大陸設計研究委員會出席財政組委員會，繼續討論收復區租稅制度案，今日討論各稅目之內容，由關稅起，而鹽稅，而貨物稅，而營業稅，而田賦，因時間已到，未完部分留待下次討論，此外又討論所擬財政收支劃分法草案，經決定從長計議，毋庸列入下月舉行之綜合小組會議，今日開會出席人數不及半數，終席者又不過出席者之半數，發言者不過三、五人，循環重複，精神衰沉已極，此會對於兼任委員者每月本支車馬費百元，現在改為三百元，聞此二百元之來歷乃由陳誠副總統兼本會主席委員又兼石門水庫建設委員會主任委員由水庫內挪支者，未知是否實在，現在美援有關之機關往往超出本國正規機關之待遇五至十倍，而以國大代表為主體之設計研究委員會又復食美援之餕餘，形同向外人伸手索要小帳，細思乃極其可恥之事，而復不能自拔，可為浩歎。晚出席小組會議，余為紀錄，順便提出曾廣敏君之競選古亭區長候選人卡片，每人分發一張，請屆時照姓名投票，移時又散會，本應到三軍球場出席全市黨員座談會及游藝會，因有客來，未能果往，經即作罷。

師友

晚，王慕堂兄來訪，談所介紹余為台灣茶葉聯營公司會計顧問公費二千元之支付方式，經該公司表示現在先付半數，否則年底全付，詢余以何法為妥，余告以全聽該公司作主可也，王兄之意將來不妨以該公司為橋梁爭取有關單位之完稅業務，余告以稅務事項幾乎無法以光明正大之方式為之，故數年來不能展開，余對於會計師業務之不能形成正規，亦表示厭倦，頗思對於民營工商業之會計工作有所參加，在民營者無所謂官階地位，余亦只為收入打算，他非所顧，公營方面非所願，蓋因進公營機構必須身分階級相當，又須有甚高之待遇，否則與國大代表已支者相抵消，幾乎等於白忙，雅非余今日之所願，王兄又談其在交通銀行之處境，最近行內將調其為秘書室副主任，兼辦事務科長事務經其謝絕，謂因人事風氣極壞，費力不能討好也云。

家事

數日來鼓勵紹南應徵主計處主計月報二卷一期之有獎徵答，係作一資金來源與運用表，附流動資金增減表與現金收支表，做好後余見其心思細密，對所學會計已能貫通，深覺可喜。暑中為紹中立定英文基礎計，已為其將上學期學校教科書複習完畢，一面教讀開明第一讀本，並開始聽美新處新辦之廣播。

7月25日　星期三　晴

集會

下午，到亞洲人民反共聯盟中國總會參加歡迎尤特麗女士之演講會，首由谷正綱氏致詞介紹，對於尤女士之向來為中國之友，且在抗戰期間多所貢獻，備致推崇，繼由尤氏演講，題為「中立主義」講詞極為精闢，惜因口齒欠清，嗓音亦不夠宏亮，故幾乎全恃聽譯文始得了解，其警句亦所在多有，如謂所謂中立者，乃在以置身事外之方法希望他人替自己打仗而坐觀其成敗，不知其愚不可及，蓋如共產主義如果獲勝，無一國能中立者，又如謂有人以為只須美國能以經濟力量援助經濟不足之國家使能改善生活，即可對抗共產主義之侵入，不知此法只有三十年前可以為絕對有效之方法，今日恃此絕不充分，又如謂美國人雖反共者佔絕對多數，但持相反見解者亦多，今日反共最力之國家，理應對美國大聲疾呼，勿存客氣之見，庶可推動且幫助美國明朗其政策也。演講歷一小時畢，徵求發問，是時有陪同尤女士之費吳生夫人發言，認為尤氏對於東西反共兩國家中國與西德固為最有經驗者，但大韓民國亦不應遺忘，尤氏表示接受，並解釋乃為一種行文之方便，其實越南亦應列入云，余因為時已晏，即早退去。

7月26日　星期四　雨

師友

下午到力貿號訪李明軒兄，詢以前承介紹劉馨吾君前來接洽其合夥糾紛處裡辦法談話一次之後，即未再來，不知其近情如何，李君告余彼與另一合夥人初君衝突，二人均與彼為友，故常有一面之詞常來說明，久之生厭，請彼等不必再說，故於近來情形已不甚清楚，余即告以余當時勸其能和平相處，但劉君似認為不甚可能，故當時亦曾研究決裂之辦法，例如由余以鑑定人身分到該廠眼同雙方點封存貨，以及查核帳目辦理清算結算事，但再次未來，想已平息云。

見聞

余連日注意街頭動態，深感有若干社會問題在無形中滋長，例如愛國獎券發行至一百餘期，而始終不至難銷，每月照例開獎兩次，若非其中有大戶包辦，即為售出多少均作為算數，搖獎而未售出者即等於為政府自己所得，而小戶之每月買券捐獻數年等於虛擲者實繁有徒，一面售獎券亦成一行業，初只代賣，後又有獎券行，再有流動兜售者，出入酒樓茶館，更有老邁或稚子為攔路強銷之舉，形形色色不一而足，凡此皆可以見社會上無正當營業與職業者之多也，此外如叫搽皮鞋，闖辦公室賣文具等，皆屬此類畸形現象也。

7月27日　星期五　雨

業務

吳麟律師約於今日與胡琦代表晤面，洽辦其新接辦之國際輪船公司變更登記事，今日上午余到事務所候晤，近午果來，據云該公司係由他股東處頂盤而來，資產負債情形俱甚清楚，因負債人變更，故須辦理登記，余允為之承辦，公費照吳兄所擬之數一千元，渠今日將約稿帶回，余告以將應準備之件備好即可申請，此等文件將由余開出名稱，寄請胡君照單準備，談頃由胡君招待至復興園午餐，在座者尚有翟宗濤代表，渠亦為律師但余昔不知，胡君託其為辯護人，與基隆大世界戲院其合夥人余良猷興訟，飯後到余事務所詳細研究辦案方法，此事與余亦有關係，因胡君以前託余函余良猷索取帳簿清算，余不肯交出，現在將連帶的向法院申請著其將帳簿交出清算，惟余此次係控胡詐欺，胡所提為反訴，似乎與帳簿尚無完全之必然關係，究竟能否作此請求，尚待研究云。

集會

下午，出席光復大陸設計研究委員會財政組委員會議，討論光復地區租稅重建方案，仍由關吉玉主席，首先討論都市土地及建築改良物稅，余對此部分提出三點意見，（一）草案第二點規定地價稅每年評定標準地價一次，依照現行對於規定地價工作數月不能完成冊籍之經驗，似乎為期太短，現在之都市平均地權條例係定為每二年遇地價上漲百方之五十時始重新規定，舊土地法為五年一定，當係顧到事實之困難，經決定將每年字樣取消，（二）第四點對於土地增值稅特別指出用累進稅率，而在末條又規定各項土地稅之稅率應作合適規定，頗有暗示地價稅與土地改良物稅係不用累進率者，應再斟酌，起草人認為原係此意，並說明理由，余未再提，（三）建築改良物稅亦徵增值稅，與鼓勵建築之方針有違，似應取消，經決定取消。次討論所得稅，草案對營業所得稅主按利潤率計算，余發言對於現在所得稅之形同變相營業稅，按標準利潤率徵收表示深惡痛絕，恐此點易於被指為標準利潤率，主改為「實際利潤」四字，杜君起草人說明為指資本與利潤之百分比，則所指又截然二事，余乃表示贊同，但在座有主仍用利潤絕對數計算者，堅持甚力，經決定兩種意見並列，其實主絕對數者只翁之鏞一人，而照例必附和翁者則為羅敦偉，其他出席人多認為有優越感，動主表決，而彼等則往往反對表決，此種裂痕已現多次。

7月28日　星期六　雨

見聞

自去年冬季以來，即由於政府之抽緊銀根，市面陷於呆滯，銀行存款減少，放款幾乎不做，而放款規定利息甚低，聞欲得款用者設非亦出近於黑市利息之代價，即無由得款使用，種種怪象，不一而足。即如余去冬所買之紅磚，千方百計，無法賣出，亦關係由於近來建築業大為不振之故，初託隋錦堂君，無法，又託願賣出營昌行，亦無法，今日到南京西路再訪出貨之海山磚瓦廠，據其楊君云，主管之張君不在，尚須待其歸來始知，余前本一度往洽，憶係與一陳君談話，其時不知係由營昌所買，故無法證明為海山出品，現由營昌處獲悉經過，乃又往告，而原人不在，尚不知是否有出賣之望，據營昌經理林君面告，如無受主，須待冬季磚窯因雨減產時始好出售，然則目前淡季方長，希望甚微，為之焦灼不已。

7月29日　星期日　晴

選舉

余所居住之台北市古亭區區長將於今秋任滿改選，依據規定參加競選之國民黨黨員須先行登記，由全區黨員投票提名，凡得票數最多數者始有參加公開選舉之資格，此項提名選舉係於今日舉行，余上午持憑黨證及黨費繳納憑證前往第七信用合作社投票，票上有登記者五、六人，余投山東同鄉曾廣敏之票，聞其餘登記者無一北方人，則此區內之北方選票或可集中於彼一人，至於提名後其餘各落選者為洩憤之圖而支持非黨員以參加正式選舉，則不可知矣。

家事

上午，率紹寧、紹因到天水路廖眼科為二女看眼，持有蔡文彬醫師之介紹片，蓋因係初次，經蔡君推薦，謂其經驗甚富也，先為紹寧診斷，認為眼內有結膜發炎現象，有無砂眼，俟治炎後始能斷定，數日內只須點以藥水每日四次即可，紹因則有砂眼，但認為不宜遽行手術，經洗點後配方，謂須每小時點藥一次，如此三數日後再看如何，至其左眼上瞼之特厚，渠本以為係發炎現象，經余告以已經數載，現在尚不若往年之甚，彼疑為結膜結核，但非經檢查不能遽斷，此點與以前中心診所及開明眼科所談又各各不同，殊不可解。

寫作

寫成「蛻變中之美國所得稅」一文，凡五千字，主要取材為五月廿五日出版之美國新聞與世界報導週刊所載之美眾議員 Reed 之演說辭，惟李氏講稿並無積極性之具體意見，乃參照同期內該刊記者所分析各種改革所得稅方案內所指陳者加以補充，而全文分量乃覺足夠，此文實為半作半譯者。

7月30日 星期一 雨

業務

下午，將胡琦君所委託之國際輪船公司變更登記應用資料分別開列，函知日內檢送以便送主管官署，並請將前日所取去之委託書空白填就寄下，以完手續。今日與吳崇泉兄檢討台灣省現在之公司登記手續，認為膠柱鼓瑟之處太多，例如公司設立登記之發起人認足股份者在申請登記時，章程後須附全體股東之蓋章，其根據為公司法一百二十七條，有「發起人應以全體之同意訂立章程」字樣，此在股東人數少者固無所謂，如在股東有數十數百乃至數千人者，即成為十分繁重乃至幾於不可能之手續，吳兄云凡設立登記留有印章者，在申請變更章程之登記時，亦須有同樣印鑑之蓋章，此則為公司前所未定，蓋公司法只規定變更章程須有三分之二之股份之出席，經半數之表決即可，則只須能證明修改係一合法程序由董事長或負責董事簽蓋即應認為有效也，此等事或無十分一致之規定，例如余所經辦黃海公司之申請變更登記，即未經全體股東在修正之章程上蓋章，建設廳主管人員亦未有何挑剔，即是明證。

集會

晚，到裕台公司出席革命實踐研究院之十九財經小組會議，改選以後由楊耕經為召集人，開會地點乃移至其服務之裕台公司，余下午在事務所，其地相距至近，開會時間為七時半，如先回寓晚飯，時間不夠且須增加車費，故只略食雜物，以待會後再回寓晚餐，有此情形者不只余一人，實至為不便也，今日開會內容只報告若干例行事務，並宣讀新近總裁訓詞對國際局勢之分析，其中有預測今年或將使共匪有加入聯合國之可能，我國決策為屆時退出，孤立美國，其威望大損以後，世界局勢必將大變云，最近美國一再表示拒匪入聯合國之決心，當係對此有透澈之了解，總裁對世界重大問題發生時之見解，有時確有十分犀利之眼光，為一般所不及者。

瑣記

暑假開始後，諸女對功課易滋鬆懈，故定有課業，使日將月就，不致怠忽，尤其紹中下學期為初中二年級，為準備升學高中，應早為之計，余為其加緊補習英文，加授開明第一英文讀本，期於暑中將此冊讀完，一面聽美國新聞處新近開始之廣播，以正確其讀音，半月來已見成效，尤其開明讀本，余由實際使用中發覺其若干優點，尤其數字連讀之注重，實非他書所能及也。

7月31日　星期二　雨

瑣記

近頃參加徵求譯名與定名兩次，均無所獲，其一為廿世紀福斯影片公司因其 A man in the gray flannel suit 一片港譯名灰衣人不動聽徵求重譯，其故事在記載一著灰衣之人貧苦無衣可換，其後又移情別戀，幸回頭甚早終於發跡，余應徵採用之片名為「灰暗到絢爛」，其意乃雙關，現在揭曉者為「一襲灰衣萬縷情」，余未見其有何特色。其又一為台灣水泥公司新出品墁砌料問世，其用途為墁牆壁與鋪道路等，在西方用 masonry cement 一詞，用名大同小異，余應徵時用兩名，一為「熟水泥」，二為「膠固水泥」，前者取義為簡單，後者取義為貼切，今日公佈之評定採用名詞為「土水灰」，余亦覺其不倫，余自認余以上二事皆似有中徵之可能，但既係多人評定，自亦有其理由，甚矣頭腦之各異也。

娛樂

看電影「戲王之王」（The Greatest Show of the World），此片為西西地米爾導演，蓓蒂赫頓與外爾德等主演，雖非新藝綜合體，然場面偉大，演技動人，確為他片所無，較之同類影片「三環馬戲團」高出多多，惟情節方面主題晦澀，然大體上亦知在演繹歡樂之後有泪痕，愛情中有時愛之適亦害之耳。

8月1日　星期三　雨

瑣記

日昨氣象所發布颱風警報，昨夜即開始有陣雨，風勢不大，今日廣播謂颱風在台北之東方，以下午三時至六時間為最接近，風雨亦將最勁，實際在此期間，風勢比較為大，雨則不比昨夜為強，距颱風最近處據報告為宜蘭、基隆，其次始為台北，故不甚駭人，今日風勢最強時比之四十二年一次亦不及遠甚，惟雨稍大耳，據廣播市內低窪處多有積水，淡水河因入海口受風吹倒灌，兩岸多見水，省市政府出發救濟工作，難民多移至國民學校等公共地點，每人發米一斤、現款二元，此項措施可稱迅速敏捷也。余此次對於應變工作只慮及竹籬為時太久，恐難免蹈前次覆轍，被風吹倒，後門亦然，於是與德芳自昨晚即分別用鐵絲固定並另用繩索將木柱拴至室內固定處所，後門則拴在院內柱上，因而風吹來時未有任何損失，至於水道則向來十分合理，任何大雨不致在院內積水，故不慮及之，綜合至夜半風勢大減後，尚無絲毫損失發生。今日飲食方面亦作完全準備，由德芳買菜時將明日如不能買菜時之食物亦特別備就，惟蔬菜受交通影響，價昂將及一倍，故只得多食肉類蛋類耳。

8月2日　星期四　晴

師友

颱風與暴雨自昨夜即漸弱，今晨已天朗氣清，據報為風向本來偏西者，最後偏北，已吹向大陸上海一帶，甚為僥倖，台灣之損失由於雨者較多，由於風者甚微也，余上午乘公路局汽車至中和鄉往返，沿途以觀有無大水跡象，竟因夜間水落甚速，本為水侵者，現均已退出，聞除南勢角崖下之公路有一小段沒水外，其餘未有影響，即河濱之竹林路一帶亦未見水云。下午到東園路訪佟志伸兄，探望其水患情形，其所住台茶新村地勢低窪，據告院內水深盈尺，渠之房門本設有小型木閘一架，備有水時隔離之用，竟得以發生甚大作用，未使水從門流入云。上午，訪牟乃紘兄於社會處，道賀其昨日起就任副處長，今日報紙刊載為昨日就職，據云事實上則已辦公多日云。上午到公路局為譚嶽泉兄道賀其公路局成立十週年，余昔曾與彼同事，然平時並不多見面，故僅互道契闊而已，談頃有政校同學唐仁儒者本甚相熟，余見其入室亦賀喜，似目為眩，余兩次招呼，渠似不覺，亦不答話，聞此人對官場熱中過甚，今日訪譚兄或如見大員，不能自持歟？余不禁為之啞然，及見不能同座，乃與譚兄先行道別焉。

師友

晚，廖毅宏兄來訪，閒談余託其為紹彭進行入女師附小幼稚園，蓋紹彭五歲半未達學齡，政府不能分發，勢須再入幼稚園一年，廖兄與該園李主任相識，係因李主任之夫為以前公賣局職員，與廖兄為同事，紹彭投考該園雖自信智力與學力已夠，但此等教育機構似在習慣上為情面之天下也。

8月3日 星期五 晴

家事

下午率紹寧、紹因到天水路廖眼科醫院複診，紹寧上次取來之眼藥水未用完，醫囑續用，渠有輕微之砂眼，紹因則經過三天來每次一小時點眼之後，據云其反應似乎大致可以斷定為結核性，並檢閱醫書，有結核疹一項，其末所記療法有切除、電灼等方法，據廖氏云尚非甚適當之方法，此病雖不甚發展，然治療甚難，且結核菌難以檢驗，在未斷定病名之前亦不宜遽行治療，渠對於此疾認為不能動手術，但為檢驗之方便計，主張再到台灣大學診斷，至其砂眼則亦不重，自用金黴素藥膏即可云。紹因女之眼病已數年，左眼上瞼一夜隆起，後即未消，年來略見縮小，但內眼皮仍紅腫有異狀，惟毫無痛苦，他醫有斷為霰粒炎或瘤者，莫衷一是。

8月4日 星期六 晴

師友

晚，蘇景泉兄來訪，閒談，蘇兄謂因談近期自由人半週刊所登胡秋原所作「天留吾輩開新運」一文而重有所感，該文主張儒家學說應為今日反共復國之中心理論，而學術尤須能領導政治，知識份子應能抬頭，始能致國家於轉機，此蓋真正有學問有見解之作也，余與蘇兄亦同感，而以為蔣總裁去年曾發表「革命教育的基礎」一文，其中對如何養成新的士風，提示甚詳，今日領導青年者則一味著眼於表面工作，知識與體格乃至枝節之政治訓練，對如何做人，如何培育哲學思想，將來見危授命，大節不虧，除總裁演說及之，竟無人有心使之見諸實行，是真可怪可恥者也，目前當政者皆在五十左右，偏安局面再延十年並不為過，彼時今日之二十青年皆成國家楨榦，而其所學如此，所見又皆今日之寡廉鮮恥夤緣趨附之輩，則新運之來，將何自乎？相與喟嘆。

娛樂

晚，率紹彭到大光明看電影，片為八千草薰與義籍明星合演之「蝴蝶夫人」，情節甚簡，結局悽惋，演技無特出之處，而歌唱則全部由義大利歌劇明星代唱配音，實為一大特色，至於外景之運用富於詩意，與一般日本片同。

8月5日　星期日　晴

家事

今日終日為整理瑣事而忙碌，先與德芳合作修補廚房之雨淋板，可以勉強遮蔽風雨，但屋頂所用石棉瓦亦多有龜裂，雨天漏水甚烈，內用鐵片補蓋，以期敷衍一時，再作道理，後又與紹南修補竹籬，此竹籬被後住三輪車夫之車碰壞之處幾乎無日無之，又不能逐日整修，只好每隔若干日修理一次，其法係用鐵絲捆紮，然後使其釘著於木柱上，此項木柱自數年前改用杉木，可謂牢固異常，三數年來不需拆換全部，全恃此杉木柱之屹立不拔。

8 月 6 日　星期一　晴

瑣記

為轉售中和鄉建屋停止所購之磚，今日再到南京西路海山磚廠接洽，今日所晤為一張君，據云可以代為注意，但數月來即係供過於求，其原因為水泥來源缺乏，房屋難於興工，而已成之屋又因市面太緊不易出售，故建築材料需要大減，該廠存磚現已在百萬，而滯銷情形並未好轉，張君又云在中和鄉有勝全行許君生意較旺盛，不妨亦相拜託，余乃往訪，許君晤面後允予幫忙，但亦云甚難，並謂吳先生曾來託（指姑丈），余始知其已知此事也。

8 月 7 日　星期二　晴

集會

晚，出席經濟座談會於農林廳大禮堂，此次會議由現任農林廳長金陽鎬主講「台灣農業之展望」，計分農、林、漁、牧四部分，金氏因係行政主管，故於數字情形提供最詳，尤其以農業部分為然。農業部分首重糧食作物，包括米穀、小麥、甘藷、花生、大豆等，米穀部分能說最多，去年產量一六零公噸，已超出日據時代之紀錄，但單位產量則不及，渠認為並非不能提高，因統計數字在日據時代皆為水稻，現在耕種面積已擴及若干旱田，平均之後自然單位產量降低，增產之另一方式為推廣良種，並將良種生產之收購予以提高。甘藷之主要用途為養豬，此中堆肥為調劑化學肥料缺點所必需。小麥單位產量超過大陸，現在因有美麥進口，故不易增產。農業方面次為特用作物包括白糖、赤糖、香蕉、鳳梨、柑桔、茶葉、黃麻、香茅等，白糖日據時期產量曾達一百七十萬公噸，去年只七十餘公噸，全世界糖產求過於供，台糖如非有三年前新品種之培育成功，恐早已破產，赤糖只銷日本，今年新約已將出口額減半，現正一面勸導改業，一面送樣品至海外推銷，香蕉亦未超出日據時代之記錄，影響生產之最重要因素為出口之無健全制度，鳳梨罐頭欲在海外建立市場，必須注意提高品質，柑桔只在向外試銷階段，成效尚好，茶葉除包種茶在海外以台灣茶名義銷售外，其餘皆用於拼堆，且產製銷之市場有欠健全，出口市場遂始終在動盪不定之狀態中，黃麻現在適足自給，渠認無增產之必要，因如出口，無法與印度、巴基斯坦競爭也。漁業方面因漁管處長劉永懿曾在本會報告，故從略。林業方面最近航空測量結果知全省農地為一百萬公頃，林地為一百九十萬公頃，其中針葉樹不過三十萬公頃，故造林仍刻不容緩。畜牧方面，牛隻實需五十萬頭，而目前只有四十萬頭，欲增至前數非十年不辦，故簡單之機耕為值得提倡，且深耕有增產之作用，利益至大云。

娛樂

晚，率紹中紹彭到美國新聞處看電影，影片有二，一為湯川博士的故事（The Yukawa Story），為一別開生面之傳記，以湯川之子的口吻敘述湯川在原子物裡研究方面之貢獻，及湯川夫人一種純粹日本女性之風格，表面似枘鑿不能相容，但經細加思考，認為以日本文化為基礎吸收西方科學之成果，其中並無不能相容之處，意味甚長，二為五彩卡通「細菌怎樣傳染」，最適兒童觀賞。

8月8日　星期三　晴

瑣記

香港美國新聞處出版之今日世界半月刊每期有綴字遊戲，年來余幾乎每期必作答案，有時紹南亦先作答，該項綴字遊戲仿自英語之 Cross Word Puzzle，有此項目之報刊非只此一家，然能持久而內容通俗自然不流於冷僻古怪者實無其匹，蓋因該刊所用多為習見之成語名辭或詩句文句也，余作時關於成語最有把握，而詩句則往往須檢查書籍，查則易得，因其範圍每每不出唐詩三百首也，本月一日出版之一期已經完全作答，只餘有一句曹操短歌行用句，余未讀過，且亦不甚好查，紹南云其在高中時所用世界書局本國文教科書曾選入此詩，然該課本為楊憶祖氏借去，余至世界書局查該課本全部竟無此詩，又查相關之書籍如詩品之類亦未獲見，最後始在正中書局版樂府詩選中得之，該句為「山不厭高」，遊戲中與此句相關者為橫格，「佛山」與本句合用山字，「登高」與本句合用高字，又該刊命題亦有欠推敲處致使答案可略有出入者，上期公布之答案有句曰「窮而後工」，其中只後字與縱列合用，前兩字既未合用，故余作答曾用「文窮」二字。

8月9日　星期四　晴

師友

下午，到合作事業管理處訪尹合三兄，緣一月前尹兄在陽明山受訓時余曾與通信接洽，如遇合作社查帳業務請代為留意推薦，又省農會理事長林寶樹刻已改任總幹事，實際負責，亦請尹兄為余介紹，蓋彼二人為台中農學院之同事也，當時尹兄函謂七月下旬即結業下山，當面談一切，關於合作社查帳事，尹兄極為同意，且認為有若干合作社須由政府自動往查，關於林總幹事處，將同余往訪云。自當時至今又已半月，余料其下山後處內事務已大體就緒，乃於今日往訪，所談全為合作社查帳事，亟待查帳之單位為直接由省合管處監督之單位，包括青果運銷合作社與省聯合社，將來進一步再查由縣市監督之信用合作社等，現在所當考慮者為查帳事決不能由其自聘會計師，而公費又須令其負擔，此事當如何解決，余意直接令其負擔查帳時之案內公費自有不妥，但如由省規定將各社之公益金等類準備項目提撥若干由省合管處統籌分配，即不致顯露其每案每家負擔之痕跡，尹兄亦為然，即交科核議。

集會

晚，出席小組會議，組長報告將來對於出席里民大會視為重要工作。

8月10日　星期五　晴

師友

晚，李祥麟兄來訪，閒談一年來在美國之見聞，而對於美國文化之完全以金錢與功利為動力一節，認為乃極不能為對於有文化根底之國家所首肯，然其利益在絕對的物質文明之發皇，其燦爛為曠世所無，美國無歷史，一般人皆由歐洲大陸移民而來，根本無忠於國家之觀念，然其社會極有秩序，胥由守法之習慣而來，故今日建立國家應以效忠為基調抑應以守法為基調，殊值得研究也，余認為在有歷史淵源之國家，往往有效忠之念，而以東方民族為最顯著，然守法並非不可與效忠同時並存，其空前之例則日本是也，日本吸收西方文明，均能消化而獲得實益，然日本從未喪其所守，日本人之忠君愛國與其堅甲利兵，能得而兼之，亦歷史上之奇蹟也，言下相約於十五日午後同往新店訪崔唯吾先生，在台北分頭於三點半以前前往，李兄又贈余領帶一條與襪子二雙，前者為法國出品，後者為在香港路過時所買云。

家事

紹中、紹寧、紹因、紹彭均寫毛筆字，紹中為學校指定之功課，余囑其寫玄秘塔，漸有成就，紹寧亦寫玄秘塔節本，紹因、紹彭則全寫卓君庸之雙鈎本中楷範本，即作描紅之用。其中姿勢最好者為紹因，可以用虎口執筆，且直而不歪，紹寧最難教導，至今尚不明執筆乃至濡筆之法，且不能使心思平靜，往往滿紙塗鴉，草草了事，正加強監督中。

8 日 11 日　星期六　晴

參觀

過中山堂參觀何德來畫展，據所出目錄說明，知作者乃一旅日華僑，時年五十餘歲，其畫有若干幅為純粹之油畫，如有一幅將呈蔣總統者畫東朝曦中映照大帆船數艘與巨浪搏鬥，設法與著色俱佳，另有若干則似素描，有以美好之青春與骷髏並列者，有以長鬚老翁用力敲鐘者，又有畫滿月，大約一丈見方，月在正中發光，而旁邊由淡藍而深藍，畫法與意匠亦自不弱，惟分布如此均勻，竟如印版所印，則在繪畫中為少見矣，全部共展出三十餘件，頃刻即看完。

集會

下午，到會計師公會出席常務理事會，到值月毛松年及余與陳秉炎等三人，皆為例案，其中有一會計師申請暫停執行業務，以正本送建設廳，副本送公會，公會對此種情形為前所未見，乃詢建廳，建廳依法係批復該會計師撤銷登錄，本會據此即認為退會，蓋非登錄手續完備不能入會，茲可斷為當然退會也。

8 月 12 日　星期日　晴

家事

表妹姜慧光生子方舟已百天，今日在其中和鄉寓所設宴吃麵，余與德芳率紹寧、紹因、紹彭前往參加，此外客人尚有其夫婿隋錦堂之同族隋洪林君，又姑丈姑母亦在招待，姑母雖體弱多病，今日亦極興奮。寓所廚房配給燃料為煤油，因油價較高，故係託比鄰之消防隊周靖波君代為出售，而由該隊買進其配給之熟煤，但熟煤有碎渣，積有十數斤時即用黏土和水製成煤餅，略乾切碎成塊，有似煤球，以前曬時均黏貼院內地上，今日下鋪煤屑，稍乾即可整個移動，不慮落雨。

8 月 13 日　星期一　晴

體質

近來體略瘦，上月試體重為六十五公斤，比平時低二公斤，但飲食份量不減，有時甜食太多，有酸水上注，但較之數月前亦減輕多多，兩足不復有麻木感覺，亦未食維他命B，只有食酵母片耳，痔疾在一週來較重，在出恭後必有血滴，但仍與以前之毫無痛苦，足部本常年患香港腳，自數月前因其他足疾治癒後即減輕，且將數十年每夜必用水燙之習慣改除，現雖又有香港腳，但仍不用水燙，亦無多大妨礙，兩目已戴低度花鏡，近來在光線較暗處閱讀較小之文字，即不能離開眼鏡矣，頭髮灰白及半，且脫落甚速，種種跡象，皆為衰老之徵，惟在心理上除有時為生活焦憂外，尚無衰象耳。

家事

上午，到台大醫院為紹因看眼，因不知該院看病手續，故未能把握其有關之時間，余先在其大門處掛號，此為初診者之必經手續，但只此一次，掛號後乃至眼科查詢其楊燕飛主任之看病時間，知為星期三、六，待到其登記處欲登記就診時，則云為時已過，蓋每日上午九時起看病，八時一刻至十時半登記也。

8月14日　星期二　晴

師友

崔唯吾先生自新店來電話，謂接李祥麟兄之信將於明日與余到新店一晤，極表歡迎，屆時當預備晚餐，望全家均往，並囑余往告李兄，余因李兄處無電話，故到連雲街當面通知，僅遇李兄之夫人，當相約明日於下午三時半以後分頭前往云。

瑣記

按登記抽籤手續參加之此次電信局擴充電話一千二百號抽籤事，該局於今日公開舉行，係由市議員等代抽，下午在城中區公所門前公布中籤號碼，此次余之事務所係與吳崇泉、李洪嶽分別登記，下午已知李與余皆未中籤，吳兄尚不知。

集會

下午出席會計師公會常務理事會，僅例案一兩件，較重要者則未討論。

8月15日　星期三　晴有陣雨

家事

上午，率紹因到台灣大學醫院看眼，仍用前日之掛號證作為初診，八時半到達眼科登記，為初診六號，至九時半始開始看病，新到者則須由實習醫師先行問診，此人注重寫作病歷，於診視極馬虎，只以口問代眼看，移時即至第四診所正式診察，詢之醫師云姓鄭，謂紹因患角膜發炎，余請其連同左眼上瞼脹大亦一併診察，據云須俟結膜炎治好始可再看，經洗搽後，免費交來新藥薄膏一種帶回，兩小時點用一次，今日應診者本為其主任楊燕飛，但牌示與實際並不相符。

師友

下午，應昨日之約率紹中、紹寧、紹因、紹彭到新店崔唯吾先生家餐敘，乘四時一刻之火車出發，上車前並買鳳梨八斤共五隻帶往為贈，五時到達，李祥麟兄夫婦及子女三人已先到，乃一同出發至河邊雇船駛至上游停靠水淺處，李兄全家及紹中等入水游泳，余等則只在船上談天，其實四圍山色，日薄崦嵫，涼風習習，暑氣頓消，於是駛回晚餐，係由崔師母預備，採自助方式，飯點中西合璧，極為豐盛，盤桓至下午八時半，因諸兒女已倦，乃急急過河乘汽車回台北，今日德芳因病臥床未果往，而本有颱風警報，且上午多陣雨，本非旅行之理想天氣，幸下午陣雨之距離時間漸漸縮短，不類颱風過境之象，乃敢於大膽出發，未料出發後竟完全無雨，後始知颱風已改向入海矣。

8月16日　星期四　晴

瑣記

台北之美國安全分署登報三天徵求男性稽核人員，其所列舉之條件為大學畢業，辦理會計審計工作三年以上，年齡在三十至五十之間，通英語能寫作，余自審對此項條件大致尚能適合，今日下午到該署人事室索取表格，由一本國籍之女職員交余空白表二份並填表須知一份，歸看乃一種美國標準格式，對任何場合皆可以適用者，然亦正因其如此，有若干欄對中國人並不適用者，此項表格內容極盡詳細之能事，末並註有蒙蔽情事當作為解雇之條件，且不需證件云。

師友

日昨未到事務所，王慕堂兄來訪留字請通電話，余乃照辦，據云曾晤及茶葉聯營公司之陳舜畊總經理提及余不擬執行會計師業務，而頗欲為民營事業之會計工作實地參加，但求有固定之收入即已足矣，余亟道謝其關切之忱。

業務

詢吳麟律師其所介紹之胡琦代表託辦公司變更登記何以尚未送來，據云該公司為輪船公司，由高雄遷移基隆，須先向港務局登記，俟託再辦公司登記。

8月17日　星期五　晴有陣雨

家事

上午，率紹因到台大醫院看眼，今日因到達較遲，掛複診三十三號，守候一小時，亦只略看用藥水沖洗塗以藥膏，二分鐘即竟，今日已非初診之醫師，詢以左眼上瞼腫大及砂眼等，亦云在結膜炎未治癒前不易診察，並囑回家仍擦上次配發之藥油。

瑣記

去年譯作「貿易國家排拒商業循環的政策」一文，曾被中國經濟月刊趙聚鈺退回，又寄香港民主評論，久無消息，去信索回，而行政院半年來有國際貿易月刊之刊行，乃於上週將稿送該刊主編胡祥麟兄，復信謂性質為純理論，該刊只登實務文字，經已轉送工商月刊，下期可刊，但請將原文檢送，該文譯自前年冬之 *Quarterly Journal of Economics*，當時係借自美國圖書館，前日問之該館，謂已將過期之月刊送之台大法學院，今晨著紹南向法學院圖書館查詢，又謂只無此期，因美國圖書館轉來之刊物未必完整無缺也云，余無計可施，乃到中央黨部圖書館查詢，據云前年雖曾訂閱，但舊刊物已成合訂本者均送存陽明山，余乃又到台灣大學校本部訪黃德馨兄請介紹至圖書館，由館員陪同至書庫查尋，根本無此刊物，但余以前確曾在該館見過，館員云以前確曾有過，但已移轉法學院，由經濟系圖書室保存，於是再度廢然而返，初以為十分單純之事，不料竟有如此之周折，可見凡事往往難於預料，而在籌劃一件事情之前，不能不多方擘劃，或多方進行，庶免誤延也。

集會

晚，到省政府主計處參加陽明山革命實踐研究院研究班同學聚餐，到者皆經濟組第一期同學，計共三席，飯前由本組召集人丘漢平報告最近游歷九個國家之經過，而特別注重大陸共匪各項外交活動，特別是經濟活動之情形，結論認為台灣方面所作所為皆相差太遠，台灣目前尚思以辛亥之思想、北伐之行動與抗戰之作風在台灣閉門反共，必將陷於孤立，孤立未能有倖存者，共匪之貿易攻勢刻在世界上有莫能或禦之勢，即如台灣西瓜欲運銷菲律賓難乎其難，然大陸西瓜及其他水果居然在菲暢銷，菲固與我有外交關係者，此外凡在東南亞舉行貿易會議或展覽，共匪必以十分充足之經費與商品參加，有時會後即以展覽品贈之所在國家，我國則未聞有此魄力，居今之世而欲不重宣傳使人了解，實難乎其難也云，所報告者實為語重心長，而事實上未必能立即做到也，繼即聚餐，菜餚甚豐，召集人為紀萬德與修城二人。

8月18日　星期六　大雨下午晴

瑣記

上午，到台大法學院訪李祥麟兄，欲託代為借書，不遇，其老座位上為另一同事，詢悉為政治系助教俞君，亟告來意，謂如所查之書有著，當到李兄寓所託其開條代借，否則即不必奉煩矣，俞君慨允導余至經濟系辦公室，余憶所查之書名為美國哈佛大學所出版之 *Quarterly Journal of Economics* 一九五四年十一月號，而昨日台大圖書總館認為已移至於經濟系者，該系管理員檢視一九五四年者獨缺十一月號，俞君又導余至圖書分館，初詢收發員，竟在架上指出有一九三五年之該刊，新者則無，於是詢分館辦公室，則又云凡美國圖書館所贈皆在第一閱覽室，於是俞君又引余至第一閱覽室，檢視亦獨缺季刊之十一月號，此處即為紹南昨日前來查詢無結果者，正徬徨無策，見其旁有另一種芝加哥大學出版之藍皮 *Journal of Political Economy* 雙月刊一九五四年十二月號，余所譯之題目赫然列在封面之上，至此始恍然數日來之記憶錯誤，徒多若干周折也，蓋此文為去年所譯，此兩種刊物余均曾有所譯述，乃至張冠李戴，於是俞君代余出立借據借來，余除當面答謝外，盛感其古道熱腸，對余之困難一朝解除，並另留字致李兄，道謝其協助之盛意，辭出後立赴財政部內外匯貿易審議委員會訪國際貿易月刊主編胡祥麟兄，面交該刊，請轉之工商月刊以備核稿之用，數日來奔跑不得要領，一旦解決，頓覺輕鬆不可名狀。

師友

廖毅宏兄昨日來余事務所未遇，今日通電話，謂為紹彭進行入女師附小事，該校幼稚園當局謂下學期大班只能容納中班升級之幼生，大班決不能再收插班生，至何時招生則須待教育廳之初等教育科科長出差歸來始知云。

8月19日　星期日　晴有陣雨

體質

自配用花鏡後，現在除記日記時必須戴用外，在其他時間或用或否，尤其在事務所時因光線比較充足，往往可以不用，在不用之時間，原須將距離放長始可看清，近來感覺有必須逐漸放長之現象，人謂戴用眼鏡可使程度加深加速，未知是否即余現在之情形，又近來痔瘡出血為每日出恭時所不可免，但無痛苦如故，未知有損健康否。

瑣記

今日終日未外出，下午有大雷雨，臨時整理院內所曬之物件如煤簍、小孩腳踏車之屬，傍晚則收拾曬洗之衣服，以及看視爐火之大小等瑣事，另外則將去月之新生報內有用資料加以剪存，此月內可剪者極少，故全月費時不多也。

8月20日　星期一　晴

師友

下午，到台灣銀行訪趙榮瑞君，託探詢女師附小幼稚園之主任為安徽人，皖人何人與之有淵源，以便為紹彭接洽投考，並託探詢台灣銀行子弟幼稚園之入學辦法與限制事項及費用情形，設女師附小不可能時，此幼稚園亦可以為一對象，託友人為之設法入學云。

集會

下午，出席國民大會黨團座談會，請卸任駐埃及公使何鳳山報告該國外交及蘇彝士運河之糾紛問題，余聽數十分鐘即中途退出。晚，到第七信用合作社參加里民大會，余到時較晚，聞主席報告上次議決案之執行情形，其中有關所提請政府將龍匣里劃入女師附小學區一案已得市政府答復，謂支配困難，不能照辦，且學區劃分為教育廳主持，市府亦不能作主，一片官話，答非所問，科員政治之產物也。

攝影

晚，到南昌路老二攝影攝拍三寸照片一份，此為數年來重新拍攝照片，過去所用皆為三數年前所照，一再複印，現欲到美國安全分署申請稽核人員登記，該署登記表所印黏貼照片一欄為須為過去一年所照，遂照規定重照云。

8月21日　星期二　晴

瑣記

連日填寫自美國安全分署索來之申請書，此項空白共二份，地位利用非常經濟，每欄均編有號數，余填寫方式為先起草稿，一以準備修改，一以準備留底，益以該署規定必須用打字機打印，自更非有草稿不可也，草成後往美援會訪盛禮約兄，因彼每日均與西文接觸，對於用語方面自較熟練，故託其將原稿加以審核，有文字修改數處均極中肯，內容方面改正者如所填歷履部分每次均有離職另謀之原因一欄，余對於當前謀該署職務一項本寫「希望能為中美合作有所效力」，盛兄認為目標太大，經決定改為希望有更好更固定之每月收入，實為適合西人口味之語，據盛兄云該署此次公開徵求稽核人員，係因需人孔急而以前用考試方法並不理想，故改用審查方式，其待遇大約三千餘元，但亦視以前收入情形以為斷，故盛兄主張余將目前年收估為四萬元左右以作參考云，辭出後就近至圖書館，將各項待填之內容另用薄紙鋪於空白表上，就應打印之部位謄寫清楚，其目的在使打字員能確認其部位，且可留餘地填中文也。

集會

晚，出席經濟座談會，由王益濤教授主講中美日三國農業經濟之比較，王氏最近由美考察一年回國，且至日本一行，故就其實地觀察者提出報告，所提出者有農作方法、農業推廣、農牧交作、農業行政等項，均極新穎。

8 月 22 日　星期三　晴

家事

上午，率紹因到台大醫院為其續治眼疾，今日由前次之醫師診察後，余即要求其對於左眼上瞼之脹大情形加以檢查，彼即同赴主任醫師楊燕飛處共同詳加診察，因角膜炎未退清，仍主張保留斷定係何病症，回至原處後余詢之經治醫師，據云雖有可能為瘤，且為良性者，但須待炎退後再行檢查。

業務

日昨有一利田皮鞋店之翟君來事務所訪律師，其時律師不在，余乃詢以為何事相訪，謂因受盤問題有所請教，余謂此亦會計師事，可以代辦，詢以內容，知彼將由合夥人張君之手承受部分出貨而將店改為獨資，不知有何手續，余告以須向主管官署辦理變更登記，內部則二人須訂定契約，彼乃將資產負債詳情說明，余約其明日同張君一同再來，今日下午二人果來，余將預擬合約稿交其一閱，張君提出負債數歸翟承擔者較翟昨日所提者多出甚多，而其時翟君回店取其他資料，至薄暮猶未歸，乃約定明日二人再來續辦。

瑣記

上午到中央打字行託代打印安全分署申請表格，由一女打字員承接，言明下午取件，至下午往取，除有少數遺漏錯誤者外，在格式安排上大體均屬切合需要。

8月23日　星期四　晴

業務

利田皮鞋店之張、翟二君本約定於今日下午前來商定讓渡合約，但至時僅張君一人來此，據云翟本已受盤，且接辦半月，現又欲反悔，今日下午與他友商洽，如有結果，一兩日內再行前來辦理，余詢以翟君本告余開出有期支票為六千餘元，現事實上有二萬六千餘元，彼對此數事先是否洞悉，張君云歸彼司帳，然有不知之理，前日翟君一人來余處所告者容或別有用心，現見張不能盲目與其簽約，於是始另作接洽矣，由此觀之，二人不能推誠相見，變化太多，此事如何歸宿尚不知也。

瑣記

向美國安全分署申請稽核職務一事，今日將應附之查帳報告副本交事務所打字小姐打成，係採四十年為新中央橡膠廠所查帳之報告，文字十頁，表格二頁，此項報告為余所查之最有規模之事業報告，最後又將申請表加以核閱，發現有仍須補入之文字，乃送之中央打字行再行補打，晚間將照片黏就，於是始稱全部完竣，其間瑣屑萬分。

娛樂

晚，到陸軍總司令部看供應司令部所開歡迎旅日學生回國服務軍中之游藝大會，節目以舞蹈為多，然除僑生某小姐所跳芭蕾尚佳外，餘無足取。

8 月 24 日　星期五　晴

閱讀

讀 S. H. Ordway Jr.: *Resources and the American Dream: Including A Theory of the Limit of Growth*，此書只為一小冊，勉強分為五、六節，其大意在認為美國之經濟成長已超過原料資源所能負擔之程度，如長久以此種無政府狀況不斷的發展下去，必有發生破綻無利可圖導致經濟失調之可能，故必須早為之計，依作者之主張應早將原料消耗情形作一調查與管制，絕不可以未必實現之新資源發現為條件，而誤以為工業可以無限制發展，作者非經濟學家，但對於美國有甚深之了解，現在一般美國人之精神空虛症已有漸漸顯露之勢，作者雖未指出可以東方文化為補偏救弊之良藥，然均在作此探索則無可疑也，著者又引 Dr. Sockman: "The Good Life is predicated on beauty, truth, character and fellowship. We live so immersed in the material things of this world that we cannot imagine a life worthwhile without them." 而繼續予以發揮，則極明顯的乃物質文明中苦悶的呼喚也。

瑣記

應徵美國安全分署稽核工作之函昨日備就後，今日將申請表再加核閱，改正錯字，乘赴金門街、浦城街之便欲交郵寄出，至金門街則知並無郵局，往昔不知何以有此錯覺，無法可想，乃在浦城街事畢後穿過師範大學至和平東路郵局掛號發出，所行之路比至余家最近之南昌路郵局為更遠也。

8月25日　星期六　晴

師友

下午，到教育廳訪曹緯初兄，不遇，留字，謂幼兒紹彭今年五歲半，已在家居附近之幼稚園畢業，而國民學校亦未達分發年齡，在此青黃不接時期，為求有所約束，希望進女師附小幼稚園，聞停止招生，希望能設法插入大班，望請設法云云，曹兄本不在四科，現在四科主管師範教育，該科亦主管國民教育，對師範附小似有關係。

閱讀

讀 *What is Communism?* By Ketchum, with an introduction by Kirk, President of Columbia University 全書大半為圖片，中間以文字為連繫，分成九章為：Face of Communism, Principles of Communism, How Communism Came to Russia, Communism in Practice - the U. S. S. R., Communism Expansion, The Zone of Silence, Failures of Communism, The Victims of Communism, The Enemies of Communism，以下有問答四大部分，說明共產主義之目標、失敗、謊言及如何危及各國。

8 月 26 日　星期日　晴

集會

全日到實踐堂參加經濟部與全國生產力中心召集之所謂「高級企業管理座談會」Advanced Management Program Conducted by Professors of Harvard Business School，此會之主講人為哈佛教授 Hansen and Falls 二人，係在菲律賓主持一工商管理訓練班，經此回國作短期逗留，由經濟部約作座談會二次，參加人大半為該部所屬之公營事業主持人與民營較有規模之事業主管，會議方式不採單純之演講或討論，而係由主持人自行籌劃，上午由韓森主講，計提出兩項印就之資料，一為 Dashman Co. 變更其購料之程序而期能除固有分散採購所發生之困難，二為 Wright Knight Co. 由於改行分散管理而發生效果考核之判斷問題（Measure of Performance），每一資料均由韓森說明後，由與會人提出問題，並解答資料後所附之問題，此等問題在美國或可認為分量甚重者，但在中國則並非如此，其解決之道亦因國情不同而大相逕庭也，上午會議歷三小時，余等並非接通知參加，只係旁聽觀摩性質，故未發言，據冷眼觀察其已發言各人，似皆由經濟部預先供給資料，使經過充分準備後以發言方式宣讀其要旨，全場無一人用中文者，亦不設譯員，恍如置身異域，其實有若干發言者臨時急就，文理不通之至，亦有辭不達意者，外籍教授亦只好揣摩了解而已。下午由福爾滋主講，先根據所發資料 Austin-Chapman Co. 之史實記載大略加以說明，其中有一監工不能應付定貨而常有違約情形，但此人過去秉賦學識俱屬上乘，宣讀後討論該公司各階層負責人對此問題應如何了解而謀求改進，若干人紛紛發表意見，一如上午之情形，但殊尠中肯動聽者，實際上其所發生之問題在中國雖亦同樣存在，但中國之人事問題往往另有其心理與社會傳統之關係，如單純的用外國實例加以類推了解，將難免失之毫釐也，下午之會只費時一小時半而畢，最後由福爾滋代表其同行二人向聽眾表惜別之意而散會。余由今日之會中所感者為西洋人之治學方法與吾人者異趣，例如今日全日共為三個專案之研究，據福爾滋報告該校一切資料皆有所本，非向壁虛造者可以比擬，此種方式自然可免紙上談兵之弊，但由若干個案彙成若干原則或成立若干理論，其間實不免應有充足之時間與人力，此非富足安定之國莫辦也。

8 月 27 日　星期一　晴

師友

下午，到中國農民銀行訪董成器兄，閒談，並告以安全分署登報徵求稽核人員，余曾填表應徵並在表內將董兄列為可以調查詢證之人，董兄當允隨時聯絡，又談及同班同學之聯誼事，已年餘未有舉行，據云此等事應避免發生不正常之事故，蓋同學中近年來一般情緒惡劣，往往有要求處境較好者遇事協助而不得要領，苦無發洩之地，遂在此等場合爆發，往往不歡而散，余則以為設有明白坦率解釋之機會，亦比隔閡長久造成裂痕者為佳，不必多所顧慮云。晚趙榮瑞君來訪，贈德芳治胃病藥，並談余前託代為查詢女師附小與台灣銀行附設幼稚園事。曹緯初兄來電話，謂紹彭入女師附小幼稚園事俟主管人來教廳時即當託其設法，移時又來電話，謂該園日內即行登報招生，望逕往報名，余謂俟報名後當再與連繫，蓋恐考生太多須另行設法也。

瑣記

財政廳擬定簡易商業會計制度草案，備不適用商業會計法者施用，此項草案印送有關方面徵求意見，余於今日函復兩點，一為會計科目儘量減少之目的在簡化處理之複雜性，但有若干帳項雖發生不多，而非常用科目內所能包容，應有補救辦法，設歸之近似科目，則科目說明須十分具體而概括；二為多欄式日記帳雖最進步，但我國不甚通行，昧於原理者常不知如何使用，原草案既仍使用傳票，即不若以傳票分科目製日計表，則日記帳大可不設矣。晚收音機忽生障礙，送之附近修理，斷為其中所用 25L6 真空管損壞，而不能配，乃又詢兩家，最後始在寧波西街找到，蓋此項規格之零件現在已不通行也，修理人鄭萬來君對此道了解甚深，認為此收音機目前之長波不甚清晰乃由於線圈之不能不加修換，而此項工作最繁，暫可以緩。

8月28日　星期二　晴

師友

上午，訪李祥麟兄於台大法學院，不遇，留字託俟美安全分署有所詢證時，請作適當之答復，又到交通銀行訪趙葆全兄，為同一事面託代為答復。到交通銀行訪王慕堂兄，據談已數度與茶聯公司陳舜畊總經理談余可到該公司籌謀會計設計工作，並盼余能隨時與之連繫，余對王兄關注之情極為感激。

集會

上午出席國大黨團小組，改選小組長，結果仍由趙雪峯連任，余投孟達票。

娛樂

下午率紹中、紹寧、紹因、紹彭及二鄰兒到美國新聞處看電影「黃石公園」。

8月29日　星期三　晴

師友

下午，徐庶幾兄來訪，據談其春間在長安西路所設五連行已因無利可圖而停辦，近來為代陸大行推銷牛皮膠奔走南北，將有成議，此項牛皮膠已與物資局訂約代銷，但售之何人仍須自行洽辦，糖業公司麻袋印字需用膠墨，渠最近赴南部接洽，該公司允照購此項牛皮膠，惟公營事業購買物料須受購買稽查程序條例之約束，該條例第三條第三款云，如呈經主管機關核准並經審計部同意者乃不適用此項條例，該公司已經呈准審計部同意，現只須其主管機關經濟部核准即可照購，該公司公文已經送部，據徐兄託石鍾琇兄探詢國營事業司，謂應歸主計室主管，而主計室由張景文兄主持，渠託劉桂與葛之覃二兄轉洽，二人均不肯為，乃轉而謀之於余，徐兄云，本欲由陸大來立委託書代為洽辦，但渠因春間得到利源化工廠過河拆橋之教訓，此次對外辦事約定須由徐兄連署，不虞有他，故不採此項方式，但又不言此項對余委託之業務權利義務各為何若，可見又是存心利用，而又不復正面落墨，余既洞燭其情，即答謂余與張兄非不相稔，託事亦無不照辦，但余早已託其幫忙之事甚多，託人之事不可一而再也，故設非別無他途，余仍希望託他友辦理，如萬不得已，余仍可幫忙，至於委託手續云云，不必再議，余與彼只是朋友關係，凡能幫忙之事無不幫忙也，余蓋知此人好善為說詞，且好利用他人，過河拆橋，如此云云，即對其過去種種行為之無言的抗議也。余前日訪李祥麟兄不遇，今日接來信云，知余應安全分署之徵，為明瞭詳情，曾以電話詢問該署中國籍友人情形，據云決定之權在於美國人，如約往談話，應服裝整齊，不卑不亢，至其向外間查詢只所舉中之一人或二人，非全詢也。

集會

下午到會計師公會出席常務理事會，只有例行案件，循例予以通過而已。

8 月 30 日　星期四　晴

集會

晚，到裕台公司出席研究院小組會議，由楊耕經主席，徐澤予作專題報告「中央銀行如何復業」，事先油印分發，其大旨為中央銀行應脫離財政部之牽掣，而超然獨立，成為管制信用之機構，尤其發行鈔票，應順應經濟需要，而發生自動調節之作用，如稍一涉及財政目的，即將成為禍國殃民之罪人，故此點不可不慎也，繼由劉愷鐘報告最近赴金門前線考察經過，謂金門防禦工事鞏固，士氣旺盛，極其令人興奮，但高層人物去者不多，後應注意云。

8 月 31 日　星期五　晴

瑣記

余與吳崇泉、李洪嶽連同陳詠絃等在景美所買之放領地，本期又屆繳納地價之限期，即以本月底為止，過期一個月內須加罰百分之二，原介紹人孫福海與陳方數人接洽收集地價款往往不得要領，即如本期通知繳納地價之通知單，本送至已經建築房屋之陳方同人毛、劉等君處，彼等又送至余等處，表示彼等對此事無興趣多問，蓋彼等已經建屋者，無論對於提前繳價與分期繳價，皆認為可以不問不聞，政府無論如何施策，彼等將以逸待勞，以不變應萬變也，今日余與吳、李二人研究結果，決定請孫君轉洽收受地價之農會作為今日已繳清暫時抵充庫存，一面通知毛、劉等人速即向農會繳納，彼等繳到之日余等必即日如數補送，原則上以不拖延不使受百分之二罰金為目的，惟不知能否做到。

閱讀

讀 MacMillen: *New Riches from the Soil* 中之一章 Oil from the Sun 甚有趣味，全文在分析美國之植物油情形，說明需要之迫切，而生產方面必須充實者為桐油及蓖麻油，蓖麻油之軍事工業用途極大，故討論亦最詳，此外則對於食用之棉子油、橄欖油與豆油、花生油等亦有分析研究。

9月1日　星期六　晴

家事

上午，率紹因到台大醫院看眼，醫師對於眼皮內之若干顆粒仍不敢斷定為何種成因，故囑繼續使用Achromycin油劑點治，又請楊燕飛主任診察，認為在目前尚不能診明左眼皮之腫大原因，俟目前之診治階段過去後，當切片檢驗，詢以不久開學，是否不致影響學業，彼謂似乎無妨云。今日到國民大會秘書處領本月公費，知去年之紹南名下之子女教育補助費被審計部剔除，乃在本月待遇內扣回，余見該部來文，認為既免學費，即無負擔，不必再行補助云。

9月2日　星期日

瑣記

終日在寓閱書，今日看葛傳槼著「怎樣讀通英文」之說與寫兩部分，說話部分包括聽話，其中最精要部分為關於連讀，乃一般中國人所最難了解者，寫的部分以模仿為最重要，模仿必須背誦與多讀，其中有談及用語為絕對英語化為中國人所多數不知者多種，余亦昔所不知，又有infinitive and gerund的區別，凡在用前者之地方多數可用後者，但有不可以用者，亦有可用而意思不全相同者，則非寢饋此中之人又何以知之，余由此更深切感覺英語之基礎甚淺，不過一知半解而已。

9 月 3 日　星期一　雨

氣象

自昨日起即有陣雨，入晚漸有大風，電台報告係颱風即將臨境，於是於昨晚將窗外之木窗拉起，而因後門與竹籬均已數年未能換新，恐不能抗拒暴風襲擊，乃用粗繩分別拴纏於房屋之木柱或窗檽上，始行入睡，今晨未及天明即為狂風吹門窗之震聲驚起，及天明開門察看，幸無大礙，乃到廚房舉火，因上下須開門關門，而風太大，故將早飯與午飯合併，於十時進餐一次，至午風力漸減，廣播云，颱風眼過台北，故不覺有大風之威力，但下午至晚間必仍有大風雨，於是入晚仍加戒備，但只有陣陣細雨，風力甚為微弱，可見預測之報告並不準確也。今日上半天停水，入晚停電數小時，想係電線水道有損所致，鄰右之竹籬與窗門頗有損壞，尤甚因豪雨如注，巷內水深盈尺，頗有屋內亦如池塘者，余寓尚未存水，大致除竹籬略有吹斷之竹枝及屋頂有因瓦動漏雨之處外，尚無甚災害可言也。

9 月 4 日　星期二　晴

師友

上午，劉曉波君來訪，謂適自屏東來北，現在屏擔任中學教員，並辦有幼稚園一所，但經費周轉容有困難，希望向朋友間借款維持，囑余擔任一百元，但何時兌現，悉聽余之便利，且一再謂不必為難，余允俟諸兒女入學繳費後再為籌措，劉君為在濟南相識，彼時擔任黨部報紙之新聞記者，來台數年迄未見面云。下午，同德芳偕紹彭到新店訪友，先到叢芳山兄家，僅其夫人在寓，又到孫典忱兄家，亦僅其夫人在寓，再到韓質生兄家，夫婦二人均外出，最後到崔唯吾先生家，崔氏及師母均在家，盤桓至薄暮始歸，歸途由景美下車換車至埤腹訪田孑敏兄夫婦，田兄之夫人為紹中在一女中新店聯合分部之級任教師，但據云下學期將改任歷史教員云，八時返。

9月5日　星期三　晴

瑣記

余與李洪嶽、吳崇泉事務所外三樓之橫額招牌，此次颱風來時吹落，該招牌本尚有吳麟在內，吳君與李君不歡退出，但仍在隔室聚豐泰設案，現在招牌修理及重新油漆是否將彼亦油漆在內，抑改成三人，李君認為是一問題，且四人改為三人費錢較多，如仍為四人，吳君應否攤款，亦是問題，其實渠不妨與吳君一洽，但又不願出此，余即表示無意見，甚至不再裝掛亦無所謂也云。

師友

到交通銀行訪王慕堂兄，並偕其到美國圖書館查紐約時報證券行市。

9月6日　星期四　晴

謀職

上月見美國安全分署登報徵用稽核人員，曾填表送請審核，月初接該署人事室由 Fasbender 簽名發出之通知，約於今日到該署面談，時間自定，余於今日上午九時半前往，首在人事室接洽，由一韋君偕余上四樓會計處，先晤劉允中君，劉君告余，對余資歷極感滿意，並謂此次應徵者四十餘人，只通知三人前來接洽，通知由人事室發出，但實際由會計處洽辦，會計長為 Gordon，此刻外出，可先與主管股 Head of Field Audit Section Mr. Johnson 談話，余乃與約翰生氏談話，彼告余以工作之性質係赴外稽核，每月有三週在外，一週在內整理報告，詢余有否興趣，余告以時常到外縣工作，並無困難，然後詢余該處準備有一簡單之試題，余是否作答，及何時前來，余詢需時若干，云三小時，其時為十時，余詢中午下班如何，劉君云中午延至一時彼可在此，余乃開始作答，其題為審計會計與英文兩部分，審計會計部分有小題五、大題一，各佔比重之半，劉君聲明大題較重要，余乃先作大題，其內容為有一紡織廠之年終試算表，另有各種年終待轉帳之項目，包括去年原料短計，今年年底原料成品與未成品盤存，營業與製造費用之分配比例，各種應收應付與預收預付等，需作整理分錄與資產負債表及損益表，余所採用之方式為設一 work sheet 先設整理分錄兩欄，一一在表上記錄，余已二十年未作此項工作，故臨時感覺生疏，致先後項目有所顛倒，先將各項製造費用轉入製造成本，始發覺該數由於應收應付、預收預付與分配比例部分未先轉帳而使為數不確，於是一再修改，虛耗時間一小時餘，在轉帳完畢，因左右不平須追尋錯誤，亦將近半小時，故此題作完，即共用去五小時，連同虛耗時間即近七小時，最後又答五個小題，用去半小時，故全部題目自上午十時起至下午五時半止始行作完，此為余生平最罕之經驗，全部工作內只於午間略食麵點，並承贈咖啡一盃，故於散場時已覺精疲力竭，談話不能出音，今日與考者共有三人，此外二人均於晨八時半到達，其中一人早繳卷退去，另一人則與余同時在下午五時半該署下班時結束，此外另有一英文題為某機構借款三百萬修建房屋，詢以何方法使其不致有蒙混虛報之事，余因為時不及，且亦不知其要旨究竟何在，故未作答，今日之成績余自覺不甚理想。

9月7日　星期五　雨

謀職

昨日離去安全分署時，劉允中君為余介紹外出歸來之會計長戈登君，乃道款曲，旋詢其正式談話時間，彼問余明日可否前來一行，余答可照辦，於是今晨再往，至則彼正與約翰生與劉君談話，寒暄後，戈登君即謂余昨日成績極佳，向余致賀，實際亦未再談其他問題，只謂因見余會計甚熟，其所轄會計稽核均尚需人，詢余如擔任會計工作是否可同意，余告以本人無何成見，於是三人乃詳細商談有關問題，最後囑劉君與余單獨研究，劉君告余昨日成績已核閱，只余與另一應徵者所作甚好，決定任用，適用等級為三級，連同交通費在內為三千九百元左右，余表示可以同意，至於會計或稽核，余因無成見，但過去經驗以稽核為多，此點請將來作參考，劉君告余任用手續為先由該署人事室辦文咨請美國大使館送請中國保安當局作一調查，目的在注重保密防諜，此項手續大約需二個半月，彼時當再通知也，劉君強調此項調查之重要性，告余如所填申請書尚有不合者，可取回修改，余告以全部正確，不必取回，彼又謂恐尚少一份，望詢明人事室後再補送一份，余下樓詢韋君，韋君云，另有一份在人事室西籍人員處，不必再補，乃囑韋君以電話通知劉君。

師友

鄭邦琨兄電話洽談，請余將中和鄉地皮轉讓於朱鶴賓同學，余請其往看後再說，至於價格，在公路村後者為放領地一百四十坪，每坪一百二十元，在保健館者二百坪，每坪一百六十元，因係私產之故。晚，周傳聖兄來訪，謂朱君亦曾以此事相託，余乃告以與鄭兄洽談經過，周兄謂將再訪王頌平船長，如二人能合買一地，由周兄為其介紹相識，當亦是一法，余亦謂然，並云價格照與鄭兄所談者已不為高，但如再行商量減低，亦可加以考慮云。

9 月 8 日　星期六　晴有陣雨

瑣記

余在三月前因申請電話按裝將戶籍移至城中區光復里，電話按裝調查時認為余在光復里既為事務所，即不適用住戶身份，故戶籍遷往並無用處，早擬仍行遷回古亭區，荏苒未果，今日因全省戶口普查將於下週舉行，為求核實起見，乃向城中區公所申請遷出，仍回古亭區龍匣里四鄰，現在區公所接受戶籍申請甚繁，故係於開始辦公時送往，延至將下班時始行前往取回申請書之一聯，將憑以向古亭區公所辦理遷入。景美與吳崇泉、吳麟、李洪嶽合買之地本期放領地價今日補交，孫福海君彙繳。

9月9日　星期日　晴

師友

上午，到中和鄉訪周傳聖兄，談日前周兄來訪所談之房地產事，據云前日往訪招商局船長王頌平君不遇，已與其夫人提及，設決定建築房屋時，可與余接洽，連同地皮及磚均可出讓，王君之事並無一定，設彼不來即不進行也，至於朱鶴賓君方面，聞日昨已往看地皮，似仍有分割始好購買之意云。又訪宋志先兄，據云朱鶴賓君已往訪，由宋兄導看余兩段地皮，並說明實際情形，惟尚在猶豫之中，宋兄云朱頗屬意於較南之地，但嫌面積太大，將自行約友買之，然則有無以及何時成議，尚在不知之數也，宋兄又談電話事，知余抽籤未中，仍將助余爭取交涉，以免功虧一簣。

家事

上午，到姑丈家告以此次與安全分署接洽工作經過，因該署將轉函中國主管機關調查，或到姑丈家有所詢問，請預為準備。下午以五小時之時間與紹南共同工作，將竹籬全部修理完竣，此次竹籬遇颱風因事先防護周密，未有倒塌情形，僅有少數橫木折斷，竹片脫離之情形，故酌以木板或竹板將折斷處換修，並將脫離之竹板補入，內外用鐵絲夾纏緊密，即仍可耐久如初，而其最基本條件則為杉柱屹立不動，本固而枝節易治，此項經驗，因小可以喻大也。

9 月 10 日　星期一　晴

師友

上午，到羅斯福路三段訪張中寧兄，僅其夫人在寓，余因月前張兄曾到余事務所未遇，其後其子緒心由鳳山軍訓北返又曾來過，余未遇亟應回看，故於今晨前往，據其夫人云，久病經悉心療養，已經完全康復，諸兒女升學者亦皆如願云。

家事

上午，到古亭區公所為余之戶口申請遷入，現在臨時規定為只在申請書之上加蓋一項戳記，即可參加戶籍普查，正式遷入則俟以後補辦，余即照辦，但見其蓋戳以後並不記下，不知何以有所控制，如此實無異於自行將申請書保存也。

9 月 11 日　星期二　晴

師友

下午，宋志先兄來訪，閒談，關於朱鶴賓君看地後尚未作何表示，余仍託其早日出賣，因數月來周轉發生極大之困難，該地如再不出售，將使經濟上不易支應也。

家事

下午，因昨日紹中到一女中辦理初中二年級註冊，誤將公民第三冊取來，乃往代為換成第二冊，並到女師附小幼稚園探詢招生事宜。紹中持一女中之申請書到螢橋火車站買學生月票，初無身分證，後又謂未由新店分部加戳，余晚往交涉，仍不肯賣，此等路局職員膠柱鼓瑟，余曾拍案相責，事後以思，甚無謂也。

9月12日　星期三　晴

家事

台北市三省立小學幼稚園今日登報招生，余上午到女師附小幼稚園將為紹彭報名與考，在索取報名單時，須先驗戶口名簿，據告年齡不合規定，蓋招生簡章所定為招收小班學生八十名，年齡限四十年九月一日至四十一年八月三十一日出生者，亦即須在滿足四歲至五歲之間者，而紹彭則為四十年二月出生，余知要求通融無益，乃到教育廳與曹緯初兄相商，謂此事有兩途，一為要求通融年齡，二為商量插入大班，曹兄尚有第三法，即臨時塗改戶口名簿，此三法中，第一法難以破例，第三法已收名簿送去看過，再改自相矛盾，均不可行，只好改用第二法，乃由曹兄寫一卡片，並託余代寫背後文字，往訪女師附小柳子德校長，談竟回寓，與德芳商量，萬一柳校長不允插班，即須採用類似第三法，即在余之城中區戶口名簿（已因遷出而失效，但未註銷）內加寫紹彭名字，再往報名投考小班，如能考取，將來因程度太高而不適合時自會挑入大班，下午余到附小訪柳校長，據云曹股長介紹自應設法，無如大班學生已多，無插班之餘地，且應付各方亦殊不易，只有用由其他省小幼稚園轉來之方式庶合規定，余見柳校長初次見面即肯提出此項辦法，自屬具備誠意，乃道謝後詢有無限期，據云最好在二十日以前辦到，余乃辭出，歸後分別函各縣市友人，請陳長興與周紹賢洽新竹師範附小幼稚園，馬忠良洽台南師範幼稚園，王培五洽屏東師範附小幼稚園，葉淑仁洽花蓮師範附小幼稚園，請洽取轉學證明書一件，作為轉入此間省小幼兒園之證件。

9月13日　星期四　晴

集會

晚，到廣州街周百鍊內科醫院參加五省中分部家長談話會，此會由一女中分部家長胡秋原，建國中學分部家長余鵬及北商分部家長周百鍊召集，另到三校學生家長各一、二人，三校分部主任譚、張、林三君等，余君報告後，三校主任相繼報告當前情形，然後討論，發言極多，余提出兩點，一為此項分部既在疏散政策下不能不辦下去，只有積極的請教育廳充實其設備，使能夠上各該校校本部之水準，另為使教育廳重視此事，應再連繫成功、附中與二女中三個分部學生家長一致表示，在座者對於前者無異議，對於後者則因已不可能，故單獨行動，最後決定去一公文將此意見寫明，並定下星期同往教育廳當面交涉云，今日之事余所接通知係由一女中分部譚主任處轉來，故知發動者半為家長半為分部當局云。

9月14日　星期五　晴

師友

上午，張中寧兄來訪，閒談，其意在探問德芳最近患病，雖已痊癒，然不前知，故來慰問也，據閒談近來從事中央黨部第四組工作，除向國民大會領取差額外，尚可支領職務加給房租津貼等，共可比不作此事時多每月約千元之待遇，故此項情形對生活不無補益也云。下午，董成器兄來電話，謂美國大使館來函向渠調查余之情形，余於傍晚到董兄處接洽，決定由余起草復函，用中文對該使館作復，因其來函雖用英文，但使館內中國人極多，應無隔閡也。

交際

陽明山革命實踐研究院第二十一期同學唐驥作古，前日發來訃聞，訂今日開弔發引，余於下午一時到極樂殯儀館弔祭，並贈郵政儲金禮券二十元。

9月15日　星期六　晴晚有陣雨

師友

余此次向美國安全分署應徵稽核職務，申請表上填有三人可以向該署說明余之詳情者，其中之一為董成器兄，昨日已將由美國大使館來之調查函向余接洽，另一為趙葆全兄，昨曾來訪不遇，將原函留下，係用打字機一次打出，文字完全相同，簽名者係 Security Officer Edward Thomas，余今日乃將董兄復函稿草就至農民銀行面交，又將趙葆全兄囑草擬之要點送往，值其開會，乃留字，託王慕堂兄轉交，請根據余之要點參酌作復，但亦望斟酌損益，因如有不當之處將對他人貽笑也，又到台大法學院訪李祥麟兄，不遇，至其寓所又適外出，乃將所擬要點留字交其參考作為答復之用，近午用電話與李兄獲交談機會，據云該函係昨日接到，當儘速作復也云，余對於此次之調查函所列項目加以對照，皆係詢問以下各項，character、schooling、ability、experience、general trustworthiness，余為使三人所答互有出入，曾將重點不同處分別劃分，庶使閱者不致認為一人之作品也。

交際

余之事務所房東第十信用合作社今日慶第四十五週年紀念，事先發來請柬，余與李洪嶽、吳崇泉事前合送花籃一隻，今日下午並往參加典禮，首由長官來賓致詞，然後表彰優良理監事與職員，於是攝影，由秀峯芭蕾舞研究所表演芭蕾舞約一小時，即開始餐敘，參加者二十席以上，頗極一時之盛，據該社所發紀念刊記載其社史，多對於現在主持人揄揚備至，文字多欠斟酌，且每每露出日本時期之氣味，餐會九時散，並送紀念品茶杯六隻。

9 月 16 日　星期日　大風雨

交際

同學葉青日昨登報與王雪琴女士結婚，今日下午帶同禮券到實踐堂觀禮，其時風雨交作，遙望實踐堂毫無動作，比轉由大門入，見貼有紅紙，謂婚禮因事故改期，問其經辦人員王君，據告原因不明，送禮概退，此等事可謂極其稀少，又據云改期之事仍登今日中央日報，余因未定中央日報，故不知情，其時冒雨而到者尚有數人。

家事

在正中書局買最近期主計月報一份，內刊兩月前有獎徵文，關於資金來源運用表之製作與說明，於本期揭曉，第一名為石油公司會計處長張人偉，第二名為紹南，第三名為台糖公司許承緒（職務不詳），答案只登張君一名，據云內容與紹南所作完全相同，只說明較詳盡而有條理，紹南只為一大學三年級生，有此成績，確有出類拔萃之處，此次所作答案且完全一手所成，余完全未予協助焉。

9月17日　星期一　雨

氣候

自昨晚起即有颱風，聞在東部登陸，今晨穿過中央山脈，在新竹附近入海，但今日台北所感覺者為上下午風勢均厲，不類業已遠去之徵，晚間收聽廣播，知此風入海後方向轉而之北，致有在西海岸繞行之感，至薄暮後風勢漸漸平息，唯較小之陣雨則終夜未止，余所居之屋，仍用舊法將竹籬用繩拉緊，以致未受影響，僅屋頂略有漏水之處，然比前次亦遠遜也，余終日未外出，家人亦同，三餐以花生與鴨蛋為主要菜餚，亦自別有風味，諸女上學者至下午始分別前往焉。

9月18日　星期二　晴

閱讀

近日為熟習英文會話，於餘暇時多讀此類書籍，多有溫故知新乃至增廣新語彙之心得，同時在廣播中收聽美國新聞處最近兩月之廣播英語，內容雖極淺顯，然係由一男一女之美國人與另一中國人聯合播出，故於讀音方面最能得益，兩月來正值暑假，余並囑紹中一併聽講，以補其在初中一年來功課在發音方面之不足，余亦認為有相當之效果，在學習過程中余所最感困難者，即就會話而言，余所識之字已大體足夠應用，但在欲說時往往不能立使適合之字湧現，此即所謂被動語彙 passive vocabulary 太多，而自動語彙 active vocabulary 相形之下則太少也，欲矯正此項缺點，如在年輕之時應以背誦為最有效，但在中年以上記憶力漸弱之情形下，必須多覓說話之機會，自然可使若干在冬眠狀態下之潛在語彙多有湧現之機會，更輔以多讀多記，庶乎英語說話能力可增也。

9月19日　星期三　晴

中秋

今日為舊曆中秋節，在寓未外出，但諸女仍照常上學，聞公務機關亦照常辦公，余於晚間略備菜酒，蓋非如此，兒女輩似不能有過節之樂也，點心則照習俗食月餅，余未購月餅，有日昨姑丈送來兩盒，又吳崇泉兄送來兩盒，共有十六個，此地月餅完全虛有其表，而以愈貴者為愈壞，例如蓮蓉、蛋黃、五仁、火腿等等名色，實際乃不鹹不甜，非廣非蘇，完全為騙錢之物也，晚欲聽收音機內之特別節目，而收音機損壞，今日下午修好，甫用一小時，至晚又告不亮矣。

9月20日　星期四　晴

家事

上週託友人在各省立小學幼稚園設法覓取轉學證明書，以為紹彭轉入女師附小幼稚園之證件，連日已陸續收到回信，其中李祥麟太太由花蓮來信及王培五女士由屏東來信，均表示不能，台南師範之馬忠良兄與前在新竹師範現在華僑中學之周紹賢兄則各將證明書寄到，其中新竹師範之一份因尚須填年齡籍貫等項，為恐墨水色澤不同，未加採用，今晨持台南師範之一份往訪女師附小柳校長子德，余初簡單說明來意，渠似已忘卻，詳說後始憶及，當將證明書收存，並囑余再請曹緯初兄介紹訪問幼稚園李錦廉主任，以免彼獨斷獨行，反為不美，余乃至教育廳訪曹兄取來介紹片一張，先行蓋章，余再加寫文字，遂至幼稚園訪李主任，李主任謂須有公文經校長批辦始可，彼以校長之意思為意思，余乃道謝拜託而告辭，此即柳校長所擬達到之目的，李主任之反應完全如期。

瑣記

到電信局訪嵇局長觀，催按電話，彼云須待抽籤中籤者施工將竣後約二月復始可為之，余云將先來函並填送表格，渠允照辦，並先檢余空白表一份。

9 月 21 日　星期五　晴

家事

上午到女師附小訪柳校長子德，告以已訪幼兒園李主任，其即將昨日之轉學證明書尋出，批「准予註冊，但須具保證書」，余送幼稚園，與羅女士接洽，渠詢之開會中之李主任，答云照註冊，乃回家取錢及照片，並填調查表與所謂「保證書」，文曰保證絕不以任何理由將來要求直升附小，交羅女士後即取得收據與接送證，編大班乙組，今日下午即開始上學。下午到教育廳同各省中分部家長代表向劉先雲廳長交涉確定分部經費與設備，劉氏云極有同感，只是財政困難，希望多所幫助及呼籲。

集會

下午出席會計師公會常務理事會，討論對財廳簡易會計制度之意見。

9 月 22 日　星期六　雨

家事

上午，送紹彭到女師附小幼兒園上課，紹因與俱，然後率紹因到台大醫院看眼，眼科楊主任燕飛本謂俟結膜不發炎後對其左眼腫大作病理檢查，今日診察則認為使用新藥 Achromycin 成效極佳，左眼上瞼本有硬塊，現已變軟，主張再續用第二瓶，過一相當時期看情形如何再決定作病理檢查與否，第二瓶使用次數可以較少，每日右眼兩次、左眼三次，看後又率同紹因到女師附小幼兒園接紹彭放學回家，其時頗有陣雨，致途中在新公園音樂台避雨多時，紹彭到女師附小幼稚園為第二天，余見其在內與其他同班舊生已能合群，不若以前初入忠心幼稚園時之強留接送人陪同在園，可見已經十分老練，且其秉性頗能因應環境打開局面也。

9月23日　星期日　晴有陣雨

集會

上午，到女師附小幼兒園參加該園家長會，因雨中到者不多，只三、四十人，占總數十分之一而已，由主任李錦廉報告奉附小通知於廿八日教師節發動尊師運動，捐款慰勞，於是發言者甚多，皆表示此舉之應當，但具體辦法討論良久始決定，原則上每人二十元，多多益善，期限以二十六日為截止期，最後並通過家長代表選定九人，余亦當選，乃紀萬德兄所提出，據報告歷年幼生畢業直升小學以紀兄之力居多，今年新生雖均具結絕不要求直升，但此問題並不能真解決云，會議歷二小時散。

交際

裴鳴宇氏之姪下午在會賓樓結婚，三日前隋玠夫兄電話約一同送禮，隋兄已接喜柬，余則未接，今晨到隋兄家詢問如何送禮，不遇，其夫人云準備臨時送現金，余乃於下午五時前往，送現金一百元，賓客有百餘人，頗極一時之盛。

9月24日　星期一　晴

瑣記

同事務所之李洪嶽律師語余，共同訂約承租合作大樓三樓之聚豐泰戰文中決定將其所使用之一間轉讓於人，該號移至戰之家中，在彼移走後希望余等之事務所移至彼所使用之一間，此為當初余等應早已使用而被彼等以先佔之方式占去者，余認為無所不可，雖目前之一間使用已久，實有「安土重遷」之感，問題在於電話，據云自找電料行代為將話機移至隔壁即可，因不是電信局之所謂移機，故不必申請云。

集會

晚，舉行小組會議，討論下月十四日之區長選舉事項，黨內提名候選人為曹重識，須全體予以支持，此外尚須分頭向本區以外之友人處活動請其投該區內本黨候選人之票，上級黨部指定之方式為所謂「交代關係」，實際不易做好云。

9月25日　星期二　晴有陣雨

家事

本月二十八日孔子誕辰為教師節，教育會發起尊師金，而各校情形不一，余有子女五人均在公立大中小學，除台灣大學一人不聞有所發動外，其餘計一女中分部所定原則為五元，女師附小二人本聞訂定原則為十元，現又改為二十元，附小幼兒園定原則為二十元，余因被選為家長會代表，為表示贊助此舉，故於今日送去二十元，掣有收據，聞外間之學校有規定原則達五十元以上者，家長經濟狀況不佳，輒疲於奔命，窮於應付焉。紹南在主計月報社投送會計徵文答案於今日發給獎品，計現金一百五十元，該社出版書刊五、六種，聞三名中除書刊相同外，第一名與第三名各增減五十元。

瑣記

備函台北電信局及附送申請書，請依照去年該總局錢局長簽洪秘書蘭友之函從速為余裝設電話，函之名義用國大代表，電話戶名用會計師事務所。

9月26日　星期三　晴

師友

上午，到齊魯企業公司訪楊象德君，因日昨渠到余寓所不遇，後以電話相告，美國大使館有公函致齊魯公司查詢余之服務期間及能力、學歷、品行、經驗、信譽等項，余允略加開列作為參考，於今日將所開送往，並觀原來文內容，該函內容與致李祥麟、趙葆全、董成器者相同，只在前端詢證任職期間而已，余與楊君洽談後又到李世澂總經理處拜訪，說明原委，並研究數點，其一為用中文抑用英文答復，李君主用中文，楊君主用英文，決定先用中文辦稿送其董事長陳良閱後再說，其二為余在所填送安全分署之申請表上履歷欄將齊魯公司譯為 Chi Lu Industrial Co., Ltd.，今日見該公司信箋始憶及應為 Shantung Syndicate，此本為余所習知，只因離開數年，印象變淡，現公司如用英文答復，或用中文答復而信箋上印有英文時，為免大使館不接頭，及主辦者懷疑何以余在任三年竟不知其英文名稱起見，希望能加註說明公司舊有譯名為照音直譯，好在此項英譯名並非向官署註冊使用者，無論何字皆無關係也云。下午到財政部錢幣司訪成雲璈科長，為慮及安全分署調查余之經歷時，可能向財政部調查余任職山東省銀行一段，故以此事見詢，成兄答未見此項公文，余託其如公文到時請保持聯絡，成兄並為余介紹同司另一科長莫君亦代注意，又同訪人事室，不在，成兄當代達。

業務

下午到經濟部向主辦公司變更登記之朱君華章查詢黃海公司變更登記申請處理情形，據云尚在調閱舊卷，余囑其不必，因舊卷已恐無存，請詢部派董監云。

9 月 27 日　星期四　晴

集會（補昨日）

晚，出席小組會臨時會，因下月十四日將舉行區長選舉，黨內提名獲票最多者為曹重識，故上級黨部一再通告須全體支持曹為區長，又區長競選有發展至黨外之辦法，其法在本區者均在里鄰範圍內根據戶口記載分擔拉票之工作，在外區者則有所謂「關係交代表」由每人填寫三張，其中每張為兩聯，首聯內填填表人姓名地點，外區黨外友人某某之姓名地點，並預留空白備該區區黨部所指定之黨員填寫其姓名地點，將來此友人即由此同區之指定黨員前往聯絡，第二聯為一便條格式，由填表人預先將抬頭及本人之簽名簽就，留空白聯絡人姓名，備該區區黨部指定後再行補填，即持此便條作為代表填表人前往訪問，余三張表所填者，一為城中區開封街一段八十一號之李明軒兄，二為城中區武昌街一段四十四號之汪流航兄，三為本區金門街四四巷十六號（據云本區內者亦可填寫）之劉階平兄，一一填就後於今日交小組長，至於此三人是否須先行一一訪問，在小組會上見解不一，多數主張應先行訪問，以免將來聯絡人素不相識即往拉票，不易發生效果，且恐為時已晚，早被其他競選人捷足先登，余對此點亦有同感，但認為上級黨部竟不將該區之本黨候選人開示，空言前往作游說工作，且須請人等候一將來不知姓名之人員前來告知投誰之票，貽人以不良印象，使人有不尊重其選舉自由意志之感覺，效果恐將適得其反，故余並未分頭前往說明，至於本里內之活動對象，余認定為本巷七號吳姓。

業務

與台灣電力公司財務處長李耀西兄通電話，據云夏間進行之請該公司依法將去年之資產負債表與損益表送財廳，併在送前送余以會計師名義加以簽證，李兄本主張照規定辦理，但該公司會計處到財政廳查詢，認為可以通融，公營事業不必專送，按此案為證券商管理辦法所定，凡有上市證券之發行機構須每年將財務報告經會計師簽證後送財政廳審核，條文內並無公營民營之別，當時該公司本認為公營事業之決算均經審計部核定，似不必由會計師核簽，但財廳辦事人認為硬性規定事項不能變通，現則出爾反爾，自變其主見，甚矣目前行政機關守法精神之薄弱也，余聞言唯有太息而已。

師友

張景文兄之內弟邊君明日完婚，今日由張兄出面登報，晚與德芳到吉林路拜訪，並送贈衣料一件，據云新郎在保警二總隊服務，新娘為台籍小姐云。

9月28日　星期五　晴

師友

下午，到泰順街訪楊綿仲氏，余近兩年來除春節拜年及有時在楊宅有何應酬外，幾於未作一次專訪，其原因為前年曾為有意向俞鴻鈞氏進行財政金融方面之職務，而向楊氏表示請求幫忙，楊氏謂與俞氏間之關係乃尊而不親，饗余以閉門羹，余回憶劉振東氏曾謂楊氏官僚氣太重，於此得一徵驗，故甚無前往單獨拜會之興致，今日為教師節亦即孔子聖誕，放假一天，晚間又有應酬，乃思往作一次之拜晤，至則楊氏適在寓會客，自謂自入夏以來，足不出戶，閉門半載，友人久疏矣，閒談移時後，余提及交通銀行之子弟教育儲蓄存款事，蓋以前楊氏曾提及彼為其公子在交通銀行存有教育儲蓄存款，向財政部交涉支用，其時部長嚴家淦云待收復大陸再談，當時甚為氣憤，竟欲向法院起訴，荏苒未果，今日楊氏謂該案曾託朱鼎兄向交通銀行董事長趙志垚處商洽，三年未有結果，楊氏與趙過去在湖北似不無芥蒂，因而此事益有難於解決之苦，余告楊氏所以此時提及此事之動機，乃在於閱報載有中國交通銀行登記商股股東之啟事，該兩行對於其自身之股東難得未曾忘懷，今存款戶尤其儲蓄存款戶，其為銀行之純粹對外負債，應比對於股東之權益更受重視者，反不聞政府及銀行有何處理辦法，甚覺輕重之間未獲適當之待遇，故將向該行總經理趙葆全將此一問題提出，楊氏謂此為亟應進行之事，容先向朱鼎兄將存款資料取回，定期請趙葆全兄便飯，請其對此案覓取有效之解決途徑，余所顧慮者為在政府凍結國家銀行負債之命令未有變更以前，必先向財政部請示，財政部又向上請示，以次或再發還兩行簽議辦法，踢皮球之手法一來，再過三年不獲解決亦未可知，楊氏認為如不能得賢明之處理，即證明政府自絕於其國民，即不妨委請律師或會計師代表登報向外徵求存戶登記，共同行動以求取償，當不虞其不予以澈底之考慮，此意並可先行聲揚出去，用以造成效果云。

交際

晚，到鹿鳴春參加張景文兄之內弟邊樹椒與林綉女士之結婚典禮，到有來賓百人左右，新郎供職保警第二總隊，客人以警察界及在台其近同鄉為多，至張兄方面之賓客則不甚多，其原因為彼雖於昨日以家長身份登報，但因係其內弟且未指明喜事之時間與地點，若干與張太太無往來之友人即樂得作為不知矣，新娘為台灣人，但頎長雍容，如大陸閨秀，不可多得也。

9月29日　星期六　晴

集會

晚，到裕台公司出席研究小組，由高化臣主席，楊耕經紀錄，王一臨讀院長訓詞，盛禮約作專題報告，題為「美援之種類及其爭取」，盛兄服務於美援運用委員會會計處，對於美援有關之資料蒐集頗勤，故今日所報告者亦最詳盡，首段為開場白，說明美援對我財政經濟發生巨大之安定作用，故不問美國之動機是否為我，在功效上確應積極爭取，按目前情形，除軍備部分不易計算價格外，在物資方面大約每年有一億元美金之獲得，此項物資得以吸回新台幣二十餘億元，恰為台灣省政府全部預算經費之數，渠繼說明美援之種類，其中分為五大類，第一類為共同安全法案下之美援，其中包括軍援與經援二者，軍援由美國防部與我國防部分別主持授受，其中有純軍備的援助與直接防禦支持之二項，後者指軍火以外之供應如服裝、給養、營房、油料、交通、工具、兵工器材等，均為贈予，但軍棉、軍麥須由我政府支付台幣價款，經援由國際合作總署主持，分防禦支持與技術援助及其他援助等，防禦支持中除剩餘農產品須支付價款外，其餘皆為贈予，而其中又必須有一部分易於變現之物資，俾變為台幣以支持軍援之進行，技術援助則包括美國來華技術人員與我方選派赴美之人員等費用，其他援助則視情形而異，與我國有關者為總統自由動用援外專款、濟助流亡人士及移民入美專款、兒童福利及救濟專款、投資保證、原子爐計劃等，第二類為剩餘農產品美援，如所謂共同安全法案第五五〇節美援、第四〇二節美援、第四八〇號公法美援等等，第三類為以保證代援助，指投資保證與文化傳播保證等而言，第四類為海外衍生之當地貨幣援助，包括所在國之相對基金、出售四〇二節農產品價款、出售四八〇號公法農產品價款、投資保證所得之貨幣、文化傳播保證而得之當地貨幣、貸款到期所收本國貨幣等項，第五類為銀行貸款，指進出口銀行之貸款而言，以下又分析如何爭取之道，並兼及如何在爭取之後覓取最經濟之運用方法，例如向海外低價之處買進物資等，全篇歷二小時始報告完畢，不可多得之資料也。

家事

上午，率紹因先將紹彭送至女師附小幼兒園入學（星期六例為上午班），然後到台大醫院看眼，今日未經眼科楊燕飛主任診察，僅由另一醫師看後搽藥並囑繼續使用 Achromycin 點眼，謂眼部腫大處變軟，情形甚好。

9 月 30 日　星期日　晴

娛樂

晚，同德芳到省立圖書館參加該館與美國新聞處及教育廳交響樂團合辦之音樂欣賞會，今日為第一百次，五週年紀念，節目較為不同，因而聽眾特多，不但室內座無虛席，即室外大廳亦多徘徊不能遽去之人，不知其發出入場券何以如此漫無限制，所幸秩序尚無紊亂之象，只覺人頭攢動，氣氛不夠寧靜耳，今日節目第一部分為管弦樂合奏，計五個曲，包括西藏風光、高峰積雪、草原牧歌、桑頁幽冥、金鵲舞會等，第二部分為小提琴獨奏，「故園之戀」，朱永鎮遺作，司徒興城演奏，第三部分為男低音獨唱，由斯義桂擔任，計有滿江紅、我住長江頭、紅豆詞、教我如何不想他、茶花女飲酒歌、長城謠等首，第四部分為男中音獨唱，史蒂芬康尼提擔任，計有眾人們快樂吧、獻給一曲、邁布皇后敘述詩、村酒高歌、我買了一隻貓等首，第五部分為女低音獨唱，瑪麗安德遜夫人擔任，有與主同在、走過了麥田、悲歌等首，均由鋼琴小提琴配奏，最後為管弦樂合奏阿美尼亞組曲，余因為時已晏，未終而返，今日已聆聽各節仍以安德遜之獨唱為最精彩，走過了麥田曾聽過，極有意境，今日全部演奏皆為紙帶錄音放送。

10月1日　星期一　晴

瑣記

上午，到古亭區公所辦理戶口遷入手續，緣余前次為便於城中區申請住戶電話，曾將戶口移至信用合作大樓，迨登記電話抽籤調查，又限於須用會計師事務所名義，故此項遷移毫無作用，上月半戶口普查為求實際相符乃又遷回古亭區，其時因該區公所事務太忙，僅在遷入之申請書上加蓋戳記，待月底補辦正式之遷入，余於今日到國民大會秘書處之便，就近赴古亭區公所補辦此項手續，見洽辦戶口手續者極眾，乃將名簿等留該處，另至國大秘書處支領公費，送交子女教育費申請書，登記毛線配購，為張彬作台大保證人加蓋機關印信等事，回至該公所仍未有輪至余之模影，乃先回寓將所買之菜送回，然後再到該公所，渠始告余須將前在城中區之戶口名簿一併送該公所，以便於遷入龍匣里戶籍後，將該名簿註銷退回城中區，於是毫無結果而返，下午五時半余由事務所返，再到區所將城中區名簿遞送，並詢何以知此名簿只余一人，而發生遷移後之註銷問題，渠告余全戶與一部分之遷移申請書不同，如不欲註銷，余自成一戶，即可仍用舊名簿，余思如此亦無不可，即照辦帶回，但與戶口普查所記有出入矣。

10月2日　星期二　晴

瑣記

行政院致國民大會秘書處函一件，為對於以放領地建屋之地權與使用問題，經交各有關部分會研辦法，已得結論四項，通行知照辦理，余今日與李洪嶽、吳崇泉將辦法加以研究，余等在景美合買之放領地似對於第二、第三兩點均可適用，蓋第二點謂凡在去年八月三十日放領地獎勵提前繳價辦法公布以前如有移轉之事實者，須照耕者有其田條例施行細則規定，由縣市政府將地收回重新售之使用人，其售價由縣市議會核定呈由行政院核准，如在都市計劃實施範圍內而有規定之地價者，須照規定地價辦理，第三項規定凡在都市計劃範圍內劃為建築區域者，准予將地價繳清後轉移使用，不受提前繳價獎勵辦法之限制，依第二項甚嚴，似乎為對於已有建築物者之處罰，依第三項則甚寬，似乎為對於尚未建築者所示之寬大，但亦有解釋為第二項之範圍乃指都市計劃內非建築區及非都市計劃內之土地而言者，意在維持農地之不作他用，故加種種限制，第三項則對於區內放領地之不能不變更使用之事實加以承認，准佃戶自行出售，以示遷就事實，其重要原則在著眼於土地使用之合理，不使不合法之使用繼續蔓延，此項解釋亦頗有理由也。

10月3日　星期三　雨

娛樂

世界聞名之大提琴家帕特高爾斯基昨日抵台灣，今晚在信義路國際學舍演奏一場，由台灣廣播電台轉播，余由收音機內聽其妙音，今日演奏之樂曲有：貝多芬A大調奏鳴曲、巴哈C大調組曲、修伯特序曲及變奏曲、卡布蘭慶會華爾滋舞曲、杜褒西奏鳴曲、福里悲歌、聖樂熱情快奏曲等，歷二小時始畢，余於音樂本完全隔膜，數年前聽收音機只聽京戲或河南梆子等地方戲，於西樂毫無興趣，近年漸漸耐心聽交響樂，尚未能完全了解，但對於小提琴曲則有一種直覺的欣賞，每一聆聽，即有沁人心脾之妙感，而無法言傳，且對於名手之演奏與通俗之演奏能夠辨別其雅俗，故今日聆聽帕特高爾斯基之演奏，亦感覺心領神會，有一種莫可言傳之了解焉，人謂音樂為無聲之語言，惜乎余尚不能完全了解也。

瑣記

連日因數日前火車站前棚戶失火，延及紙業公司將紙燃燒後火球飛散，博愛路繼有波及者，於是皆對於消防特加注意，余之事務所信用合作大樓即在博愛路附近，今日房東第十信用合作社來函請注意加強消防設備，三樓房客皆接有同樣函件，乃會同答復請改善三樓供水，否則無法負責預防云。

10 月 4 日　星期四　雨

聽講

余在收音機收聽美國新聞處之英語廣播，第一次為民本電台，第一冊完畢，現在又再度重播，而收音機修理完善後，華聲電台亦可收聽，該台係開始較遲者，現亦將次授畢，余由此兩台之收聽自審對於英語發音與會話頗多幫助，在發音方面亦有若干可以與半年前所學國際音標相融會之處，余半年前所學國際音標單元音、複元音與三重元音共有二十餘個，而美國新聞處廣播課本為 Anne Cochran 所編，元音音標只有十四個，為一切音標之最簡單者，例如其 [ə] 音所包括者除本身之模糊音外，尚有 [ʌ] 音，而 [əː] 音亦只在 [ə] 後另加 [r]，[ɔ] 音亦只有一個，無 [ɔː] 之長音，俱有所簡化，余又比較此作者之另一本英語讀音法，見其所採音標亦已有所改變，例如長 i 本作 [iy]，現作 [i]，短 i 本作 [i]，現作[ɪ]，長 A 本作 [ey]，現作 [e]，而本以 [e] 作短 e 者，現則改用 [ε]，長 u 本用 [uw]，現用 [u]，短 u 本用 [u]，現用 [ʊ]，長 o 本用 [ow]，現用 [o]，而 [ay]、[aw]、[oy] 則改用 [ai]、[au]、[ɔi] 三音標，亦可見其改進之處為漸漸擷眾長以自實，蓋所採之新音標固多取自 Kenyon and Knott 或 Daniel Jones 之所用，此二者乃英美二國採用之國際音標而略有損益者也，余意如能分久必合，則大佳也。

10月5日　星期五　晴有陣雨

業務

台北市第四建築信用合作社在孫伯棠任理事主席期間因經營不善而陷於擱淺，其間曾請余詳查兩年間之帳目，查後擬送報告書後，通知該社兩年公費共為五千元正，蓋照最低費率計算，孫遲遲不付，促其先行登帳，以免日久無所根據，據云已照四千元登帳，洎鄭希冉、張乃恆、邢開惕等受盤承辦，鄭君與余接洽，可否照半數折讓了帳，余允照辦，但其餘半數請改為社股，鄭君允照辦，但云今年重起爐灶，詢余顧問公費如何，余告以一千元至六千元，皆無所謂，以後直至去年春節除夕，鄭君始將二千元交來，而股票事又不提起，今年余將顧問證書送之鄭君，彼方亦無聘書，其間曾代該社核算利息出具證明，以為該社對抗一理事雷賓玉糾紛之依據，辦理後亦絕無表示，張乃恆為與余同事務所李洪嶽律師之婿，張固常來，相遇亦無一言，似乎彼等代孫伯棠還帳之款可以永作一種代價者，秋來開支較多，中秋節時該社全無表示，余乃前數日函鄭君促轉社方對承諾未辦事項速即履行，渠乃復函云，社內之收支仍難平衡，擬俟年底致送公費一千元，至於入社須填表始可，一派官腔，於以見近今一般社會對律師會計師之油滑矣。

10月6日　星期六　晴

家事

上午，與紹寧、紹因共同送紹彭至女師附小幼稚園後，即率二人至台大醫院，紹寧治鼻炎，紹因續檢查正在治療中之眼皮，紹寧先看，其練習醫師詳與檢查後，再由醫師洪文治診斷，認為耳喉俱無毛病，鼻腔略有發炎，當處方向藥局領配藥油一種點入，每日三次，每次三滴，紹因則經檢查後認為又有進步，且謂砂眼甚重，但不必行手術，續用 Achromycin 點眼即可，近兩次只照例檢查，未有由楊燕飛主任診斷，費用方面，余因恐長久累積亦殊可觀，故余日昨向國民大會秘書處索取證明函向掛號處領優待券二張，照規定對於公教人員及其眷屬可以免掛號費，而治療檢查等費可以減收八成也。紹寧、紹因所以可以同時往看病者，因紹因為下午班，紹寧為上午班而今日起停課八天，蓋女師附小供用為各軍事學校來台北備雙十節檢閱之學生住宿也。紹南今年開學為台大商學系四年級生，自去年曾擔任短期非正式助教，因表現甚佳，今年開學後教授講師又爭事羅致，反置今夏畢業生於不顧，惟此事需時間太多，均一一婉拒，另外在中和鄉臨時擔任家庭教師，余亦主張稍緩亦可以辭去也。

師友

鄰人周靖波夫人李曉琴為山東同鄉，日前到法商學院投考打字員，託余向該院有關方面託人關說，余以電話與童世荃氏聯絡，昨日下午未獲接談，今日上午、下午又各去一次電話，仍均云童氏並未到校，詢尹樹生兄則云又已出差，甚為失望。

10月7日　星期日　晴

師友

下午，王慕堂兄來訪，適余與德芳外出，正在杭州南路信義路口等車，乃與王兄相遇，余日昨曾函請轉洽茶葉聯營公司照其原議將公費分兩次支付，目前先付半數，以應付目前之開支，王兄云將此意轉達，但又慮及余此刻需款，故將先送一千元暫用，余告以尚非如此迫切，不過因事務所房租到期，必須在最近之一月或半月內支付，故先事張羅，對彼交款堅決辭謝。下午，同德芳率紹寧、紹因、紹彭到通化街官兵退除役就業輔導委員會宿舍，訪問徐嘉禾、陸冠裳、于懷忠三夫婦，蓋三家居住比鄰，皆係最近數月內宿舍建成後遷來居住者也，僅遇徐、于二兄，徐君刻在八堵辦公，主持附屬單位之不適服現役官兵鑑定中心，據云此中依照美國之福來顧問公司之建議，採用大學心理學系之方法，並延聘若干心理學教授從事於種種測驗工作，其法新穎，而未必能適合實際之情況，惟在美援下只得如此云。

10月8日　星期一　晴

師友

同區分部小組之周靖波其夫人前應省立法商學院招考中文打字員之試驗，詢余有無熟人可託，余當於上星期五、六數度與童世荃兄通電話，皆未獲通，昨日周太太來告已接通知，初試及格，定八日複試，此時仍須託人關照，余當即備函一封交周太太持赴連雲街訪童兄，歸云今日上午童兄必到法商學院與經辦考試之人員接洽，今日下午歸謂童兄依約定到院與關係人員特加說明，至於複試情形，謂係加考英文打字，若干初試及格者對此予以放棄，最後只有五人參加，由此中錄取兩人，照情形觀察，或不致名落孫山，容明日再與童兄取適當聯絡焉。

10月9日　星期二　晴

集會

下午到會計師公會出席常務理事會，討論事項一件，即關於外間有代辦工商登記之組織將奉准申辦商業登記，本公會有無表示態度之必要，據值月常務理事汪流航報告，張安侯會計師通知云工商協進會之徵信所辦理工商登記事項已奉經濟部解釋照准，因而往建設廳詢問保安街之一家工商服務社申請登記未知政府持何態度，始知建廳已呈奉經濟部解釋認為可以照辦，但若干會計師認為此乃向來歸會計師辦理之業務，不能無所表示，余則認為事實固係如此，然會計師以外之人員或機構辦理會計業務雖法所禁止，且有以此申請商業登記者亦未獲准，固屬有案可查，但代辦登記與商標註冊專利等事項其情形則屬不同，蓋此等事項不是專業，從無排它性之規定也，結果決定由汪君與其他會計師三人往建設廳行走一遭作一度之努力，只問耕耘不問收穫，以示公會對此並非充耳不聞，只是無能為力而已。晚，舉行區分部小組會議，除報告普通公文外，即為對於十四日區長選舉一事交換意見，此次古亭區長之登記候選人為曹重識、陳祖民二人，曹係黨內提名投票得最多數者，自應一體支持，陳則只得少數票，然不顧黨內決策，自行登記，依理應不予投票，不料正會議間，接陳來函謂以前發現攻訐其私人之匿名油印，已經調查局鑑定發出信封為曹妻所寫，有此敗德行為，應撤銷其候選人資格，案經省黨部議決云，雖未見黨部公文，然不類虛構，果爾則古亭區雖有二候選人，然由黨內言之，無一合格，則十四日應如何投票，大成問題，余主張在接到正式公文時應立即向上級黨部請示，如無圓滿解決，即停止投票，以示抗議，此等事實等兒戲，聞曹之提名當選，亦不無內幕云。

10月10日　星期三　晴

國慶

今日為四十五年國慶紀念，休假一天，介壽館總統府前有盛大閱兵典禮，陸海軍須在閱兵場校閱，空軍則由余寓所前之大街廣場即可觀看，其分列式按機型編排，每隊九架，由東南方飛向總統府前上空受檢，另有噴射機四架，分二組在高空表演，兩架一組，相拱作環形飛行，尾梢飛機雲如白練揚空，且時時交叉作十字，蔚為奇觀，余上午並率紹因、紹彭至南海路、南昌路一帶看街景，一片熙攘氣象，男女老幼皆向北步行至總統府前看閱兵，聞有黎明即行出發前往，已經人潮洶湧，立足無地者，下午同德芳率紹中、紹寧、紹因、紹彭到余事務所樓上看中山堂前種種慶祝節目，因到達已近六時，美國軍援顧問團贈送軍實之儀式已經舉行完畢，且已將直升飛機、車床、加農大砲與軍艦三艘模型於接受後運走矣，時近薄暮，提燈會各團體學校相繼集中，七時由此出發至鬧市遊行，有持紅燈者，有燃火炬者，情況熱烈，移時焰火開放，歷一小時，惜花樣不多，於是下樓作歸計，德芳等三輪車，余率紹因在博愛路等〇路公車，良久始至，反之若干他路車由此繞道者反接踵而來，欲搭乘之，雖空行亦不置理，此地公共汽車之壞，於此又獲一證，歸後用晚飯，飯後聽收音機，各電台多有平劇特別節目，惜以錄音湊成者居多，到台演唱者幾乎無之，夜分始睡。

10月11日　星期四　晴有陣雨

參觀

到新聞大樓參觀經濟部督辦之台灣工業外銷產品樣品展覽，此項展覽之目的在供回國慶祝國慶及祝壽之僑團參考之用，參加之物品只有機器、馬達、鋼鐵、水泥、絲織、棉織、藥品、肥皂、膠品、製紙、木材、自行車等等，余瀏覽一過，似乎感覺並不十分豐富，或係不能外銷者根本不來參加之故，較有特色者為工藝品，其餘皆非特產也。

集會

晚，出席龍匣里里民大會，情形非常寥落，只由里幹事從事指揮，里長且不到會，區公所似亦無人參加，宜乎其如此也，余因事早退，除報告節目外，未知其他。

師友

晚，張子文君來訪，據云其所經營之義通證券公司本擬託余代為清理結束，後因會計師徐光前允不看帳目即為承辦，故改委徐辦，但後徐又畏負責，只導演而不出面，同時另有一會計師曲直生（且為立法委員之律師）包辦為其電話辦理出頂，既支公費，又不出收條，未辦妥亦不退費，以致至今結束工作未能辦竣云，又談其新近與某女士訂婚，聞近與徐光前往返甚密，向余探詢徐之情形，余對徐之私生活並無所知。

10月12日　星期五　晴

瑣記

會計師公會黨團幹事會今日開會，該會各幹事皆為理監事，而無常務理監事，故開會時皆通知常務理監事前往列席，余雖接通知，但未往出席，其原因為該會各幹事往往不到，尸位素餐，列席者更感索然寡味，且此項幹事會人數雖多，代表性則極偏狹，幾乎為徐光前、程烈等東北人及其同路人所包辦，雅不欲廁身其間也，其中唯一例外之少數派為鄒馨棣會計師，今日吳崇泉兄接鄒君電話云，開會結果討論兩事，決定下星期一中午餐會交換意見，再作最後之決定，其一為關於本屆會員大會之召集日期問題，依規定十二月間即應舉行，有人主張為便於黨團運用，不妨將日期延後，俾得從容布置，其二為毛松年會計師提出辭常務理事問題，是否核准，如核准如何補選，亦待商討，其實此一問題並不如此簡單，蓋毛君在理事會屬於七人集團之一員，當初選舉之時選舉人之多數集團為八人，此八人在壓倒票數之下使毛君當選者，而七人集團亦全體投毛君之票，故今日之事並不能由黨團作何決定，蓋黨團幹事在理事會中為少數，欲以少數挾制多數，或甚至硬性的以彼等黨團幹事會之名義，君臨多數派中之有黨籍者必須以彼等之意見為意見，皆天真幼稚之幻想也，況毛君之辭職是何原因，團體性的抑個人性的，乃至是否與其服務之中央黨部職務有所牽掣，彼未明言，恐即在黨團幹事會上亦未必明言，此等不能深明底蘊之事而欲由此等隔閡含混之人等由聚餐討論而得決策，亦戛戛乎其難哉。在理事會中八人集團中共有黨員五人，即余與吳、鄒二君及嚴以霖與虞舜，余與吳兄不欲再事競選下屆理事，吳兄之意最好仍能提出候選之人選參加，余亦贊成，唯一時難得耳，余之所以不參加者，因即將收業，且回顧數年來殊覺難有伸張正義之機會，了無興致也。

10 月 13 日 星期六 晴

瑣記

余向不舉債，但友朋間來通有無者則往往有之，雖有借無還者居其多數，然亦甚少向其追索，結果即不了了之，由借一變而為送而已，近來每月無業務收入，僅恃國大代表之待遇，維持一家之生活且應付事務所之開支，早感捉襟見肘，現在債戶中之情況勝余遠甚者為廖毅宏兄，彼在七年前借去美金三十元，數年潦倒，現則夫婦二人均有公職，且受有私人方面之待遇，而對於該款始終不肯清還，反之吃喝賭博，其樂無涯，余乃於今日去信請其對余之不能周轉之現況賜予援手焉。

10 月 14 日 星期日 晴

選舉

今日為台北市各區長改選投票之期，余居古亭區，候選人有二人，一為現任區長陳祖民，二為國民黨內經過普選提名之曹重識，此二人均為黨員，但其競選方式均有未當，在黨內舉行提名選舉之時，聞因曹重識暗中得市黨部之支持及其中央軍校畢業生集團之努力，而得多數票為黨內提名候選人，但在提名後，向選舉事務所登記時，曹依規定應往登記，陳則不能登記，但彼不服從黨內之規定，仍然向事務所登記，就黨內言之，黨員不應支持，如竟當選，黨部應限令辭職退讓，故就大勢觀察，於曹有利，而半月來各小組及黨員均一貫為曹活動選票，本月九日忽有陳祖民發出通函，謂以前有攻擊陳祖民之傳單，其發出之封套已經司法行政部調查局鑑定為曹妻所寫，於是省黨部決定撤銷曹之黨內提名資格，此項函件聞除陳印發外，區黨部一直未發，即發亦為時甚晚，且不普遍，在此情形之下，二人在黨內均已無向黨員要求支持之資格，彼等只係以普通身份登記競選而已，余在九日前之態度為支持曹重識，雖素昧平生，且與陳祖民曾有往來，然義應如此，曹受處分後又決定候黨部指示，設其指示竟不合理，則只投廢票或投陳祖民，蓋陳雖違反黨紀，今曹亦其情相同，二者相權，陳尚無曹之劣行也，昨晚又接區黨部通告，謂曹雖撤銷黨內候選人之資格，然其在選舉事務所之登記決然有效而合法，經決議通過公告小組以便澄清，文字含混，不知係何方所議決，又謂據三分部一組長鄧文儀等八個小組報稱，陳祖民在選舉公報上未寫明黨籍顯係脫黨競選，應報請查明懲處，經區委員會議決，陳未填黨籍，曹填有黨籍，為保持黨在古亭區之「優良傳統」，決議籲請全體同志支持有黨籍之曹重識同志，至於陳祖民未填黨籍是否有投機取巧脫黨行為，報請上級查明從嚴議處，云云，此項通告顯然為不顧上級之處分，仍然一意孤行，尤其由於偏見之作用，對於以前曹受處分之經過，及上級黨部決定黨在古亭區不提名而自由競選之決定概無通告，此次因另有局部之議決而通告至全體黨員，每人一份，此非操縱而何，且鄧文儀亦不過一組長而已，文內提出其名，則因其有內政部次長身份，多少含有挾以自重之意味，不知鄧亦中央軍校者，其活動動機之為挾私攻訐，更屬情見乎辭，余今日本決定投陳祖民票，但至投票處查閱名冊未有姓名，始知最近由城中區移來戶口未足六月，無選舉權，正可為余解除困難也。

10月15日　星期一　晴

師友

上午，王興西代表來訪，贈高麗參半斤餘、蘋果八隻、蝦米斤餘，謂因夏間代其充任保證人辦理出境回韓國之手續，表示感謝，並述此次申請出境證至今未能辦妥之原因，為三年前受人告發謂在仁川有新華書店為反動分子所經營，其中有王君之東本，經調查後知該書店在王君來台以前即被封閉，而店內人等均受處分，案已了結，未聞王君因案受連累，此次因又欲赴韓，其在仁川所營事業派駐香港人員本因挪用公款解職者具名向此間舊案重提，於是治安機關又須辦理調查手續，待韓國大使館回信後始可核辦，於是出境證拖延不發，渠亦即聽之云，余為王君保證，因其為同黨團小組之國大代表，其本人本為韓僑，而申請出境例應取保，且接受作保係在宋志先兄家，宋兄為人作保已經額滿，余乃慨然允諾，初不知其中尚有內幕，然此等內幕似亦無何保證之責任可言也。

集會

下午，出席會計師公會理事會議，討論案件一為毛松年辭常務理事，決議予以慰留，第二為本屆理監事為前年十一月選出，應準備改選，決議因準備不及，關於會員大會日期擬俟下次理事會再行討論，況本屆理監事就任之日遠在當選之後，實際在任並未滿二年也，此二案聞經今午有黨籍之理監事會商，對此作如此決定者，余未參加協商，因余下午始見通知之故，第三案為經濟部已准工商服務社辦理工商登記等業務，且對於以前解釋非會計師不能辦理工商界之會計業務一節亦加以變更，本會應如何對策，此案討論最久，決定推出理事分向市政府建設廳及經濟部交涉，內容對於會計師以外人士辦理會計業務應堅持之，對於工商登記則因係多年之傳統，亦請政府重視事實云。

參觀

到教育部參觀本年美術展覽會書法部分，出品不甚多，但頗有可供觀賞之作，如李向采之行書，董開章、彭醇士、陳含光、呂燦銘等之行書，莊嚴之瘦金體，丁念先之隸書，曾紹杰、丁翼、陳含光、宗孝忱之篆書，鄒湘喬、王壯為之楷書，于右任、卓君庸之草書，皆為精品，其中最富書卷氣者則彭醇士所臨王右軍心經，與丁念先之隸書，俱有雅俗共賞之造詣，而陳含光之行楷運以篆法，亦他人所望塵莫及也。

娛樂

晚，到省立圖書館聆聽唱片音樂會，全部為最近帕特高爾斯基在台大提琴演奏之錄音，計有海登嬉遊曲、貝多芬A大調奏鳴曲、韋伯主題與變奏曲、柯浦蘭圓舞曲慶典、聖賞A小調協奏曲、布洛赫乞禱、竇法拉火之舞、聖賞天鵝曲等。

10月16日　星期二　晴

家事

紹彭患流行性感冒，自上星期五即未上學，星期六曾以電話向女師附小幼稚園請假，治療方面初用同仁堂羚翹解毒丸，未見奏效，後到蔡文彬小兒科診所共三次，昨日為余率往，蔡醫師因其發熱情形上午輕而下午高不敢斷為何症，而舌苔情形有類副傷寒，故昨處方前先到南昌病理檢驗所驗血與小便，因白血球增加至一萬二千，故斷定並非傷寒，而確鑿無疑為流行性感冒，於是處方用氯黴素，一日量，今晨將藥服完，終日即未發燒，僅因連日發燒影響牙床與舌尖有口瘡。

集會

晚，出席經濟座談會於農林廳，由范鶴言報告此次考察歐美經濟之觀感，其所過之地區為瑞士、義大利、法國、美國與日本、西德，范氏對於瑞士之富足與工業化之程度極表推崇，於西德亦有類似之看法，對法國則認為落後，義大利則進步不夠，美國為刺激消費以求繁榮，他國罕有其匹，日本工資極低，國民所得不足，乃共產主義之溫床，最後又報告世界道德重整會議概況，此會議無組織、無章則，只有四項抽象之信仰，對任何具體事物不加主張，而主張則在其中，對任何人士不加勉強，而服膺之者竟遍於全球，故此一運動極應予以注意而求其了解也。

師友

下午隋玠夫兄來訪，談本星期六劉鐸山先生之長女公子于歸，已發出喜柬，余本已與隋兄通電話，彼適外出，於是乃商量送禮問題，隋兄之意，不如屆時送現金一百元，余則以為其地點在中山堂光復廳，甚為鋪張，如送喜幛或衣料能張掛者亦佳，於是乃決定待星期五作再度接觸，決定如何辦理，並會同外出購辦云。

參觀

婦聯會在長沙街會所展覽軍眷房屋模型與工藝品，房屋模型甚簡單，一種平民住宅而已，工藝品以刺繡為多，桃花貼花亦不少，此外則拖鞋等小物件而已。

10月17日　星期三　晴

師友

下午到中和鄉訪宋志先兄，不遇，與宋兄之岳太夫人閒談，並詢最近生日將到，可否擴大慶祝一番，太夫人甚謙遜，余未能問明日期，留字仍請志先兄便中相告，余今日訪志先兄之目的在商量繼續進行安裝電話問題，緣自去年電信總局長函復國大秘書處洪蘭友秘書長允俟擴機時設法，今年又經託徐君佩兄函管理局陳樹人局長，宋兄並面託陳允設法，另由交通部會計長朱如淦兄亦向陳說項，當時即將告成，而台北局嵇觀局長囑余仍行參加抽籤登記，其後又復落空，余往接洽，囑余填表，表填又復函歉難照辦，有類開人玩笑，留字請宋兄改日偕同往訪嵇局長。

10月18日　星期四　晴

家事

五省立中學聯合分部家長代表會代表周百鍊派人前來通知，訂今日下午四時連袂往見省政府嚴主席家淦，比往，未見有人先在，移時再往，見到周等六人，余參加為七人，在會客室等候至四時半，嚴氏送走外籍來賓後始出見，由余鵬代表說明來意，並面遞節略，請對各聯合分部之經費與設備加以擴充，嚴氏對此全無所知，詢是否與教育廳談過，謂該廳限於經費，未有辦法，嚴氏允約集財、教兩廳長商討云。

集會

下午三時，財政、建設兩廳召集有關機關及會計師數人商討所擬之簡易會計制度，此制度之目的在供徵收機關之課稅資料，其作用與注重會計原理推行會計制度者有別，故只在明白曉暢，使不通會計者亦能實行，會議開始首由建設廳長黃啟顯與財政廳長陳漢平說明召集會議之意義，次由第一科高興周科長報告草擬與修改之經過，今日提出者為第三次草案，然後就制度大旨與內容開始發言，余因他事半途離席復返，未有發言，其結論為將各人意見分別加以歸納，將由財政廳就專家之有時間者邀請數人加以整理實施云。晚，出席黨務小組會議，此為廿四日提前舉行之會，因二十一日將投票選舉出席市黨部代表大會之代表，故今日將應準備之事項如各黨員之出席會議紀錄表等加以填寫，以備持往投票，此次發出卡片競選者有十餘人，其中向本小組積極活動者為孫古業君，聞古亭區區域內將產生代表六名，故票數只須相當集中即可云。

師友

下午，牟瑞庭君來訪，據云現任建成區公所里幹事，因具備上校軍官可以比照簡任之資格，故向市黨部登記市長黨內候選人，其手續為自擬一種審查表，印六千份送市黨部分發各小組辦理考核，反映至區、市、省，最後中央，決定一名為候選人，牟君託余在小組及友人處活動，自知力量薄弱，故自稱不度德不量力，然又存幻想，是亦怪矣。

10 月 19 日　星期五　晴

師友

下午，隋玠夫、郭福培兩兄來訪，商談關於劉振東先生長女于歸應如何送禮，隋兄認為前日所看之軍眷繡品並不合用，渠在一委託行見有衣料一件花色尚好，乃一同往看，郭兄與余不甚同意，又至老介福欲選委託行所見之香港料，亦無中意者，最後選定用此地出品之織錦緞，雍容華貴，勝於舶來品多多，並另製金字。下午訪王慕堂兄，道謝其催收茶葉聯營公司顧問公費，不遇，留字致意焉。

瑣記

為景美地提前繳價事約集開會，到者不多，余託李洪嶽與孫福海代為決定。

10月20日　星期六　晴晚雨

家事

上午，到台大醫院為紹因看眼，據診治醫師云，角膜發炎之現象已經消除，但砂眼尚未痊癒，仍應繼續點藥，此後每月來看一次即可，余詢以楊燕飛主任前謂俟其發炎現象消除後為其作病理試驗，現在是否可做，據云自然可做，但不若先將砂眼治癒再做，余詢其左眼之眼皮腫大現象，現在有無新的見解，渠云恐多半為先天性的，因其中血管錯綜複雜，有此跡象，果爾則並不能治療云。看病後為時尚早，乃到新公園內看書，秋氣宜人，而無北方肅殺之像，洵可樂也，至十一時半即同到女師附小幼稚園接紹彭回家，該園今日上午集體游覽動物園。

師友

下午，鄒馨棣會計師來訪余與吳崇泉兄，商談最近即將屆臨之公會理監事選舉問題，緣現在之黨團為少數不良分子所把持，刻發出表格，請有黨籍之會計師填復是否競選與有若干票數等問題，雖為時尚早，然不能置之不復，經商談結果，認為不問是否競選，均應填準備競選字樣，以免麻煩，蓋黨團對於不競選者可能要求其統籌票數，其餘有知者亦將多所拜訪請託，將不堪其擾也，至於事實上如何進行，尚須待與共同行動之另外同仁商洽決定。

交際

晚，到中山堂參加劉振東先生之長女幼羣與馬炳堃結婚典禮，余因與劉氏有師生之誼，故於下午四時即早到充招待員，今日賀客極多，在六、七百人左右，可謂盛大，典禮亦甚隆重，惟用市上之樂隊，殊欠莊嚴耳，六時入席，與余同席者有王慕曾、張中寧、董成器、程世傑諸兄，彼等對余進行安全分署之職務，俱有所知，尤其王兄竟知錄取二名，余居其一，可謂消息靈通矣，惟余對於尚未完全實現之事仍作極審慎之保留，只云曾經填表送往審查，至今未接任何通知云。

10月21日　星期日　晴有微雨

選舉

上午，到十普寺投票選舉台北市黨部代表大會古亭區應出之市代表，此事昨日有孫吉業君登門拜託，亦為小組開會互相同意支持之人選，故照原議投孫君之票，但後有兩起競選者，一為葛之覃君來函相託，二為史璧人女士在十普寺站立門前候投票時臨時拜託，余均感無能為力矣，此項市代表當選後出席市代表大會之權限不過為選舉市黨部委員，設非自己競選委員，只擔任一個代表反在開會時受多方拜託之累，不知何以若干人之熱中於此，洵不解也。

師友

下午同德芳到和平西路訪李公藩夫婦，正修理房屋，聞將出租，不自行移住云。

10月22日　星期一　晴

師友

上午，在菜市場遇逢化文兄，據云近來心臟不甚健康，故未出門，加以王立哉氏之高度神經衰弱症復發，住診於台大醫院，故中和鄉建華新村之結束會議遲遲不能召開，其實土地過戶等手續俱已辦清，亟應早日將此事有關難決問題加以商決也云。下午，宋志先兄來訪，係因上週余往訪時約其同訪電信局之嵇觀局長，乃於今日前來，云將先到衡陽路黨團幹事會開會，移時同往，余於四時半到衡陽路約其同往電信局，首詢嵇局長何以對於余之電話事遲遲不予解決，嵇君即先赴其主管方面查詢，歸謂此處電話為抽籤之區域，抽籤得中者尚未裝齊以前不便先裝，以免引起物議，故略候三月，俟中籤者工程得以進行完畢即可設法，余詢以何以余前次面詢時承交表填送，而復文竟予拒裝，嵇君解釋文內有「目前」字樣，非拒絕也，繼詢以何時始可知其對外中籤工程完竣，據云該工程上月下旬開始，約年底即可完成，當經約定俟年底由余或宋兄再來作具體之接洽，至於目前之公文並不能作為回絕，余為表示態度起見，不妨再來一函，請其特別設法，至於申請表格，前填仍有效，不必再填云。

10月23日　星期二　晴有陣雨

參觀

到新公園參觀中國畫廳所辦之現代書畫展，作品不過百餘件，然多足觀，余所認為稱意者有李向采臨蘭亭序、許世英楷書、莊嚴楷書與瘦金體、成惕軒楷書、陳含光楷書與臨天發神讖碑、卓君庸章草、梁寒操行書、丁翼小篆、張穀年畫山水、曹緯初畫古松並題字，此等作品皆已裱就，一律五百元，然定件者不多，亦可見一般購買力之萎縮矣，余最欣賞陳含光字，然此刻無收藏之興致與財力，又對曹緯初君之畫應在道義上為其定件增色，亦只有力不從心矣。

閱讀

涉獵 H. B. Price: *The Marshall Plan and Its Meaning* 此書材料甚新而精，詳於歐洲而略於亞非，余由此書得知若干略譯之全文，書此備查：Economic Cooperation Administration (ECA), Foreign Operations Administration (FOA), Mutual Security Agency (MSA), Organization for European Eco. Cooperation (OEEC), Food and Agriculture Organization (FAO), International Bank for Reconstruction & Development (IBRD), International Monetary Fund (IMF), Mutual Defense Assistance Program (MDAP), Council for U. S. Aid (CUSA)。

10月24日　星期三　晴

閱讀

看方丁平小說「五鳳朝陽」第三冊，止於第十七章，本冊因花鳳已死，月鳳遠適，主人翁成為正鳳，而以風鳳作陪襯，故事由吳圓圓之歸徐定國，出家又還俗，繼續其放浪生活，中插徐定國與風鳳定情，而戚正鳳則由大陸逃至香港，為洋人史密斯騙婚遺棄，又來台灣涉足情場，其中牽出之人物有冷先敬、顧大衞等，顧乃去大陸與其三姊妹同時發生戀情者，因不告而別，重逢仍不能相圓，正鳳因係花鳳與西洋人所生，故為混血，忽得其祖父之遺產，至葡萄牙過其豪奢之生活，與蘇雲青發生不能圓滿之戀愛，至此待四集再續。作者寫作前之線索埋伏，頗費心思，但筆調則幾乎千篇一律，尤其描寫女性美與戀情，手法完全從同，甚至與其前作金樓韻事亦無大異，而筆墨之不加潤飾，有時且別字連篇，亦可見如何草率矣，至於書中故事似乎有將當前之社會新聞穿插進去者，而又不能確指，則僅作者知之矣。

集會

晚，到實踐堂參加革命實踐研究院第二十一期同學聯誼會，主要報告事項由院派通信輔導部梁棟擔任，大意謂院長曾指示今後工作，有重要訓話，尚未核定，其內容為在昔觀人之法係透過考試，由考試文章觀條理與氣魄，現在應於二者以外觀察人才之領導力，其方式一為注意其思想，二為由討論研究中看頭腦是否清楚，三為從處理問題中看有無方法，四為從論文中看見解氣魄，至於本院之實際運用為希望結業同學多作建議，院內由此可以觀察是否合乎需要與是否具備現實性，此種初核工作必指定專人為之，核閱後有價值者當層轉核定，在輔導部方面則依據有關資料對於結業同學之服務情形與研究心得多加了解，而整理後之人事資料當供作實際任使之根據，此外目前正發動各同學作專題研究，或個人或集體，具所歡迎，院長壽辰之六項號召亦盼均能有所獻替，最後又報告院內希望與每一結業同學有實際接觸，初步辦法為輪流通知上山參加晚會，報告畢又有華僑同學三人相繼致詞，最後討論決定慰問病故同學家屬，催收互助金，推出聯絡人，及下次召集聯絡會之同學十二人，歷時一小時始告散會。

娛樂

聯誼會後節目為電影，為劉琦與葛蘭等合演之唐伯虎點秋香，聲光俱不見佳，且通篇為一種單調之歌唱，此等影片在內容與技術上俱不足道也。

瑣記

今日將致台北電信局之復函送去，請在中籤用戶裝完後即速為余裝設電話。

10 月 25 日　星期四　晴

閱讀

涉獵新出版 Brownlee and Allen: *Economics of Public Finance* 一書，此書頁數不多，而內容頗為精采，其著述著眼之點於財政之經濟分析與經濟運用，故如一般財政學所詳之賦稅公債等資料偏於比較制度者，顯然已大異其趣，此蓋自 Functional Finance 出世後在財政學界所引起之新變化也，余為能有充分時間將全書加以精讀，故只擇其以全部收支借債為綜合分析之部分加以研討，例如財政政策對於經濟安定、平等，與資源使用等等，皆為要言不繁，其中亦有涉及事實與數字者，則全部為美國之資料，未詳閱焉。

10 月 26 日　星期五　晴

寫作

今年十月卅一日為蔣總統七十大慶，氏發出文告，指出六點，望各界指陳庶政得失，以為慶祝，勸阻世俗之鋪張揚厲，稅務旬刊社本此宗旨舉辦徵文，以備屆時出版稅務檢討特輯，並限於今日繳卷，余乃寫作「從收入第一主義到多元財政政策」一文以為應，此文自數日來即準備資料，昨晚開始行文，寫兩小時，今日上午又寫五小時，共六千字，首述孔子對於財政的理想看法，又寫蔣總統言論中對於財政對策之指示，認為均與晚近之財政思想有其相通之處，於是以應有之經濟性的財政政策為例，從論語上「均無貧，和無寡，安無傾」三語中之「均」、「和」、「安」三語加以現代的引伸，而以經濟平等釋均，以經濟安定釋安，以經濟資源之合理使用釋和，自以為頗新穎可喜，雖安、和二字頗有比附穿鑿之嫌，然聲明為賦予新義，亦甚自然也。

集會

晚，出席革命實踐研究院研究小組會，主要節目為杜春英君之專題報告「對於所得稅的商榷意見」，大致內容為不承認所得稅為直接稅，不承認所得稅能適合我國之國情，並引證英國名家之語，即在其發祥之地亦已日暮途窮，並認為年來我國以權利主張並提倡所得稅為大錯特錯，全篇多嬉笑怒罵之筆法，一篇甚有趣之翻案文章也，發言者多對其肯深思熟慮與說出實話表示同情，但認為與民生主義均富之旨大異其趣，且只就稅收之目的立論，忽於租稅政策觀點，矯枉過正之見解也，最後決定修正後送至院內。

師友

晚在會議席上遇盛禮約兄，據云美國安全分署對於申請任用事，最初華籍人員多以余資歷太好，恐有取代之虞，主不通知，其後不知何以又改變，諒係美國人所主張者。

10月27日　星期六　晴

集會

上午，出席光復大陸設計研究委員會財政組，討論關於收復地區財務行政措施問題，草案由張導民起草，說明數回，討論焦點亦在若干細枝末節，甚至為一字之爭，不可開交，然終於在二小時內完全修正通過，發言者共三、五人，辯難者亦只此三、五人，其餘多數應景主義之開會者，多持無可無不可之態度，蓋此等設計完全紙上談兵，果有反攻大陸之一日，必不能用也，又在辯論中羅敦偉攻擊現在台灣之推託行政風氣，大聲疾呼，惟係以政論家資格發言，可謂不知所云矣。

師友

中午，在會場遇陳長興、閻鴻聲二兄，相約至公園邊吃燙麵餃，余並先到女師附小幼兒園接紹彭亦參加，據陳兄聞之梁愉甫兄云，安全分署決定沿用之稽核此次共有二人，一為台南鹽務總局之總務處長，另一為余，在審查之初，確有認為余資歷太優之事，但據云稽核一職在該署內中國職員即為最高者云。

娛樂

同陳長興兄看電影「萬花獻媚」，為新華公司在日本拍攝之歌舞片，色彩鮮明不輸西片，此乃日本製片事業近年來之大成就，值得讚美也。

集會（二）

下午出席會計師公會常務理事會，因人數不足，僅核閱若干例行文件。

10月28日　星期日　晴

集會

上午，出席華僑經濟檢討會議開幕典禮，事先所接請柬，由財、經兩部長及僑務委員會委員長聯名發出者，聞出席者二百至三百人，民意代表則為觀禮者，開幕式中由行政院俞鴻鈞院長主持並報告，然後演說者有工商協進會之束雲章與各地華僑代表等，余未終會即早退。下午，同德芳率紹彭到省政府主計處參加革命實踐研究院聯合作戰研究班第一期經濟組同學之聯誼會，由紀萬德與修城召集，今日特殊節目為布置壽堂為蔣總統祝壽，並備有茶點，以雞尾酒會之方式，隨來隨去，余等五時往，五時半退出。

10月29日　星期一　晴

家事

上午率紹寧到台大醫院為其治療鼻炎與齲齒，前者另配新藥，須持久治療，後者經診察並照X光，認為有發炎現象，先服藥止炎，一二日後再行拔除。

交際

晚到自由之家參加財政廳陳漢平廳長與建設廳黃啟顯廳長之宴會，在座皆為曾對簡易商業制度表示意見者，由二人致詞致謝後，並希望在年底前之兩個月內能夠協助訓練人員加以推行，對推行方法並請多表示意見云。

10月30日　星期二　晴

閱讀

看陳定山作小說「龍爭虎鬥」下集，自二十一回至四十回，此冊所寫頭緒較繁，有于四教唆殺人就審萬人空巷之描寫，對於上海白相人之號召力，表現得入木三分，此外則有各項穿插之故事，如施劍翹報父仇殺孫傳芳，韓復榘掩護鄭子殺張宗昌，上海清黨時期楊虎、陳羣藉端斂財，共產黨以抵制日貨為名劫掠分肥，義妓蔣老五殉情自殺，張嘯林勾結軍閥，聚賭發財，杜月笙予以糾正，為後航空獎券蓄養青幫之來歷，至於正題則只寫杜月笙在租界負責清除共產黨，以至杜祠落成大開堂會之盛況，就全書分量而論，只閒閒數筆而已，比之陳定山自寫其第一次結婚，並不更多，且其中對於反共之說教文字插入甚多，亦嫌不倫不類也。

集會

下午，到陸軍總部大禮堂參加中央軍校中央政校與中央幹校三方聯合準備之蔣校長七十華誕祝壽典禮，此項典禮由二時至五時，每半小時集體舉行拜壽儀式一次，先由事務人員報告發出通知共五千餘份，及四時將請大員演說，然後行禮，余於行禮後即辭去，未聽大員演說云。晚，舉行小組會議，係奉令全黨之小組一律於今晚開會為總裁暖壽，報告事項為奉發總裁勤求下情之六點號召，希望踴躍具書面意見，彙送上級黨部，討論事項為奉發競選市長候選人八人之資料表，由小組內人員加以評斷，送至上級將作為提名之根據，其法為在每一表上有贊成或反對或無意見三欄，小組在此中填明，聞有四千餘小組填送，市黨部根據小組之意思，整理後送省黨部，省選三名，送至中央黨部決定一人即為市長之本黨之候選人，余事先本受牟瑞庭君之託，為其在小組內有所活動，但余出席時已晚，各先到之人員已通過以黃啟瑞應選，余即未再表示意見，蓋黃為現任中央黨部副秘書長，牟君之資望即使在黃以上亦恐不能膺選，而況彼只任建成區之里幹事乎。

體質

自五月二十二日就診於省立醫院分院後，兩腿之麻木感覺即已痊癒，不料十餘日來左腿又有發麻之感覺，服用維他命B1 亦不覺顯著之效果，今日乃又到該院內科複診，經注射多種維他命二 CC，又配方藥水與藥粉各一包，其中亦有表飛鳴等藥物。胃內有時有酸水上湧，前日聞之楊治全兄，初期胃病可用腹部呼吸法予以治療，余乃自昨日起試行，即合併於已行之近年之金剛靜坐法內，該法之內有三項動作為持久時間達呼吸24次者，余即將此動作以腹部為之。

10 月 31 日　星期三　陰

集會

今日為蔣總統七十壽辰，上午到實踐堂參加革命實踐研究院之簽名祝壽，下午到衡陽路一百另二號參加國民大會代表之簽名祝壽，並各就壽堂行三鞠躬禮，各在冊頁簽名。

參觀

實踐堂前備有交通車，余於拜壽後率紹因乘車往陽明山研究院參觀新建之介壽堂，此本乃數千研究員所捐建，面積可容千人，樓上二百人，大門現改為向山口，原大門成為後門，樓上前左側為院長辦公室，後左側為主任辦公室，後右側為副主任辦公室，前右側為登樓樓梯之所在，布置至為適用，但工料不見精良也，環境布置則殊為美化，尤其堂左新開之池塘，有日本紅金魚，水清見底，池旁有亭，亦饒勝景。

體質

下午，因安全分署通知談話並體檢，乃往接洽，結果無談話只體檢，先抽血似為兩 CC，然後量體重身高，再驗血壓，聽胸，看眼，醫師云皆正常，血壓略高，乃抽血後心情緊張之故，眼角膜有發炎，處方土黴素，謂醫師兩星期再看云。

娛樂

晚，到中山堂參加革命實踐研究院之集體為院長祝壽禮，儀式後宣讀一訓詞，一致外電，一決議案，即開始游藝，由金素琴演梁紅玉，此戲為應景而演，歷時二小時半，內容甚好，但非青衣不善刀馬者所能長足表現，但演來已甚好矣。

11 月 1 日　星期四　晴

謀職

美國駐華安全分署昨日通知到其主管部分接洽並檢查體格，除在其聯合醫務室檢驗各項外，當時並發空白照 X 光之表格及空盒一個，後者為送糞便之用，於今日下午取好送往，前者則於上午持往青島東路肺結核防治中心照大片，未有等候，即經掛號後由護理室送 X 光室脫衣照肺，並遇與余同時考取之樓有鍾君，據云此項檢查後不多日即可決定，彼現在台南製鹽總廠任職，明日仍須先行回南以待，余昨日晤及安全分署之梁愉甫兄，渠亦如此云，並謂此項調查工作之速度尚未足二個月，在其例行手續上實為最速者云。

家事

上午，為紹寧到台大醫院治牙，余先往掛號，然後到女師附小與紹寧之級任先生王碧元女士商洽請假二節課之時間，適其校內檢查體格，王女士乃提前令紹寧檢查，余即率往台大醫院，醫師診治時認為發炎現象已好，經再照一次 X 光後及決定為其將左上之臼齒二枚拔除，並立即至手術室由另一醫師實施，所拔者皆為乳齒，因有病妨礙恆齒之茁出云。掬水軒食品店對買糖果者有贈送沈常福馬戲團之戲票，余往買一份，交德芳帶紹因前往觀賞。

11 月 2 日　星期五　晴

娛樂

下午，率紹彭到美國新聞處看電影，片係一九五三年童子軍大會，包括美國各州與世界各國參加之童軍情形，五彩絢爛，極為美觀，而以在露營入場甬道上之數幅橫額表示童子軍之特性與信條者為最壯觀，其中又穿插各種餘興節目，亦極富於娛樂性，全片歷時一小時又十五分，可以當作大片看也，至於說明則為英文。

體質

省立醫院分院為余所配之藥已經服完，左腿發麻現象並未見劇，但亦未輕減，照醫囑今日起服用武田藥廠之多種維他命粉末，每日服用一小匙。

11月3日　星期六　晴有陣雨

家事

上午，率紹因到台大醫院看眼，楊主任燕飛由其已不發炎之眼皮情形，斷為先天性之良性瘤，設不再長大，影響容貌甚微，不必亦不能治療，另砂眼尚未痊癒，仍須使用土黴素每日點用三、四次，至於前配發之Achromycin乃係新藥，對急性者較為適用，余詢以是否須再作病理檢查，如無變化即可不必，楊主任對於經過如此長時間得以確斷甚感滿意。

師友

晚，廖毅宏太太來訪，送來新台幣二百元，謂欲購美鈔五元前來還債，因數小作罷，乃備述不能立刻還清之苦衷為次子住院耗費太鉅，余亦極表謙遜，謂出於不得已云。

11月4日　星期日　雨

閱讀

看「性生活實例」一書，全書只六十頁，為由西文譯成者。

11月5日　星期一　陰

交際

上午，同德芳到衡陽街老大昌買祝壽蛋糕十六寸者一個，另附前存之三九牌香烟兩聽，親往宋志先兄家贈其岳母周老太太，因今日為七十五歲煖壽之辰也，送往後宋兄談將於明日晚間開宴席二桌，望余等參加，並閒談至十二時始辭返。

瑣記

宋志先兄與余商量謂余在其屋後之地皮暫時既不建築，希望彼能將多出之花木及葡萄苗在地上略作移植，售主林水柳本已未停農作，自云負擔未清之地價與田賦，自然亦是兩利之道，今宋兄用其中之一小部分，諒不相妨也。

11月6日　星期二　晴曇

體質

上午，到林碧娥助產士寓請其為余開始注射 プレパラ 腦下垂體荷爾蒙注射劑。

師友

中午，王慕堂兄來訪，謂已聞悉安全分署對余之任用業已確定，以前在該署工作之中國人往往有不歡而散者，故須有最大之忍耐以與洋員相處云。鄒馨棣會計師來訪余與吳崇泉兄，談今日報載會計師公會全國聯合會已由在台理事五人即熊國清、朱慶堂、嚴以霖、卓定謀、何福元等呈准恢復活動，並由部核定設名譽理事，但報上無名單，此事鄒君極早曾向彼等表示與余及崇泉兄均願參加，其後久無消息，諒係暗中另有安排，經決定於日內分向五人詢問真相及所聘之名四理事究為何許人等，然後決定是否往內政部作一種交涉，惟余對此事殊為淺薄，一因在先並未有所活動接洽，二因此團體除發通電等事外別無作用可言，三因余對省公會年底之改選已決定不再競選，對此自亦無何興致云。

交際

晚，同德芳率紹彭到宋志先兄家為其岳母周太夫人拜壽並參加壽宴，計兩席，除余外為呂崇周夫婦、劉馨德夫婦、宋君夫婦、孟達三君、柳鳳章夫婦、石鍾琇夫婦等，周太夫人今年為七十五歲，亂離中有優游之餘年，皆志先夫婦之力也。

11 月 7 日　星期三　陰

見聞

上月底為蔣總統華誕，事先曾提出六點徵詢意見，其第六點為關於其個人有何缺點，希望海內外人士直言，但遍觀各種刊物，對此第六點甚少提供意見者，良以不易有此見識，即有此見識，亦難有恰到好處之文筆也，今日獨在自由中國半月刊見有徐復觀所寫「我對蔣總統所見的一面」，對於蔣總統之不能遇事有客觀到底之態度認為一大缺點，此缺點乃遂蔣總統意志特別堅強之一點而派生者，尤其於用人既希望其能多所擔當，而又不能專其責成，信任又不能長久不渝，凡此諸端確為其一針見血之論，而曲曲道來，行文之間摒絕火氣，殊為佳作，聞本期自由中國初版、二版均將售罄，不知係真有銷路，抑被有司蒐集。

11月8日　星期四　晴

家事

余之寓所窗門多用木隔糊紙，今日或破或舊，早應更新，惟距年關較遠，遲遲不行，秋來海風犀利，晨昏頗寒，乃於昨晚起買紙自行換糊，計窗門各四扇於今晚完成，另有客廳窄型木門四扇損壞稍輕，擬略遲續行糊換，所用之紙為市上所賣夾層有線者，其規格與木隔之高恰相符合，乃日據時代之產物，今仿行不替也。

謀職

美國安全分署今日寄到正式通知任用之函件，謂可於固有之職務結束後即行至該署任職，函內並規定職級為三級與每半月支薪一次，試用半年等項，余數年來自由支配一己之時間已成習慣，現又重新參預按時辦公之生活，頓覺即將感受若干拘束，且家事本由余協助者，現則即將由德芳一人任之，恐更辛勞也。

師友

楊紹億兄供職台灣企業公司籌備處，上月曾來電話謂公司成立在即，可隨時聯繫，或有委託業務，日昨到該公司訪問，事實上皆未上班，乃留字而退，今日楊兄來電話云，該公司似已完成籌備工作，不久即將開創立會，內定之董事長、常務董事與總經理均將於此會上加以決定，另有一七、八人組織之估價委員會，由財政廳組織並主持，財產即將重新估價，此會內或有業務可以委託亦未可知云。

11 月 9 日　星期五　晴

體質

上午，到省立醫院福州街分院內科續診腿部麻木之症，醫師未作詳細檢查，只聽胸摸腹而已，另外則數日來晨起咳嗽有痰，亦一併治療處方，計粉藥、水藥各四天量，每日各服三次，較之上次所服者均略加苦味，且按貴重藥品收費，余不識其方，但大體上知其內容成分較上次多出數種，而表飛鳴則仍有之，此外則注射多種維他命二個 CC。到林碧娥助產士處打針，注射 プレパラ 一個 CC，此為第二次注射。

師友

下午，到立法院宿舍訪林鳴九兄看視其胃疾，渠患胃癌已久，余知之亦多日，但總認為係在台中養病，最近始知不然，乃亟往探問，據云現係由王彥中醫師處方，數度照 X 光，認為患處已漸漸縮小，此在西醫幾乎束手無策云。

集會

晚，參加革命實踐研究院聯合作戰研究班第一期同學聯誼會，由李副主任壽雍報告現在第八期訓練情形，並轉述院長最近訓示三點，一為要互助互信，採取教友信守之原則，即批評應公開，批評時應自問是否真實，是否無私，是否必要，二為要研究發展，舉例為中國留學生在我政府之使領館得不到資助，而共匪外交人員則否，三為要負責盡職，會畢由康樂總隊表演游藝。

11月10日　星期六　晴有陣雨

師友

上午余依美國安全分署之通知，欲自本日起到該署報到辦公，至則知習慣上星期六並不辦公，乃至樓下美援會會計處訪盛禮約兄探詢一般情形，承查出一種安全分署之實地稽核辦事程序一種，交余先事研究，余乃對於該署之稽核工作情形先得一鳥瞰印象，此部分屬於稽核科之一股，稽核科（Audit Division）為會計長辦公處（Office of Controller）之一部分，另一部分為會計部分，稽核科之下設調查、稽核兩股（Section），此稽核股之首腦在美員為股長，在華員為主任稽核，下有八個稽核，其薪級由二級至四級不等，余為三級，據云在初參加者已不為低云，此外又規定查帳之要點與使用美援相對基金單位之應注意事項等，在尚未實地工作以前，亦無法記憶許多也。下午鄒馨棣會計師來訪余與吳崇泉兄，談全國會計師公會聯合會數日前在報端發布消息恢復活動，其中所舉列之常務理事為熊國清，另有理事四人，並謂正呈部核聘名譽理事若干人，鄒君往內部查詢，知並無公文呈送，詢之熊君，又謂已經送出，意者熊之目的只在對外宣布彼為該會之首腦，從此可以稱孤道寡，鄒君本經彼等約為理事之一，今又摒棄不顧，自怨憤已極，籌商對策，據鄒君云，此等常務理事與理事是否在大陸上即係彼等，已無案可查，對付之方為查出大陸撤退前之報紙載有名單，即證明此五人中有多數為假託者，但查來甚不易云。

參觀（補記昨日）

到救國團看明清畫展，所陳列者尚多精品，余所見以條幅中之吳寬書、金冬心竹、張瑞圖山水、鄭板橋竹與論集詩甘苦小條、孫克弘佛像、高南阜山水、吳昌碩花竹、王穉登字、王鐸字、何焯字、何子貞屏等，及冊頁中之傳山小楷，李衎字、成親王字，與卷中之文徵明山水、米芾行書，均極難得。

11 月 11 日　星期日　晴偶有細雨

體質

今日續服省立醫院配發之藥粉與藥水，已罄其半，對兩足發麻及咳嗽吐痰似均略有效力，惟該藥似有一種副作用，服後胃內作苦，尤其在空腹時為甚，入夜睡眠本甚正常，茲則於黎明前喉內感覺苦味上沖，但晨起飲水後即愈。

娛樂

下午率紹南、紹因、紹彭到大同戲院看電影，片為奧迪梅菲主演之百戰榮歸（To Hell and Back），環球出品，新藝綜合體，戰爭場面甚逼真，所寫乃主演人在二次大戰中之實際經歷，多有感人鏡頭，尤其主角身世最引人同情。

11月12日　星期一　晴偶有細雨

師友

晚，同德芳到和平東路訪吳崇泉兄夫婦，意在拜會其遷居之新屋，並告以余因另有他就將退出共同使用之會計師事務所，但吳兄外出，余只在其家與其長公子承澤閒談，德芳則探視其夫人小產後臥病。下午，佟志伸兄來訪，似在道賀余即將就任安全分署之職務，並謂楊綿仲氏亦知其事，且表示欽佩余收聽英語廣播之勤奮，又知紹南在校三年級時即非正式擔任助教，謂父女兩相輝映云。

家事

紹中由學校取回一女中家長會各級初選代表之總表，每級候選人二人，其初二真為胡秋原與余，由此名單再圈選十四人，余就所識及所知者圈譚嶽泉、戴仲玉、胡秋原、上官業佑、陳惠夫、趙蘭坪、谷正綱、胡維藩、陳開泗、魏火曜、李士偉、方治、董英斌、劉先雲等十四人，交其帶回校內。

11月13日　星期二　晴

職務

上午，持美國安全分署之通知到該署報到，先至稽核主任劉允中處接洽，據云可向人事部分說明無必須擺脫之現職，亦無持憑證明之必要，請辦理手續即行辦公，余乃先詢梁愉甫兄，導余至人事室訪韋君，等候移時，即交余表格兩張，一為填寫人事要項，包括年齡籍貫及若干自清之事項，如不參加法西斯與共產活動之類，填後交該署存案，另有任用換文一式二份，內容為聲明六月試用應有好果，但期內署方可以解用，將來任用無期，唯署方之需要是從，此次任用未花費任何金錢物品，以前及將來永不參加法西斯與共產活動，等項，以一份送署存案，至此手續已畢。繼至四樓，由劉允中君為余指定座位，並檢出法規交余研閱。今日全日八小時，完全用於此項工作，尚未看完，其中劉君曾為余介紹稽核科全部同人，及科長Tret，又乘會計長 Baranson 到辦公室之便為余介紹，又導余至會計長室看幫辦戈登，余之任用即係在戈氏代理期間核定者，此人說話甚清楚，且態度和藹，拜蘭孫則休假甫歸，詢余以前未在此工作否，余不能明瞭，賴劉君譯達，其後劉君告余渠對余之會話認為須大加改進云，余自步出校門，擔任按時辦公之職務而又與洋人為伍，除二十歲前曾一度在美豐公司有類似情形外，其餘一直為擔任較自由之主管，今日又復三十年前之生涯，雖為一般所豔羨，然只在為衣食謀，其他均談不上也，該署稽核固有五、六人，年齡多視余略幼，亦可見再不努力，即時不我與矣。

11 月 14 日　星期三　晴

職務

今日仍全日在安全分署辦公十足八小時，從事於法令規章之研究，今日所閱者為會計處之辦事準則 Standard Operating Procedures，今日只看完其中之帳務部分，包括 Program Accounting & Administrative Accounting，前者為各種美援業務之記帳程序，與稽核工作有關，後者則為行政經費之會計，不屬於稽核之範圍，因此中之稽核工作只為對於使用相對基金者所為之稽核也，此外則閱覽一種今日方始印成之稽核股所編的相對基金數年來運用情形報告，對此中全部業務情形有所了解。兩日來不折不扣的每日工作八小時，且完全運用腦力，竟無休息之餘裕，至晚即有精疲力竭之感，如此守時的十足從事一事，在余生平為創舉，雖有時因查帳或寫作，有日夜工作十餘小時不中止者，但只偶爾為之，不連續數日，故易於應付，今則日日如是，規律而又單調，殊感不易為也。

11 月 15 日　星期四　晴有陣雨

職務

今日仍繼續閱覽研究安全分署之稽核法規，余連日所閱者有一部分為華盛頓總署所發出者，另一部分則為本會計處之辦事準則，今日將二部分參閱以見其互相對照之處，但因二部分文件皆對余為完全陌生，故不易一時起憶許多，亦有此處用力加以記憶，又將彼處之已記憶者忘卻，故雖研究數日，似乎不甚有心得也，亦因未能一面研習，一面工作，只憑強記，無由獲得深刻之印象，即在余之青年時代亦是如此。

娛樂

晚，到國際學社參加安全分署同人俱樂部之成立舞會，德芳同往，余未買舞券，只買摸彩券作壁上觀，十時前全為跳舞時間，十時摸彩，余無所獲，十一時歸。

11 月 16 日　星期五　晴有陣雨

職務

今日上午仍用以看法規章則，同時由高級同人陸慧禪君向余說明出外查帳之程序，主任稽核劉允中君則云下週將為余支配實地工作，下午陸君即將各個工作對象交余調卷研討，凡小工商貸款十一家，分署工業組分配時間定於下星期一、二、三日全往查帳，出發時係會同工業組與美援會及工業委員會人員協同工作，地點均為台北之近郊地區，此十一家貸款者多為一九五四年即開始訂約支用，且按月送報表備核，迄今兩年始行派員往查，不知何以如此遲滯，陸君告余以查帳前應如何準備，以期減少赴外工作時之時間而免過於匆忙，又告余以如何撰寫報告，查帳可能遇見之困難，多為經驗之談，甚可感也。

11 月 17 日　星期六　晴偶有細雨

師友

上午，到外匯貿易審議會訪胡祥麟與王景讓兩君，均赴港未歸，遇張水淇君，據云已由財政廳調至該會辦公，張君乃民國三十四年余赴濟南籌備山東省銀行時接收之魯興銀行董事長也，今日渠又談及十年前事，據云渠任偽組織之省銀行職務係擔任特工之掩護，但在勝利之時無人知之，彼亦未談及，真相如何，今日已難言矣，余託其俟二君回台代為索回以前送胡君處之美國經濟雜誌一冊，乃余投稿由胡君送工商月刊社，該社又索對原文，久久未還，詢知謂已還之王景讓君者。到交通銀行訪趙葆全兄，告已到安全分署辦公，謝其曾答該分署之諮詢資料云，又訪王慕堂兄，不遇，留字告以此事。到台灣大學法學院訪李祥麟兄，亦告以此事，又到中國農民銀行訪董成器兄，亦談此事，並分別致謝二人之供給該分署以諮詢資料。前數日廖國庥兄曾與由台南來之孫豫恆兄到余事務所拜訪，余未遇，今日往訪廖國庥兄，據云孫兄在鹽務總局居住，但不易尋到，廖兄又贈余所譯會計報告分析一本，係去年出版，當時未贈者。

業務

下午到事務所與同人李洪嶽、吳崇泉兩兄晤面，余表示將準備於下月遷出，吳兄表示下月以後之零星開支將由彼與李律師負擔，至於今後事務所之能否維持，須看明年三月房屋到期時是否能有新人參加而定云。與會計師公會宋治平通電話，詢問余去函辭常務理事及理事之處理情形，據云將提理事會，本月十五日起本應由余值月，已由余以次之毛松年接任值月，如此似有准辭之勢焉。

家事

余中午回寓，紹彭云其幼稚園教師囑歸告家長到園一行，余以電話詢問，亦云最好即往，而堅不告為何事，洎往，交保證書囑余填寫，余填寫一半，始知即為入學所填之一種，問之始又知對余乃屬誤召，乃回，倉促間遺圖章於園內，後又取回。所謂保證書，其實乃是一種切結，自行聲明其幼生在女師附小幼兒園將來畢業決不以任何理由要求女師附小予以直升，該項保證書為二份，今日為附小校長囑其即日呈送一份，而查出今年入學幼生中有數人並未填寫，本以為紹彭亦在其內，迨余往表示已經填寫，始查出確有其事，不知該園辦事何竟如此慌張。一週以來，因余終日須辦公室伏案工作，以前在寓幫忙德芳照料飲食起居之事，現已成為不可能，而由德芳一人任之矣，余本週早起後只為諸兒女拌牛乳，早飯後於七時半前必須往候公共汽車，如至七時三刻無車，即改雇三輪車始可。

11 月 18 日　星期日　雨

職務

余分配應於明日前往查帳之單位凡四，因係第一次擔任，故於今日先作充分之準備，將四家之申請文卷加以核閱，並先將有關規定事項加以溫習，以免生疏，計自上午至下午約費時五小時始粗告端倪，四家中前三家較為簡單，其所借之小本工業貸款皆已分批支用，其支付之對象為包工之營造廠或向日本以易貨外匯購進機器，就會計立場而論，核對至為易易，蓋機器部分之涉及技術問題，俟查帳時當在同分署工業組與同屬會計處之調查員可以加以檢視也，唯有第四家不然，此家為利源化工公司，其申請之貸款為五十萬元，但預算只有三十九萬元，分配用途有六類，洎工程進行完畢，仍為六類，而用款則為五十萬元，殊令人難以索解，又該公司之貸款用於添建生產設備，皆自買材料，自用工人，故在銀行結單上所表示者為支票開出極多，帳目進出甚繁，則在查核之時，勢須將支票有關之傳票與單據逐筆加以詳核，所費時間當必較多，在審核之時余即採用陸君告余之法，先將各受援者之開出支票加以表列，以備查帳時即可注意其對方科目為何，有無違約之情事，當時即加以註明，可以節省赴外之時間也。

閱讀

在英語文摘十一月號上載有短文一則，余閱後極受感動，認須身體力行，錄此以示不忘：Take “no” as a starter: In business - as well as in all other pursuits of life - the closed door, the blockade, the “no” is the normal thing! Expecting to get what you are seeking the first time is a baby’s idea - an experienced man knows it just doesn’t happen that way. If your personal feeling of encouragement on the one hand, and depression on the other, are based on whether or not you are searching for pushovers, you are going to be depressed most of the time! Realize that “no” is the common, ordinary answer. When you get that “no”, your work begins. Find a way around it, over it, or under it, and if your search reveals no way, why, go out and make a new way! - James J. Mangan 此段所述與余目前之處境適有關連，蓋余出至外國機構，說讀與寫皆以英文為主，頗感若干困難，有時竟認為年事已高，此等困難或不易有克服之望，其實際問題決不如此也。

11月19日　星期一　雨

職務

今日開始出外查帳，係採取聯合方式，由安全分署工業組（ADI）召集，今日參加者為賴、林二君，此外分署會計處為余，美援運用委員會為沈君，經濟安定委員會為蔣君，由分署派車，八時三刻出發，先到齊魯公司，余與沈君看帳，另三人看廠房與機器，支付款項為貸款下之廠房全為建設廳營建處承辦，合約收據均極簡單，機器則為台灣銀行之結匯證明，此情形為最單純者，一小時即畢，該公司十時尚未見經理與廠長上班，亦云奇矣。次至利源化工廠，余與沈君留武昌街該公司查帳，另三人至南港看廠與機器，此公司貸款用途為六項設備，材料均係在台購買，工資點算，故傳票較多，尤其傳票未依規定分別辦理，只混合於其本身之帳表內，查核時須一一提出，費時較多，未完至午而返。下午二時半又出發，工業組方面加主管工貸之 Grande 在內，先到大坪林建華塑膠廠，正製牙刷，貸款用於建廠房，早由會計處苗稽核查過，此次為陪同工業組看其工程完竣情形而已。繼至士林義壹橡膠廠，貸款為購買器材，已結匯且進口，正在安裝中，帳目甚簡單，但分別另記，只傳票混合於普通帳內，廠內情形較亂，有待整理。

11月20日　星期二　雨

職務

上午，繼續日昨之程序，與其他機構人員會同出發查核美援小額工貸之運用情形，首至三重埔太平洋電線製造廠，此廠為最能利用美援者，計有此項台幣貸款二期，美金貸款亦二期，余事先查得之文卷只為台幣貸款之一期，除美金貸款另有處理方式外，今日本應連同另一期台幣貸款一同審核，但為資料所限，只好先審核所準備之一筆矣，內容甚為簡單，只係用於向日本購買機器，發票全符，繼即視察其新廠，內部製造電線正在興工，據云其本身有製造機器部分，依照日本買來成品往往可以仿造云。由此至永豐化工公司，因等候其帳簿由城內運到，故先參觀工廠，計有塑膠、製藥二部分，製藥部分較為清潔，遂即看帳，用款為建廠房與添置機器設備，因核對費時，只看一小部分，即至十二時，乃中止，改日再行續查。下午繼續出發，目的地較遠，為中壢，只坤慶麻紡織廠一家，其帳在台北，因未聯絡妥善，以致兩歧，今日只參觀工廠，其工作為以麻紡紗，或以進口人造棉纖維紡紗，暫時尚無織機，其麻布係委託他廠染織整理。

師友

晚，蘇景泉兄來訪，閒談。楊耕經君來訪，余未遇，留交本次小組會議訓詞之材料。

11月21日　星期三　雨

職務

今日繼續昨日之工作，出發會同查核使用美援小工業貸款之廠家帳目，首至伍順自行車廠，其貸款為建築廠房與購買機器，前者契約相符，後者均有結匯之憑證，極為簡單，繼至板橋工廠，陪同工業組人員查看按裝與建築情形，內部設施甚好，其自行車自車架至電鍍至烤漆貼花之程序，均一一寓目。由此至協進造紙廠，此廠為台灣最大之紙廠，然破爛不堪，管理最為不佳，貸款係用於建屋及添置機器設備，帳目較多，原顧慮或須費較多時間，不料帳目傳票反十分有次序，逐一核對計算，不一小時而畢，其時已將近午，乃驅車而歸。下午，先到板橋厚生橡膠廠，該廠之帳已由本處於春間經沐稽核查過，余所準備之一筆實際已經結束，幸上午工業組林君告余該廠尚另有一筆待查，余於出發前詢之沐君，渠始將其查帳時之工作表交余核閱，且臨時將文卷查出，到達後將渠已查過之部分略去，逕將最後之一階段六、七筆帳支付情形加以核對，移時即畢，乃參觀工廠，其出品主要為再生膠，另外則製造膠地毯與雨衣布等，該廠有試驗室，儀器數種，該廠介紹二種加以試驗，一為試驗拉力之機器，表尺上一面表示伸長之倍數，一面表示拉力之重量，另有一儀器為將橡皮布小樣貼入，其內為紫外線燈以試驗其褪色之程度，余昔所未見也。再至中和鄉綜合化工廠，因帳件大部在城內，未能審核，只參觀其內部情形，出品有三，一為鋅氧粉，乃該廠固有，二為鞋油，三為墨水，此為貸款加以設備者，據說明鞋油原料有蠟五種，全為德製，謂全世界只有德製可用，因其溶度可靠也，參觀畢已薄暮，乃返，全部日程已終了，改日尚須處理未能全部查完之對象。

11月22日　星期四　雨

師友

今日為美俗感恩節，放假一天，下午到事務所送交打字員待遇，面交李洪嶽律師，傍晚余回家時德芳告余李律師派孫福海君來約明午餐敘，度係為下月開支甚至本月開支，蓋彼顧慮現在只餘彼與吳崇泉兄二人，恐吳兄不肯分擔一半，又恐余本月亦不負擔也，其實余下午到事務所時彼二人均在，何不面談，是亦奇矣，余乃另正式備函致李律師告以雖不停止執業，然下月不能來事務所辦公，請其與吳兄核定是否免予負擔開支，以免後有異言，現事務所幾乎等於李之一人所有，而如此計較，吳兄固不在乎，彼尚不知也。下午到裕台公司訪楊耕經君，詢問明日小組會議應準備之事項，並看研究院來公文。

11月23日　星期五　雨

職務

前三天與工業組一同出發視察之十一家工廠中，尚有四家之帳未能查完，並有兩家之貸款實有二筆而余所查到之帳則均只有一份，均須補查，今日全日乃與美援會沈熙亮君賡續出發查帳，上午到利源化工廠，該廠已查過之部分為比較單純之現金傳票支付部分，尚有一部分為因該廠貸款時之抵押品手續未能辦好，而工程進行不能中止，故先由自備款項內支付，以後抵押手續辦好始經核准動用歸墊，致在動用之時只有支付傳票，而在歸墊之時又用轉帳傳票，單據附於前者之後，又非一次付清，於是一筆帳款須追索至若干帳款，乃大為費時，然亦大致清楚，僅缺發票一張，又因財務困難，至今到期之款未能償還。上午又到綜合化工廠查帳，該廠比較簡單，但因余前日將一部分用具遺落中和鄉該廠內，囑其派人往取，以致延誤半小時之久云。下午先到坤慶麻紡廠之營業處，該廠貸款在兩年以前，而中間又經人事變遷，事先雖一再通知準備，而仍臨時到處覓尋，結果仍有一筆結匯進口之日本發票未能尋到，因不願再待，即囑其尋出後送至余辦公室內核閱。再到三重埔太平洋電線製造廠，此為上次查時未帶文卷之部分，經余今午將文卷查閱知甚簡單者，至則會計人員將各件取出，有條不紊，十數分鐘即全部完竣。今日本預定尚有永豐化工廠，且已通知，但因時間不及，又以電話通知改期，連同另一筆待補查之協進造紙廠，尚待處理者仍有兩家。

集會

晚，出席研究院小組會議，主要節目為由余讀總裁訓詞「人才考核的要領和原則」，及張導民報告院頒研究問題「對共匪公私合營企業的對策」討論大綱，關於讀訓方面，余特加準備，並事先寫好心得，因此項訓詞為規定必須悉心研討且報告心得者，於是余所作之心得即為全體所接受而通過呈送矣。

11月24日　星期六　陰雨

家事

上午，到女師附小二年級和組教室出席家長會，由級任李芳女師主持，據云紹因為一甚好之學生，只有時耳聞不準，時時發問云。下午到該校四孝教室出席家長會，由級任王碧元女士主持，據談紹寧身體欠佳，而作業粗心，望加以有力之督促云。下午，同德芳率紹因到衡陽路買毛線四分之一磅為余織毛衣補足之數，並買德芳鞋與西褲等等。

集會

晚，出席小組會議，討論題目為關於省議員與市長選舉之黨內提名制度的利弊得失，因內容繁複，並未實際討論，只授權組長擬具結論呈報云。

11 月 25 日　星期日　陰

閱讀

瀏覽 Shelly: *Understanding Our Free Economy* 一書，係與 Fairchild 二人合著，書之題材完全注重美國之事實與日常趣味，其目的在供給不習經濟之學生以經濟學常識，其中舉凡生產流通分配、財政、國際貿易匯兌等等，無不涉及，且一一將美國之現狀加以鋪陳，數字儘量於行文時加入，殊屬難得，余只涉獵其大要，偶有不甚熟習之問題則加以細讀，以求了解，閱畢送還美國圖書館。

家事

下午率紹因、紹彭到余之事務所略加整理，並將零星用品酌量取回，又至美國圖書館翻閱雜誌並還借書籍，歸途經過洗衣店取回送燙之襯衣。

師友

中午，陸冠裳兄來訪，據談在國軍退除役官兵就業輔導委員會工作甚忙，有意改在教育界工作而苦無機會，又談子女就學情形，其長子台大畢業，已經就業，次女則在台大醫院為護士，三子在陸軍官校，四、五在工職讀書，六、八在新店文山中學與國民學校讀書，七子在建國中學，九、十則在其寓所三張犁附近入國民學校云。

11月26日　星期一　晴

職務

今日略將上星期所查十一單位之資料加以整理，並往訪美援會沈熙亮君，對於尚未查完之兩處約定明日繼續出發，余於今日即準備作報告之方式，由同事陸慧禪君交閱之以前同類查帳報告為根據，加以研讀抄錄，作為將來起草之藍本，其文並無特殊之處，然在不熟識者則非細讀不能仿為，猶如不知公文者難以起稿也。余之居處與新同事樓有鍾君相距匪遠，近來下班同往等候汽車，感到最困難者為下午必須步行至火車站，而晨起等候上班亦往往侷促而無十分把握，於是二人商定合包三輪車一部，每日早晚接送一次，每月二十天，共價一百二十元，即自今日開始，如此果然可以早晨略得從容，而晚飯回寓又能控制時間，甚感便利。

師友

晚，孫福海君來託為其胞弟作保在中央黨部擔任司機，余本不願，而情面難卻，當即照辦，孫又銜李洪嶽律師命來託余與吳崇泉兄商量，自下月余退出事務所時起，對於用人電話雜支等二人均分，余認為依理固屬如此，但如業務收入豐嗇不同，人情上亦不能不顧到，余告以無暇往訪，請孫代往訪問，謂余意請其照此原則考慮，其實余知吳兄對此本無問題，但李君如此計較，余引為不快，故不肯道破也。晚，與德芳訪宋志先兄，因渠來信表示可能將余去年存磚設法脫手，故前往鄭重拜託，只希望照市價略低，其賺賠則已置之度外矣，宋兄允即代為洽辦。

11 月 27 日　星期二　晴曇

職務

上午，同沈熙亮君同到協進造紙廠民生路公司所在地，賡續查核其另筆小額工業貸款，因其保持之記錄甚為完整，只未能按期送呈銀行月報，故須在該公司將支票存根及銀行往來帳加以核對，均屬相符，歷一小時而畢。遂又同到永豐化工公司查帳，此亦為第二次前往，因支用款項發票繁多，每筆包括數張，欲證明其帳目數字相符，必須有累計計算之工作，而此項工作最為浪費時間，幸余與沈君分工合作，並由該公司會計二人協助打算盤，余由其單據黏存簿一一唱出數字，沈君即在其分類帳上核對相當之總數，二會計即據余所唱者加以核算，於是在二小時內將數百張發票一一核訖，另有數筆為結匯至日本買進機器者，因原進口發票未能尋出，乃於下午由會計持送余之辦公室加以核對，於是全部工作得以順利完成，其中有問題之帳項為由其另一辦理進出口之永豐公司開具發票供給機器一種，與美援貸款規定殊不相符，其他如處理日記帳及總帳等均極有條理云。

體質

余在入安全分署任職前所為之體檢經向署內診療所查閱，一切皆正常，在結核病防治院所照之大片亦表現肺部清晰，又當時在檢查眼部時曾囑余用土黴素半月後再看有無發炎現象，經往再檢查，醫云進步甚微，仍有慢性發炎現象，囑問眼科醫師，余又詢以晚間好疲倦是否可注射荷爾蒙，包醫師云對此無所知悉，主張可注射維他命 B 多種混合液，乃於今日注射第一次 CC，又處方服用維他命 B1 十片，每日一片，但不知為每片含量若干，照服而已。

11 月 28 日　星期三　晴

職務

今日從事之工作有二：一為整理連日十一單位查帳之資料，錄於一張彙總表上，每單位占地位一行，分別項目予以記載，以求一目了然，由此表上看出十一單位之結果均可認為滿意結束，只有兩件含有特殊情形，一為永豐公司由其連號買進機器，依規定此項機器不得有此來源，二為利源化工廠不能按期歸還本息，余將此二事商諸陸慧禪稽核，據云前者不妨查其是否按成本買進，以明有無取巧，後者應提供意見加速其歸還，但本貸款仍應作為使用滿意而結束云。另一工作為核閱以前稽核所作之類似的查帳報告，並加摘錄，以明過去查帳之標準，以免失之過寬或過嚴，另一作用為練習閱讀與寫作此等文件，以便下筆不致過於遲鈍也。分署同人俱樂部調查會員之兒童，將舉行聖誕會，余將表填送。

11 月 29 日　星期四

職務

今日從事於上週查帳資料之最後整理工作，並開始撰寫內部用之查帳報告，係依照規定格式填寫若干語句，因全用英文，余不甚習慣，幸有過去成案可循，即查照填寫，尚無若何困談，今日只寫成三份，其餘之時間為對於若干枝節問題之處理所占據，其中有一問題雖不甚大，然由余之不斷探索，頗收研究發展之效，緣此項工業貸款如有未支用之部分須繳還承貸銀行，由承貸銀行再繳還相對基金第一特別帳戶，余所查者有此情形者三戶，其中一戶因會同往查之工業組賴君曾持一彰化銀行之報表來查詢借戶太平洋電線製造廠之支用情形，余由銀行報表上見仍載有未經支用之餘額，余本對於此類帳目發生是否須向銀行核對之問題，至此乃先以電話詢借款人，據云確已繳回銀行，但當時並無收據等手續，乃囑其向銀行查詢後再通電話，於是知該款在借款人之所開支票開出後不數日即行繳回，並云銀行方面表示如有不明可通知前來說明云，余於是詢問老同仁陸慧禪君，據云此處銀行報表目的在表示預算執行情形，故表示餘額非必為得支用之現金也，至於是否已經繳回，可由美援會每月造送安全分署表示累計餘額之報表窺知，於是乃按圖索驥，由此項報表之現欠餘額欄證明該款確已繳回，於是向銀行查對之舉為不必要矣，另一問題為永豐買進冷凍機一架，係向另一永豐貿易公司買進，二公司實為一事，依規定應在糾正之列，余將此意向陸君商洽，陸君認為此事解決途徑應再追查該項機器是否為託其連繫商號以成本買進之新貨，須看其結匯紀錄與進口發票，但又不能為請結自由美匯買進者，如另一永豐未另加利潤，或未用自由美匯買進，在情理上可以不予挑剔，余以所見極有理由，乃以電話通知其檢出證明單據於明日送來補帳，如此項工作完成，即可無何遺漏矣，此外有一小的漏洞為開始疏忽者，即在查帳期間未能普遍將所接觸之人員姓名一一加以記錄，而查帳報告中則須填明所接觸之人士，於是乃不免再補行詢問，而又不能直接問被查之本人，實相當尷尬之事也。

師友

上午，徐嘉禾君因公來安全分署，與余相遇，坐談半小時餘，亟道其主持不適現役官兵輔導處之會計工作之困難情形。途遇楊愷齡君，告以余已將停止使用事務所房屋，其夫人鄒馨棣會計師前有意接用，請其轉達，歡迎參加云。

11 月 30 日　星期五　晴曇

職務

今日已將上週所查各貸款戶之資料整理完竣，分別寫成內部存檔備查之工作表每戶一份，後附利息還本情形表與查帳時之原始工作用紙，因係第一次，為慎重計，全部送陸慧禪稽核代為核閱，以便遇有不妥處時加以修正再行存檔，按此項封面上本印有歸會計長核閱之字樣，但陸君云事實上無須，只存卷備查即可云。所查各單位之未明各情均已於日來備查齊全，只有永豐化工公司買永豐公司進口之冰凍器一款，仍在進行研究之中，今日以電話催會計張君與另一劉君來送閱進口之證件，核明只有完稅稅單，報關行註有原價及結構外匯日期，結匯及進口發票均已不在，但據云為每架八百元美金，以一五・六五結匯，今以二萬五千元售之化工公司，價已倍蓰，自與美援貸款之規定有所抵觸，且尚不知是否此項交易果有實物，是否用舊後始行轉賣，又是否係以自由美匯進口者，尚待下星期再作進一步之查核云，余到安全分署工作後今已滿三星期，第一星期為研閱法規，第二星期為參加赴外查帳，第三星期為整理查帳結果，大體上已告一段落，所遇情形皆為一般通常之情形，只有上述永豐一家為較為特殊者云。

12月1日　星期六　晴

業務

下午，到事務所將有關事項作結束性之處理，並照料其他事項，大體如下：（1）上月份之電話與雜費等開支應由三份均攤者，余將應負擔之部分交之李洪嶽律師，自本月份起除房租余係已付外，其餘即不再負擔。（2）翟宗濤君將用余之辦公位置，余徵求李洪嶽、吳崇泉二人之意見，以示周到，吳兄無意見，李律師則頗遲疑，但又不能反對，只云應以明年三月底為止，以後之事不受約束，例如房租，希望以後如為三人共同使用，即須三人均分，余答云余亦只能負擔至三月底，此後之事自然須屆時另議云。關於此項辦公處所，余日昨途遇楊愷齡君曾表示希望其夫人可以使用，今日余到事務所適楊夫人鄒會計師在與吳崇泉兄商談公會召開會員大會事，余乃告以有翟君來信之事，鄒君仍遲疑，認為彼不受影響，將來如須參加，尚有李律師對面座位有一空位，余即決定允翟君之來函商請者云。會計師公會昨日開會對余辭常務理事及理事之請通過挽留，而余自上月十五日即應值月，其間由虞舜與毛松年二人非正式暫維現狀，今日公會幹事來問余對此事之態度，余表示可以自原應擔任值月之日起照案擔任一月至十五日止，十五日後余照案移交，大體上以維持現狀為主云。

12月2日　星期日　晴曇

師友

下午，同德芳到潮州街訪同事樓有鍾君及其封翁與太夫人，為初次之拜晤，但均未能相遇，留片表致候之意。下午又同到植物園外訪廖毅宏兄夫婦，僅其夫人在寓，閒談半小時辭出，彼等欠余之款何以繼續歸還，絕口不談，可見又已置之腦後矣。

瑣記

自服務於足足辦公八小時之位置後，日常瑣事皆由德芳一人任之，星期六與星期日不辦公，為處理一切瑣事之時間，昨日乘天好為諸兒女煮水洗澡，自己亦洗澡，上午到國民大會秘書處支薪並買菜，下午到事務所略事料理，晚間與德芳到姑丈家略事閒談，今日上午則在寓修理籬笆、破柴、釘門釘、和碎煤使成塊，下午則燙衣備明日換穿，又與德芳出外訪友，整理衣箱，於是兩日光陰即在此中度過矣。

見聞

有意向美國人學會話，見報有廣告，昨往詢問昆明街兩家，一家為美國學校謂已截止報名，另一家謂下星期開課，並謂美國學校云云乃一騙局，不知是否同行相嫉，余恐為此言者亦未必可靠也，今日又到信義路三段探詢另一家，未見有人，諒因假期關係，惟見其公布各事，且所在地為市立圖書館閱覽室，諒不致有滑頭騙錢之情事也，余所以注意於此，因亟須對於英語會話有切實之改進，而須慎選去處也。

12月3日　星期一　晴

職務

將上月所查小工業貸款十一家之查帳資料逐一釘入

其所屬卷夾內，以備查考，只有三家情形不同者尚須待進一步之處理，其中一家為齊魯公司，須補帳簿專記美援款項之收支，另一家為利源企業公司，亦須補帳簿，同時須補水泥十包三百元之統一發票一筆，第三家永豐，須待另查其向同一資本來源之另一永豐買進冷凍機之支用款項情形，以上第一、二兩家已電話通知其從速補作，即可不必在查帳報告內列為缺點矣。分署會計長巴蘭蓀據署內企劃組（ADE）之請，對於台灣省政府新近訂頒之簡易商業會計制度是否能對於稅收有所裨補一節徵求意見，巴氏將該件交劉允中君，渠為首席稽核，即將此件送余，認為余必知其事，余即告以確曾參加討論建制，但多注重技術問題，尚未計及對稅收之影響，既屬如此，余將加以研究，於是經參考與思索後，寫出要點意見四點，用英文作成，大意說明所得稅在當前財政之比重甚不重要，而已往用逕行決定之查定稅額者多較查帳完稅者為多，且家數更在百分之九十以上，今以簡易商業會計制度之施行欲增進稅收，恐事實上未必能夠做到也云。

12月4日　星期二　晴

職務

下午，到永豐化工公司及永豐股份有限公司查核其用美援貸款由甲方向乙方買進冷凍機之經過，今日重要目的有二，一為查核乙方買進後售之甲方，其間是否有使用中或虛開發票之情形，第二為乙方進口是否使用自由美匯抑易貨美匯，蓋美援款不能買進舊貨或轉作別用，亦不能作為買進自由美匯之用也，查核結果乙方之進貨帳極其清楚，進口後一直未售，直至甲方買進之日始開出發票收到貨款，而乙方進口外匯亦係易貨外匯，故餘下之問題只為該機器未能按進口價付款，在美援貸款又有一規定即不能支付費用及利潤或稅款也，余將此點提出對陸稽核慧禪研討，彼亦認為此問題僅此一點須解決，請其將機器之進口價與買進價之差額提前繳回即可云。本月份之工作支配表已經發出，余上半月有三類赴外稽核之帳項，即八家汽車公司、電信管理局與泰發煤礦，今日將前二項文卷加以檢查，發覺八家汽車公司之貸款情形只有四家有局部之表報，其餘則全無可查。

瑣記（補昨日）

曲從同事樓有鍾君之意將包用三輪車之事擴大為中午往返亦在其內，二人每月一百二十元，現改為二百二十元云。到信義路三段志行補習班試聽英語會話，雖設備簡陋，但人數不多，教師為美籍，發音甚為正確，尚覺滿意，余因會話至今仍有遲鈍之缺點，故亟欲有一外籍教師之地點參加聽講，並有以英語發問之機會。

12月5日　星期三　晴

業務

下午，黃海公司王馨山君來，謂該公司託由余向經濟部申請辦理之公司登記業已准行，特來付清本案所欠部分公費，並將設計立帳辦法，約定本星期日攜帶有關資料來余寓所商量，據云頗有主張明年起立帳者，余認為萬不可採此種中斷辦法。

職務

本星期分配之工作為八家汽車公司與電信管理局，今日全日從事閱卷，因文卷之保管並不集中，故許多事實仍有待於澄清，全日頭昏腦脹。今日為發薪之日，余並為第一次，其薪給冊為兩聯式，須簽全名兩次，所發為兩星期之待遇，此次所含期間為自上月十九日至本月二日，余開始任職為上月十三日，星期二，按每星期四十工作小時計算，兩星期為八十小時，減去星期一之八小時，尚有七十二小時，亦即九天，故第一星期止算四天，亦即十分之四，余預計應發一個半單位或兩個星期零六天，如一般中國機關之習慣，結果則皆不是，余初以為其誤計，實則過細一想，其按工作小時計算之方法實有足多者，此外亦不見扣所得稅，或收據貼用印花等，亦異事也。

12 月 6 日　星期四　晴

職務

上午，著手查核八家運輸公司之汽車底盤貸款，發覺以前程寶嘉擔任稽核時所作之工作表頗有問題，蓋該八家所核定之外匯需用台幣貸款數，若將結構外匯所付防衛捐算入，則該項貸款尚不足此項用途，此款之運用自不生違章問題，反之若不將防衛捐算入，則該款尚有結餘應行繳回，當時查帳結果係承認防衛捐之列支，故不需有繳回之款，僅有一家連防衛捐算入尚未完全用完貸款，當時之措置為通知其繳還，且將撥款書加以修正，余因舊案似防衛捐不能由美援款內支付，遂以之詢諸陸慧禪稽核，渠亦不知其時何以竟予以核准，詢之劉允中稽核主任，則又謂凡已決之事可作為繼續處理之基礎，不必再事深究，而陸君則堅持須詢問到底為何原因，於是到中山北路程君現執行會計師業務之事務所就此點加以詢問，彼謂當時雖發覺此問題，但因貸款為期不長，經向當時之稽核主管 Burns 說明不予深究，即行解決，程君繼發表其三年半工作經驗，謂昔時各稽核皆獨立行使職權，且遇事能顧及對外之關係，其時會計長為 Baker，對中國機關有密切之社交，若干問題均得以不用刻舟求劍之方式予以處理，其後 Baranson 來，此人乃由低級工作做起者，故只注意事務，而少顧及與政策及中國方面之配合，至於居首席地位之劉允中與陸慧禪則又不能遇事負責，往往只在小事上吹毛求疵，故積案日多，而美援不能配合中國政府之政策，亦鮮為彼等所計及，云云，言下頗有隱衷，且勸余不必多管閒事，不必多接近洋人，庶少是非與煩惱云。談竟後即到汽車業同業公會聯合會查詢各該家公司之情形，該會並無足夠之資料，只負責在聯合申請進口外匯時代辦手續，其餘亦只知款已還清，帳務處理情形則非所知，故此案之如何進行調查與核帳尚須另作計議，因八家均在外縣，非令其將帳送來即須前往就地查察云。下午準備台灣電信管理局擴充電話設備之貸款案的查帳工作，該局之支出月報多不能與實支情形配合，因往往先由自備款項支出，然後轉其適當之部分於相對基金帳，時間參差不能一日了然，故稽核費時間，窮一下午之力，亦只查出其中之一部分，此外則須待到該局時當面查詢矣，此中事無頭緒往往如此。

體質

維他命 B 十 CC 已於今日打完，由林大夫再度處方開始注射奧利通一只，係男性荷爾蒙。

師友

上午到合作金庫訪隋玠夫兄，道謝其來送稿費，並取來刊余文之「合作界」季刊。

12 月 7 日　星期五　晴

職務

今日全日在台灣電信管理局查核其相對基金帳，案為四十四年為台北增建二千部新機，台南、嘉義各三百部新機，共用款七百七十萬元（自籌部分在外），去年度曾查過一次，其時已用款七百三十餘萬，今日所查為所餘之三十萬有餘，此部只有一筆用於結構外匯向日本進口機器，其餘全係三地自行購料所用，均有統一發票，依序保存，只因其報支手續係由三地電信局不分自行抑相對基金之款，按月呈送管理局，再由管理局審度情形劃分款項性質，何者歸於相對基金，何者作為自己負擔，此項劃分係在事後，單據不能附隨，故等候該局到疏散辦事處調到後一一檢出加以核對，以致略為費時，但因其管理手續甚為嚴格，錯誤可能甚少，故只抽查大數，均屬相符，而單據數百張在兩小時內得以全部核訖，所餘未解決之問題為尚有存餘之材料，經報告美援會決定收購，則該局應將此部分款項繳回相對基金，待下星期一再行接續處理云。今日查帳上午由余一人任之，下午因詢明結束查帳須由美援會派員參加，故臨時通知，所派又為沈熙亮君，乃一同前往，沈君只注意還款與利息之情形，其他凡余核過者亦皆連帶簽字，彼乃一不願多事之人也。

12 月 8 日　星期六　晴

師友

上午，依昨日之約到羅斯福路一段一一九巷十四號訪樓有鍾君，當拜見其封翁與太夫人，但其封翁已外出，其夫人則昨日由台南來此作短期勾留，亦便中介紹相見，略談即一同到忠孝路一段訪王德壽君，不遇，後在善導寺相遇，又復返王寓小坐，辭出後送樓君至七號公共汽車站而別。晚蘇景泉兄來訪，閒談友人間近情，移時辭去。

家事

上午，到古亭區公所辦理戶口遷出手續，現在之戶口名簿計有兩本，一為余一人，另一為德芳及各子女，各為一戶，現為明夏紹彭得以分發入女師附小讀書，照學區制須將戶籍移入附小之學區，日前承周靖波夫婦介紹其友人居住公園路十九巷十八號即文賓里十九鄰者，乃由余向古亭區申請遷出，同時為紹因、紹彭亦辦遷出，至文賓里合為一戶，下午持申請書到城中區登記遷入，費時不多，順利辦妥。

集會

下午到會計師公會主持常務理事會，討論關於半月後即將舉行之會員大會有關事項，余及汪流航、虞舜、陳秉炎皆出席，通過者有數案，一為事業報告、事業計劃、預算決算等須提大會者，二為修改會章之事項須提大會者，三為大會主席團之擔任人選，決定由毛松年、陳秉炎及余擔任，另由虞舜、汪流航等任報告。

12月9日 星期日 陰

業務

上午，黃海水產公司會計主任王馨山君來訪，研議該公司會計處理問題，緣該公司最近申請公司登記核准，政府既已有案，則依據公司法必須遵行之事項自然不能不預為準備，其中最成問題者為會計事項，該公司之會計至現在為止已幾度滄桑，最初無資本紀錄，僅在台就出海漁獲情形記載業務收入，以及有關之支出，其後歸經濟部漁業管理處代為經營，此段另立帳冊，且就船價估價作為資本，而並不登記，有類閉門造車，後經濟部漁管處又交還公司，各主要股東領回漁船，分配債務，分道揚鑣，迄今已將債務償還完畢，而經濟部之公司登記資本額又改為十五萬元，於是面臨之事實為：第一債務消滅，第二為營業收入增加，此二者形成鉅額之盈餘，而實際並不存在，蓋呆帳、資產折舊、漁撈成本等項須一一打除也，故最重要者為能將此項曲折經過融入帳冊，而能表現固定資產現值十五萬元與資本現值十五萬元之結果，此項略加安排，始可得預定之結果數字，今日原則已與王君說妥，待明日該公司舉行董事會後即可著手實施，余未將詳細作法告知，度王君已有了解云。

師友

上午，樓有鍾夫婦來訪，為禮貌上回拜。下午同德芳到和平東路二段分別訪問同事劉允中與陸慧禪二家夫婦，均相遇，互道家常，二家係在同一巷內居住，據談房屋乃新建，陸君自購料點工，劉君則包商承建，均短小精緻云。

集會

晚，出席小組會議，雖有討論事項預列為十一月十二日國父誕辰之總裁文告，但因人數不足，不易討論，僅作成記錄，並推組長寫一短篇心得以小組名義繳卷云。

12 月 10 日　星期一　晴

職務

上午，會同沈熙亮君續到電信管理局查帳，今日對象為存餘之材料及其材料帳記載之有無條理與存餘數量之管理，地點為中山北路倉庫，經按其申請購買之細數單加以大數盤點，具屬相符，且將美援材料與其自有之材料劃分保存，每種材料之標籤上並均記載收支及存餘，保持永續性之庫存，而每年更加以全部複核，此種材料管理之手續可謂大致完善，經抽點後即就便至其樓上自動電話交換室參觀，此為北區四字頭交換之總樞，計有六千號，比南區八千號略少，當由工程人員李君率入參觀，並分別將自動選號之工作方式加以說明，此為余等向來所未見者，該室溫度平均，且無塵埃，為機器房之最清潔者。上午，與本處同人到松山機場送副會計長戈登回美休假，據聞有不回台灣之可能云。

12 月 11 日　星期二　晴

職務

今日從事泰發煤礦查帳案之準備工作，其一為閱卷，此案文卷較多，由懷特公司發動本案以至因係第一次辦理所謂基本原料開發（Basic Material Development）而與華盛頓方面商洽核准，安全分署與美援會商洽手續，皆有不少之文件，而經費之支出預算反無詳細之根據，此種 BMD 計劃只有此一件，以後無繼起者，故此項案件在本署內亦鮮有知其內容者，今日準備工作所抄之帳項亦最多，大約總在二百餘筆，因以前查帳之黃、葉二君未有報告及工作表，故勢須一一加以複查焉；其二為探詢該礦負責人之所在，初以電話詢該礦通信處，據告在另一處所可以尋到，又問此一處所，則謂在省都旅社，最後見其負責人前來接洽，謂礦之會計赴南部收帳，要求稍延時日再往，余因日程早已排定，且係與美援會代表同往，故希望將會計召回，彼云即以電話召回云；其三為準備旅費，此事余初甚大意，以為可以臨時辦理，不料上午問陸慧禪君，始知尚須先有出差資格核准狀，此狀早已聲請，而未能發到，經陸君洽催，下午送到，其有效日期為十日起至明年六月底止，但預領旅費則又來不及矣，不免自行墊支前往云，其中陸君曾云火車票須由總務組代買，但余往詢總務組，謂此類小地點之車票，等次無可伸縮，不妨自購云；其四為與美援會聯繫，上午正在整理文件預備與同往之沈熙亮君商談時間，沈君自至，余乃與之商量，經即決定於明日上午九時快車前往，希望至遲於星期五以前完竣。

體質

口內生瘡數日，甚痛疼，昨日服用冰硼散，今日又至診療所擦藥，又乘便注射第二次奧立通男性荷爾蒙一CC，此診療所醫師最客氣，而護士則不乏夜郎自大者。

12月12日　星期三　雨

職務

上午九時由台北站出發赴宜蘭縣之頂雙溪泰發煤礦查帳，同行者美援會財務處之沈熙亮兄，又在車站相遇之該礦董事長林義德君，十時一刻到達，先與沈兄交換閱覽雙方之文卷，然後由林君之子代其會計員趙君將一部分帳冊尋出，然記載程序亦不詳，須等候趙君歸來始可，今日不過略事翻閱而已，在余等到達之時，林君初云帳目尚未整理就緒，且顧慮稅捐稽徵處之知情，故須待下星期派人送台北來查，余因支用美援款部分乃係兩年前事，不應有稽徵方面之顧慮，經一再解釋，始知林君誤為余等要查其目前之營業帳，自昨日起即寢饋不安，其經理且聞風而他往避鋒，及余等說明，彼始如釋重負，亦趣事也。晚宿礁溪。

12月13日　星期四　雨

職務

今日終日在頂雙溪泰發煤礦查帳，其會計趙君係昨晚歸來，美援帳表已全部理出，故進行甚為順利，余先將其現金日記帳與轉帳日記帳二種序時帳簿與銀行所抄對帳單加以核對，證明對於現金之處理尚有條理，其往來銀行有羅東與台北大稻埕二家華南銀行，相對基金初係撥存於羅東，羅東支取之款則少數歸入手存現金，多數轉入大稻埕，然後根據實際需要開出支票，故甚有軌道可循，余與沈君因不希望在工作地點工作太久，故乘便多注意於原始憑證之核對，二人分工合作，余根據總分類帳抽查單據，大致萬位以上者全部抽查，較低者則酌量抽查，未見有何錯誤，證明內容均甚少錯誤之可能，沈兄則抽查設有明細分類帳之科目，亦未發現有何誤點，此項工作至薄暮完成，至於款項內容，則余將其兩本日記帳帶回辦公室改日補查，乃於晚飯後乘六時半之汽車回台北，今日查帳所發生之問題有以下數端，一為該礦之開發計劃完全由美國懷特公司之礦務工程師所發動設計，美援會以及台灣銀行乃至該礦之本身均未十分熱心，迨計劃核定，一部為美金器材援助，一部為相對基金貸款，實施之後發現所定器材多不合用，陸續轉讓於其他受援人，而預期有大收穫之礦床又未有所獲，於是計劃全部失敗，二為該礦之用款計劃數度變更，在安全分署與美援會之文卷內所查出者即不一致，且不知其修正之經過為何，詢之該礦會計，則謂最後修訂經核准之計劃容在台北辦事處有底稿可查，乃囑從速補查，以作根據，否則用款項目與原預算大不相同，勢須發生糾正之行動，三為該礦用款之寬泛為任何其他貸款所無，例如美援器材之海關進口稅係由相對基金貸款內支出，而房屋建築亦有用於工人俱樂部及辦公之用者，凡此為美援款皆絕不容許，而該礦經美援會會同安全分署與懷特公司加以核准，第四則該礦之往來銀行華南銀行對於代放之款毫無催還之形式，以致至今未能按約履行償還，而此款所以由華南承辦者，本係因台灣銀行不肯通融手續，經懷特公司建議改換借款人已有往來之銀行，結果銀行始終未盡監督用途與催還本息之責，第五為此案之支用款項已全部完畢，且為時已有二年之久，遲遲不予結案，前年曾有二稽核葉、黃兩君往查，其時已經用款完畢，而當時係如何查法，現在已不可考，故此次又須全部查過，其中難免有重複之工作，然在一切不上軌道之現狀下，此亦屬無可避免，余以為亟應加以改善也。

12月14日　星期五　雨

職務

今日照常到辦公室工作，上午繼續處理昨日未完之審核日記帳工作，尚未完竣，下午因上半月辦理書面稽核之樓有鍾君下週須出外查帳，書面稽核工作須移交余與另一胡稽核接辦，故以半日之力從事銜接工作，首由樓君將此項工作之程序加以說明，然後協助其將近來稽延之未核報表通力加以清理，此項工作甚為機械，然由此可以獲知美援相對基金之運用全貌，聞以前參加安全分署稽核工作者多有甚長之歲月從事於此，余則將只有自下星期一起之半月時間內加以歷練，且余自到署工作，迄今適滿一月，幾乎完全用於實地查帳，以致內部情形多不了了焉。

12月15日 星期六 雨

集會

下午四時在會計師公會召集常務理事會，此次五常務理事全到，所討論者多為有關下星期日會員大會應行準備之事項，及大會改選前如何作移交準備之事項，分析言之，如下：（一）上次會員大會有修正會計師法之提案交理事會研討，理事會推出理事三人起草，日前始將修正意見送到公會，已不及提理事會，當經討論決定將原文提至大會，說明未先提理事會，其中不妥處由常務理事會擬具意見附於該提案之後一並提出大會；（二）選舉票式樣係將全部會員之名單印成一張，投票者加以圈選，本用油印，滿謄寫板一張，今人數增加，可用打字油印或仍用普通油印將寫字之大小加以緊縮，仍使其一張足夠應用；（三）五常務理事之值月，今日由余移交毛松年君，毛君提出因此為最後一月，可能下週大會選出理事後遲不能選出常務理事，而彼本人又不競選下屆理事，為恐越期尚不能卸責，希望改由另一參加下屆競選之常務理事值月，並主即由其下手陳秉炎君擔任，陳君堅辭，毛君只好接余之交代，但另成立一案，即維持至大會召開以後為止，如選舉結果本屆五常務理事仍有當選理事者，即交彼維持，設當選不只一人，則抽籤決定之。尚有例案數起，亦加以處理。

師友

中午，楊愷齡君來訪，謂其夫人鄒馨棣為競選下屆會計師公會理事事希望能與余與吳崇泉兄交換意見，乃約定下午在合作大樓見面，比至，鄒君因此次選舉用三人連記記名法，最宜有三人合作交換選票，希望余與吳兄亦參加競選，余即告以決不參加，如需要拉票，余可幫忙，其後余即到公會開會，旋接鄒君電話，謂吳崇泉兄決定出而選監事，另有董轍君競選理事，均希望余能幫忙，余允立即下手拉票，但不知是否已為他人捷足先登，故須早日開始進行云。

12 月 16 日　星期日　晴曇

師友

上午，到成功新村持蕭繼宗兄之介紹片訪蕭一葦秘書，不遇，其家人云甫於昨日赴台中訪蕭繼宗兄，一週後始獲歸來，余本欲探詢吳伯實函七弟所託之事，即陸軍總部成立運輸單位是否至所屬部隊調用駕駛人員，至此只好待下週再談矣。下午由周靖波君引導，往公園路十九巷十八號訪龔君，不遇，其夫人云已去中和鄉參加受訓，下週畢業，對於余與紹彭之戶口移至其門牌內一事，只龔君本人知之，待其歸來後再決定是否與其房東談及，周君之戶籍尚未辦理遷來之手續，迨其亦遷往後，當再由周君向公園路派出所與管區警員說明，庶於查戶口時知余之移入全為使紹彭有入女師附小肄業之機會，並無其他情節，即根本不必向房東查詢矣，此事周君允當做到，彼為消防警員，與派出所之警員固屬同一機關也。

交際

上午十時到善導寺與會計師公會各常務理事參與徐光前會計師追奠其亡父之祭禮，事先曾送花圈，弔祭人員與輓誄以東北人為多，會計師無幾人焉。

12月17日 星期一 晴曇有陣雨

職務

今日將由泰發煤礦攜回之現金日記帳與轉帳日記帳內容加以審核，根據帳內摘要所記之性質抄註於余所抄依據該礦所開支票而登記之現金表，一以明其內容，一以發現其有無不許開支之項目，結果尚未有明白抵觸之支出，有兩筆支出中央信託局手續費之帳款均於事後收回，至於其他在一般情形下不得支用之款項，則均已另得美援會之核准，故不生剔除問題，此款支用情形大致圓滿，所成問題者只有一項，即該礦另有美金器材進口，其進口稅費由上項相對基金貸款內支付，但後該項器材不適用而又轉配其他工礦業有五項之多，只其中一項將進口稅費收回，尚有四筆均不知如何情形，此項應收回之款須繳回相對基金云。下午，為八家汽車運輸公司前年在相對基金借款買底盤一案之償還借款情形到台灣銀行業務部放款科與徐科長核對，藉知有一家至今本息未清，須採取行動云。將上週出差旅費開單請總務部分撥還。劉主任稽核允中向余說明本星期起余須辦理

Desk Audit 二星期，但並不主辦，意只在使余知全部概況，故不作長期之計，又談及出外查帳可以儘量使時間充分，大原則為重質不重量云。

師友

晚，王慕堂兄來訪，探詢余赴安全分署任職一月餘之情形，王兄對於以前會計工作視導團不歡而散之一段經過略有所知，但認為是戈登任內之事，恐不確。

12月18日　星期二　陰

職務

泰發煤礦之補查帳目工作今日上午處理完畢，適該礦林義德董事長來，余即將其出讓器材未將所墊支之關稅與運什費收回相對基金帳內一節向其說明，囑立即補辦並將餘款繳回以便結案，此外則該礦還款計劃正在呈核，此項計劃與其資負狀況如何對照，須請其補送資產負債表損益表以作根據，尚有一大問題，即該礦支用各款無有效之預算以資準據，勢須補辦手續，但在查帳報告上已無法表示，只能速依實況向美援會補提預算，此點已向陪林君同來之沈熙亮君說明云。今日開始參加 Desk Audit，係與胡君二人合辦，胡君將為固定擔任之人，今日只擇數份受援款人之月報加以核對計算，隨即移送會計部分登帳，另一工作即凡有關款項支用情形之來文須處理或歸卷者，亦經此間查明檔案號數加以移送至檔案人員處，尚有一項工作即所謂 follow-up 之卡片登記，以作控制下次行動之依據，今日尚未及從事此等特殊性之工作，將一面工作一面求知云。

12 月 19 日　星期三　雨

師友

晚，楊天毅兄來訪，談在復興書局擔任推銷教科書之工作，主要手段為靠交際以達成銷書任務，極感非出於自然，現悉省政府印刷廠廠長即將易人，有意活動此職，其方式為運用行政院關係以向嚴家淦主席發生影響，而如何運用行政院關係則又以透過立法院為妥，原則如此，但如何部署，甚感彷徨，經洽商之結果，擬俟後日光復大陸設計研究委員會開會時，與由台中來出席之靳鶴聲委員先行熟籌，再作如何下手進行之計劃，余亦對此表示贊同，略談辭去。

12 月 20 日　星期四　晴

師友

中午，鄒馨棣會計師來訪，談競選會計師公會理監事事，現在搭配競選理事者為渠與陳德馥、董轍，而以吳崇泉兄為監事，刻正拉票之中，余告以余可能拉到之票已大打折扣，例如于治堂兄已回信其票為陳秉炎君拉去，所可能靠得住者只有陳長興兄一人而已，鄒君託余函介王淑聖君處，余恐其必被劉階平兄拉去，鄒君謂劉兄無競選之動靜，余乃寫信託其面交，但不信其能發生效力也。下午，魏盛村君來訪，談因腎病須就診於國大代表趙峯樵，詢余可否代為介紹減收藥費，余雖不識趙君，但既有同人之雅，亦即代為介紹，當寫名片一張。

瑣記

安全分署會計處同人向六合配售燈芯絨一批，余今日買厚、薄兩種各一段。

12月21日　星期五　細雨

職務

上午，將十一月份退除役官兵就業輔導委員會之有關各單位美援財務報表核訖，此係報表共有二十餘件，使用美援機關各為按插官兵之機關，而由輔導委會總其成，其中動支款項頗多特殊情形，無法一一明瞭，經於昨日約經辦人梁君來當面解釋，始知其有所欠缺處皆有理由，但亦有須加補正者，今日以電話再度查詢，始約略告一段落，此項輔導會報表二十餘件計費時一天半始行核畢。約台灣省汽車公會之經辦人來告以速催辦八家借款購買底盤之結束報告，催速送核專登美援之特設帳簿，並對於其中一家迄今未將貸款還清一節促其從速採取行動，以便早日結案。下午，會計處之主管Baranson、Tret、Johnson等在辦公室舉行小規模之酒會款待會計處全體同人，等於半日休假，所備酒類飲料及點心食品皆極為精彩，事後聞安全分署內只有會計處有此項舉措，其他皆按時下班云。

交際

晚，到電力公司會堂參加黨校同學之茶會與聚餐，首由趙葆全與曹挺光二兄報告最近赴巴基斯坦與澳洲之經過情形，繼即聚餐，卅年同學，皆盡其歡。

12 月 22 日　星期六　雨

交際

上午，到善導寺參加高信同學追薦其母之喪儀，事先由樂幹同學買花圈致送。下午六時與德芳到松江路參加安全分署署長卜藍德與其各組長召集之酒會，人眾雜沓，備有小食與冰雞尾酒等，有立軸一條懸牆上請中國人用毛筆簽名，可謂別開生面，略事盤桓即返，係乘分署之交通車由署前啣接往返。

師友

晚，梁愉甫與陳長興兄聯袂來訪，陳兄係將於明日參加會計師公會會員大會，來接洽為人幫忙選舉之事項，梁兄亦在安全分署服務，余詢明其以前情形甚多。

12 月 23 日　星期日　雨

集會

上午，出席光復大陸設計研究委員會第三次全體會議之開幕式與第一次會議，由陳主委誠報告，並由秘書長與中南兩研究區報告研究工作進行情形。晚餐由陳主委招待在光復廳聚餐。下午，到人民團體活動中心出席會計師公會會員大會，余雖為主席團之一，但未任主席，選舉時助鄒馨棣、董轍與吳崇泉兄分別競選理監事，至余離席時止已開出理事，十五人當選，二人落選云。

師友

上午，訪王慕堂兄代轉郵件並閒談。中午，應楊天毅兄之約在新陶芳吃飯，在座尚有張景月、靳鶴聲、于仲崑等，閒談楊兄謀事與將介紹于瑞圖與人合作事。

12月24日 星期一 雨

集會

今日為光復大陸設計研究委員會第三次全體會議之第二天，上午由副參謀長馬紀壯代表彭孟緝報告軍事，因聲音不夠宏亮，聽者多不感興趣，綜其大意為說明國軍之訓練已經完成，只待反攻時機成熟時即可發動，另報告共匪鷹廈鐵道完成後對於台灣威脅之增強，惟吾人已有萬全之準備云，報告完畢後為中央第五組主任與國防部保密局長張炎元報告匪情，余因事未聽。下午繼續開會，由沈昌煥次長報告外交，說明一年來在外交壇坫上之苦鬥經過，報告畢後為對於一般會務交換意見與主任委員陳誠之結論，余因事未終即退。中午魯青籍國大代表在會賓樓聚餐，到者近百人，當時推出數位代表赴基隆歡迎由港來台反共義士中之魯籍義士四人，並交換一般意見後而散。

參觀

下午，與德芳到女師附小參觀該校校慶成績展覽會，因到達稍遲，只在紹寧所在之四年級室，與紹彭所在之幼兒園室分別參觀後返。

娛樂

晚，到中山堂看國大代表年會所演京戲，余與德芳到時李桐春之古城會已上場，演來甚佳，繼為女代表閻希珍之四郎探母，平平，尚有金素琴之生死恨，未看即返。

瑣記

上午過延平北路時買鹽炒花生米一斤帶回，此等粗品賣者例用草代繩綑紮，行至南昌路福州街轉角未及細查竟草脫墜地，並甚多落於雨後之濕地之上，正無計間，其旁賣衣服擺攤販自動送余紙包及拾取花生之硬紙，一種為人幫忙之精神至為可感，此在普通情形下終不外是無人理睬任其狼狽不堪而已，故記之。

12月25日　星期二　雨

集會

今日全日參加國民大會代表年會，上午九時開幕式，蔣總統原定前來致詞，臨時不能前來，改由陳誠副總統致詞，然後繼開預備會，首先由行政院長俞鴻鈞作行政報告，再由會中決定有關提案審查等事項，十一時即行散會。下午三時續開，討論提案，此等提案雖有六十餘件，然既非法定機構，無論通過與否，大致與事實不生何等影響，故余在討論中途即行早退。至於提案中余感覺興趣者為有對於國民住宅興建委員會之內容表示不滿案件多件，涉及年來辦理民意代表建屋貸款與代建房屋之種種糾葛，其中事實多為所未之前聞者。

交際

中午，應王興西代表之邀在東興樓吃涮羊肉鍋，在座尚有宋志先、逄化文、楊揚與新由南韓歸來之車道安代表，且以之為主客，歷一小時半後始盡歡而散。

12月26日　星期三　晴曇

職務

四天假滿，今日恢復辦公，賡續上星期之審核工作，將退除役官兵輔導會之案送各件再度複核，本擬於今日分別將須要改正之處記下後即將原件送至帳務部分記帳，但又發現有不妥與數字錯誤之處，乃以電話通知該會梁君，允即另行將有錯之表補送，並希望於今日辦妥，但至晚並未送來。美援會沈熙亮君上午轉來泰發煤礦林義德之補送美援器材轉讓部分應向受讓者收回之關稅與費用表，但表內太過簡單，乃以電話約其面談，告以須將每批稅費細數及與帳上所記如何對照及轉讓若干，佔稅費若干一一開明，並將已由相對基金貸款內支付之數如數收回繳清，庶了懸案，彼允於星期六或下星期一照辦。

師友

高注東兄來訪，余未遇，據云今日即回屏東。孫福海君來訪，交來第四建築信用合作社以應付公費改為股款之股票及社員投票之紀念品如皮夾及日曆等，並請余將委託書交其代為出席，余未遇，度係受李洪嶽與張子文等之委託從事競選活動，其方式為將全市分為若干區，每區定一社員代表數，照此項名額之半數以限制連記法投選社員代表，以便當選後有出席社員代表大會之機會。

體質

數日來右踵隱隱作痛，行路時始感覺，余恐有風濕之兆，上午就診於安全分署之聯合診察室林大夫處，據云恐為骨部之偶發異狀，不致為風濕，亦無可以適當治療之方。今日繼續注射奧立通第四次，尚未感有顯著之功效。

12月27日　星期四　雨

職務

今日仍從事於內部審核工作，因過去情形不熟，故進度甚慢，尤其在某受援機關之月報列收數字與美援會月報不同時，為求知其差異之原因，不能不調閱卷宗，而此項卷宗最近歸業務組（ADO）統一庋藏，其地在三樓，而上下每日必須數次，有時卷宗調到而其中資料不全，於是時間白費，更有時卷不在柜，但又不知何往，無法可想，只好以電話向受援機關查詢，或向美援會會計處查詢，余今日即將數日來所積之款項收支不能相互對證之表報數件，向美援會會計處專門委員鮑爾一調查，得知其中支撥日期而受援機關未予列收，其原因除非為台灣銀行所延誤，否則其月報即不應不予列入，類此情形即須備函向美援會轉行受援機關予以糾正焉。

娛樂

晚，赴台大法學院參觀該校學生代表會所辦歲暮游藝會，前為若干同學之獨唱，余到時已晚，只聽到二人之表演，而音量不足，末為電影「玉趾留香」，尚佳。

12月28日　星期五　雨

職務

今日為余從事內部審議工作之結束之日，因擔任此項工作者為胡君，余為臨時參加二星期以求熟練，且助胡君工作，以免生疏，今日將所收各受援機關月報處理完畢，只餘一件為缺少 CEA 號數遍查不得者，交胡君處理，再則若干結束報告亦彙交胡君辦理，今日費余時間最多者為教育部充實僑生教育之計劃，該計劃由教育部將款統領轉發各大學及僑教有關之中學，共計十六單位，此十六單位所接之撥款應與教育部所領到之款減去尚未轉發之數相符，但事實不然，經以電話詢教部會計人員，據云為台大醫院會計主任許華振所兼辦，余與許君本相識，乃以電話聯絡，數度查詢，始明其底蘊，蓋教育部曾奉准將一九五五年度餘款三十餘萬元繼續支用，其方式為由一九五六年度內撥出，但各附屬單位不受影響，前後啣接支用，其原因為無法將單據劃分，而五六年度之 CEA 則列為將三十餘萬劃出之數，於是乃發生此項差額，但余本已料到或有此情形（因表上註有三十餘萬之數），而不解者則為其差額並非此數，其後始知為教育部尚未轉撥款之銀行結餘內混有存款利息及工程違約罰金及零星存入之數，此若非經許君詳細說明，實無由知其底蘊也，經其說明後余已證明其情形乃屬實在，且存款之在銀行者超過表列應有之數，自無挪用款項之情形發生，於是代為填寫調節表一張，附於原件移送至會計部分發登帳簿並歸卷，此事費時幾乎一天，因余之原則非在十分困難無法自行查卷或推理予以解決時，絕不輕易詢人，以免輕率之譏也，又此案余為調查明確，並曾由美援會會計處鮑爾一君處獲得經過情形說明。

12月29日　星期六　雨

交際

晚，安全分署會計處稽核科主任約翰孫氏夫婦在舒蘭街寓所酒會招待本科各稽核同人，余與德芳偕往，食啤酒及三明治等，因余到時已近六時，賓客均散，略盤桓即辭。

娛樂

亞洲反共聯盟中國總會寄贈入場券於下午往中山堂看西德電影及短戲劇片匈牙利舞蹈家奔向自由，此片插有舞藝表演，極為精彩，惜無彩色耳。

瑣記

今日有不愜意事連串而來，一為下午帶紹因、紹彭外出，急找紹因用車票不獲，而將預置床上備歸來用之酒會地點圖失落，二為赴酒會在暮色蒼茫中尋所在不遇，最後在附近另雇一嚮導車引往，三為晚入睡後半夜郵差敲門來送國大秘書處之掛號信（實三日後始用），至深夜不能續眠，而上項地點圖又在取圖章時尋獲，已無用矣。

12月30日　星期日

業務

日昨台北市第四建築信用合作社負責人託李洪嶽律師出面著孫福海君前來，約為辦理該社專案查帳證明事宜，緣該社在前年週轉不靈時期，曾由市政府出面邀集各理事之有資財者出款維持，其中之一為雷賓玉君，當出款五萬元，去年該社改組由張子文等接辦，雷委律師訴請返還該款，合作社方面則認為在雷之民國四十年任內放款諸多不當，而存款亦賴各理事墊款始付出三十萬元有餘，雷雖在四十一年二月七日改組時落選，但改選之經過核定後又遠在四十三年一月二十二日，依合作社法理事轉任後須於二年後始可卸責，則雷之卸責應在四十五年一月，彼墊款之時並非在可以卸責之後，故其墊款無返還之理由，但第一審雷君勝訴，裁判理由為合作社理事對存款債務連帶負責其對象應為存款人，並非合作社可以要求者，現在社方準備上訴，李律師所需之鑑定資料有三，一為至今年底止所有放款之本息合計數，二為二月七日之存放款數及當時有無虧損，三為四十三年一月廿二日之存放款情形及當時有無虧損，余乃於今日上午到該社調集帳卷等資料加以審定，協助者該社會計孫瑞華，彼在社數年，為余說明甚詳，余將有關各項數字加以審核後，即囑其將歷年利息計算與轉帳情形開具詳表，以備核算，各事並希望於下月一日齊備，屆時繼續審核並將數字確定，以便李律師作為出庭根據云。

閱讀

昨日午夜被鄰差驚醒，久久不能入寐，乃著衣看書，書為沈宗瀚著「克難苦學記」，描寫其家世與就學浙江甲種農業、北平農業專門以及美國康乃爾大學研究之經過，頗為生動，其中使作者能有餘力赴美者為其任家教時期之待遇略高，然亦只八百元美金即行出國，然後得其他方面之幫助與借貸得以完成學業，且在農業科學之領域內有甚大之貢獻，作者以自傳之創作出之，其優點為坦率曉暢，親切有味，缺點則文筆往往失之於平淡，有類流水帳式之記載，且用文言寫作傳記，極難生動，此蓋作者所自限也，著者在本書中最得意之筆當為其不別父母借款赴北平升學，及最後赴美得農業專家之指導，對育種多所表現，而最後獲得博士學位，余最感應注意者為其學習英語之完全得力於自修，雖自承讀音不甚正確，然英文程度非普通可比，故可斷言，余由其在家館時所定每日功課表之特別注意英語，深覺學習外語非每日只略聽若干廣播即可濟事，必須不斷練習，始克有成，讀此書後應知所勉也。

12月31日　星期一　陰

職務

今日將下半月所擔任之內部審計工作期內所發現須加以糾正之事項，計有表報五件，其中一件包括二十餘件，分別寫 Desk Audit Memorandum 五件送請主任稽核約翰生與劉允中核行，此為一例行之程序，但在余為初次經辦，對於糾正之事項與用字遣辭特加審慎，以免貽人以不良印象，而用字之習慣尤特別注意過去之成例，非萬不得已不自行造句。今日又一工作為登記一種卡片所謂 Follow-up Register，此種卡片之設乃就受援機關之已經查過帳目出糾正報告者，按報告號數為經分別記載稽核意見，美援會所採行動，本署相應而為之處理，用以表示某案之進行大要者。泰發煤礦之董事長林義德君來送余所囑作之資料，即該礦曾於相對基金貸款內支付美金進口器材之進口稅費數萬元，此項支付雖經核准，但其後該款將不能用之器材轉讓於其他廠礦而將一部分稅費收回，然並未記入相對基金帳，依理此款應繳回相對基金特別帳戶，今日林君來將此項稅費之所屬加以詳細分析，得以確定該礦應繳回之數，此事本甚簡單，只因其收回部分有超過原支付之數者，故須一一加以審查後彙總決定其收支差額，及應繳回若干焉。

附錄

發信表

日期	人名	事由
1/28	簡樹水	託詢木材價格
1/28	王景民	託詢木材價格
1/28	李先良	催匯助張彬款
2/3	冷剛鋒	介紹工礦公司麻布事
2/6	朱興良	請介紹彰化銀行透支
2/7	簡樹水	木材柚木用檜木亦可
2/18	王培五	張彬上學期費用情形
3/2	施取	介紹售出中和鄉與景美地
3/2	王景民	木材半月後用，請估價
3/7	王培五	劉馨德地址
3/12	韓華珽	復寄來詩稿所感
3/12	王馨山	催黃海登記用戶口謄本
3/14	朱興良	再請介紹彰化銀行透支
4/5	李由學	余已離齊魯，託事無能為力
4/28	陳漢平	所得稅意見
4/28	鄭邦琨	送「累進課稅學說之發展」一文
5/5	朱興良	接洽透支經過
5/25(?)	朱興良	附去對保之回單
6/6	民主評論社	請退稿
6/6	宋志先	請通知李昌華君來談
6/11	尹樹生	請介紹省農會，合作社查帳問題
6/22	牟乃紘	漁會設會計機構事
6/23	楊孝先	通候
6/23	葉淑仁	詢李祥麟兄消息
6/23	蕭新民	請轉退出英語班
7/2	周玉津	稅務旬刊代銷售事
8/3	蕭繼宗	通候，詢讀東海大學情形
8/3	衍訓	勵志，支雜容稍後即寄
8/10	胡祥麟	投「貿易國家排拒商業擴張之政策」一文
9/12	王培五	請洽取幼稚園轉學證書
9/12	馬忠良	請洽取幼稚園轉學證書
9/12	葉淑仁	請洽取幼稚園轉學證書
9/12	陳長興	請洽取幼稚園轉學證書
9/12	周紹賢	請洽取幼稚園轉學證書
9/14	陳長興	請洽取幼稚園轉學證書，答來函所詢疑點
9/15	周紹賢	上事作罷

日期	人名	事由
9/15	葉淑仁	上事作罷
9/15	陳長興	上事作罷
9/15	馬忠良	附送紹彭調查表、照片等
9/18	胡祥麟	謝贈工商月刊並介紹刊文
9/21	周紹賢	謝代索紹彭轉學證明書
9/21	馬忠良	謝代索紹彭轉學證明書，並補寄轉學申請書
9/26	鄭雍若	請轉四信社催公費
9/26	曹緯初	畫展會場代價情形
9/26	王馨山	黃海董監（部派）對登記事望接頭
10/6	王慕堂	康聯公司公費事
10/13	廖毅宏	請周轉款項
10/13	鄭邦琨	投「租稅之經濟觀」一文
10/16	鄭希冉	請收入社願書轉第四信用社
10/20	蕭繼宗	通候
10/20	胡祥麟	請轉洽工商月刊退西文雜誌
10/21	廖毅宏	退款事即照來信辦法辦理
10/21	陳長興	下屆會計師公會請參加競選
10/26	鄭邦琨	投「從收入第一主義到多元財政政策」
10/27	鄭邦琨	改正前文小錯「亞當斯密」為「瓦格納」
12/9	衍訓	詢其功課與腿疾情形
12/9	蕭繼宗	託為吳伯實查詢陸軍總部是否調用駕駛人員
12/9	楊孝先	省府房屋當難定期初售
12/17	陳長興	請助鄒馨棣、董轍、吳崇泉競選
12/17	于治堂	請助鄒馨棣、董轍、吳崇泉競選
12/17	張景文	請助鄒馨棣、董轍、吳崇泉競選
12/17	翟宗濤	事務所不願用即轉租他人

寫作表

刊登出版物	題目	
	論工業化	四千字
稅務旬刊	累進課稅學說之發展	八千字
合作界	勞動者與合作運動	
合作界	二次大戰後西歐工業合作之新發展	一萬字
稅務旬刊	蛻變中之美國所得稅	五千字
稅務旬刊	從收入第一主義到多元財政政策	六千字

收支表

月日	摘要	收入	支出
1/1	上年結存	701.00	
1/5	兒童書		8.00
1/10	景美地價田賦		230.00
1/10	勞保車馬費	200.00	
1/10	赴枋寮		10.00
1/10	家用		400.00
1/10	上月毛線		200.00
1/11	書刊、稿紙		13.00
1/11	電泡四隻		18.00
1/12	奶粉		12.00
1/16	家用		400.00
1/16	14 日理髮		5.00
1/18	光復大陸車馬費	300.00	
1/18	家用		300.00
1/20	家用		300.00
1/22	于永之嫁女喜儀		100.00
1/23	電線換新、修墻（130+70）		200.00
1/23	本月份英語班學費		20.00
1/23	家用		200.00
1/24	聚餐		2.00
1/24	一、二月份黨費		8.00
1/28	陳丙丁公費	1,200.00	
1/28	車票		24.00
1/28	健素、砂糖、水果、雞蛋		35.00
1/28	本月眷貼	100.00	
1/28	紹寧鞋		12.00
1/29	紹彭理髮、食物、洗澡		21.00
1/29	勞軍捐、紹中用		4.00
1/30	燈泡等		9.00
1/31	檢查收音機		6.00
1/31	家用帳零星扯用沖銷	110.00	
	本月合計	2,611.00	2,555.00
	結存		56.00

月日	摘要	收入	支出
2/1	上月結存	56.00	
2/3	砂糖五斤		12.00
2/3	家用		1,000.00
2/4	葉尚志嫁女喜儀		40.00
2/4	理髮		6.00
2/6	本月待遇	1,000.00	
2/6	捐贈		20.00
2/6	燈泡、藥等		22.00
2/9	德芳鞋與拖鞋		140.00
2/9	車票		24.00

月日	摘要	收入	支出
2/9	車錢、郵票		8.00
2/9	家用		800.00
2/10	四建合社去年公費	2,000.00	
2/10	印花		8.00
2/10	光復會車馬費	300.00	
2/22	本月勞保車馬費	200.00	
2/22	理髮		5.00
2/22	本月眷貼	100.00	
2/22	家用		150.00
2/28	米、煤油變價	240.00	
2/28	家用		200.00
2/28	學費		20.00
2/28	一週來零用及帶小孩什用		20.00
2/28	車票		24.00
	本月合計	3,896.00	2,499.00
	結存		1,397.00

月日	摘要	收入	支出
3/1	上月結存	1,397.00	
3/1	本月待遇	1,000.00	
3/1	家用		900.00
3/2	書刊		15.00
3/13	理髮		5.00
3/17	光復會車馬費	300.00	
3/17	廣告費		20.00
3/18	郭健秋子喜儀		50.00
3/18	家用		200.00
3/21	合作界稿費	240.00	
3/21	家用		240.00
3/21	信箋、郵票		5.00
3/23	車費		4.00
3/24	書刊		8.00
3/26	本月眷貼	100.00	
3/26	家用		100.00
3/27	勞保夫馬費	200.00	
3/27	廣告		20.00
3/27	聚餐		5.00
3/27	布		24.00
	合計	3,237.00	1,596.00
	本月結存		1,641.00

月日	摘要	收入	支出
4/1	上月結存	1,641.00	
4/1	洗衣		15.00
4/2	本月待遇	1,000.00	
4/2	文得郁奠儀		10.00
4/2	子女教育費	400.00	
4/2	信牋信封		4.00
4/2	理髮		5.00
4/2	家用		300.00
4/3	車票		34.00
4/9	蚊香、皂、樟腦		45.00
4/9	英文班學費書費		26.00
4/9	修童車		12.00
4/12	香蕉		5.00
4/12	家用		1,000.00
4/12	農捐等款		200.00
4/14	車錢、印花		6.00
4/16	車票		34.00
4/17	看電影		12.00
4/20	光復會車馬費	300.00	
4/20	布、褲、皂		155.00
4/20	陳丙丁公費	600.00	
4/20	家用		500.00
4/20	奶粉四聽		80.00
4/20	藥皂、鞋油		14.00
4/20	汽水、車錢		10.00
4/20	看戲、零用		20.00
4/22	理髮		10.00
4/22	砂糖二公斤、藥膏		11.00
4/22	參觀券、零食		4.00
4/24	衛生用品		10.00
4/25	林協公費（三千內之一部）	500.00	
4/25	家用		500.00
	總計	4,441.00	3,022.00
	本月結存		1,419.00

月日	摘要	收入	支出
5/1	上月結存	1,419.00	
5/1	文得郁等賻金		45.00
5/1	本月待遇	1,000.00	
5/1	奶粉		10.00
5/1	上月眷貼	100.00	
5/1	家用		900.00
5/2	德芳針藥		22.00
5/2	林頌檉嫁女喜儀		35.00
5/2	健素半公斤		6.00
5/4	本月英文學費		20.00
5/4	車票		34.00

月日	摘要	收入	支出
5/4	汗衫大一件、小二件		24.00
5/5	游烏來		32.00
5/7	開會用點心、糖果、砂糖		20.00
5/7	麻綢二碼		30.00
5/7	汽車、車票、郵票		15.00
5/12	宴客		100.00
5/12	理髮		5.00
5/12	車錢		10.00
5/13	紹彭理髮、零食		5.00
5/15	光復會車馬費	300.00	
5/15	家用		300.00
5/15	家用		300.00
5/22	看病		14.00
5/22	車錢		5.00
5/23	上衣一件		48.00
5/23	本月眷貼	100.00	
5/23	麻膠布褲二條		60.00
5/23	肥皂 20 個		16.00
5/23	芒果二斤半		8.00
5/24	車錢、黨費		7.00
5/25	黃海公司第二次公費	500.00	
5/25	聚餐		60.00
5/25	家用		400.00
5/25	墨水 16oz.		55.00
5/29	車錢		5.00
5/30	洗衣		12.00
5/30	車錢		3.00
	總計	3,419.00	2,606.00
	本月結存		813.00

月日	摘要	收入	支出
6/1	上月結存	813.00	
6/1	家用		900.00
6/1	本月待遇	1,000.00	
6/1	勞軍、助同人		20.00
6/1	書		13.00
6/2	車錢、線一輪		7.00
6/2	理髮		5.00
6/3	賣麵三袋	216.00	
6/3	水果、德芳眼藥		16.00
6/3	家用		100.00
6/4	聚餐		40.00
6/6	糖、奶粉		26.00
6/7	紹因看眼		4.00
6/9	孫伯棠子喜儀		100.00
6/9	家用		200.00
6/9	車票		33.00

月日	摘要	收入	支出
6/11	稅務旬刊稿費	350.00	
6/11	電影、車錢		15.00
6/11	家用		300.00
6/12	藥皂、書刊		14.00
6/13	食品、電影片		15.00
6/16	什用		6.00
6/18	光復會車馬費	300.00	
6/18	家用		250.00
6/18	布一尺五		11.00
6/19	車錢		3.00
6/20	本月眷貼	100.00	
6/20	烟		6.00
6/21	車票、車錢		37.00
6/21	家用		250.00
6/22	與紹彭理髮、書刊		10.00
6/28	家用		200.00
	總計	2,779.00	2,581.00
	本月結存		198.00

月日	摘要	收入	支出
7/1	上月結存	198.00	
7/1	味精等		13.00
7/2	本月待遇	1,000.00	
7/2	捐軍舍、助同人		40.00
7/2	售麵三袋	220.00	
7/2	家用		200.00
7/2	家用		800.00
7/3	聚餐		10.00
7/6	電影、書刊		10.00
7/11	家用		500.00
7/11	車票、汗衫		40.00
7/13	與紹彭理髮		8.00
7/20	光復會車馬費	300.00	
7/20	家用		300.00
7/21	看電影		20.00
7/22	給衍訓		30.00
7/22	奶粉二種		30.00
7/22	家用		100.00
7/23	皮鞋		70.00
7/23	家用		200.00
7/25	藥皂二塊、牙刷、郵票		15.00
7/30	家用		200.00
7/31	食品、郵票、雜用		10.00
	本月總計	1,718.00	2,596.00
	本月結欠		878.00

月日	摘要	收入	支出
8/1	上月結欠		878.00
8/1	本月待遇	1,000.00	
8/1	上月眷貼	100.00	
8/1	助同仁四起		35.00
8/1	家用		1,000.00
8/6	理髮		5.00
8/20	光復會車馬費	300.00	
8/20	家用		150.00
8/20	助同仁一起（丘昌渭）		10.00
8/20	十五日贈崔唯吾氏水果、車錢		20.00
8/20	研究院聚餐		20.00
8/20	照相		20.00
8/21	座談會聚餐		5.00
8/22	打字		35.00
8/24	本月眷貼	100.00	
8/25	理髮		5.00
8/25	紹彭汗衫		8.00
8/28	家用		100.00
8/28	車票		34.00
8/28	收音機修理		66.00
8/28	書刊		7.00
	合計	1,500.00	2,398.00
	本月結欠		898.00

月日	摘要	收入	支出
9/1	上月結欠		898.00
9/1	本月待遇	1,000.00	
9/1	扣還子女教育費		200.00
9/1	助同人醫藥費		10.00
9/1	家用		700.00
9/10	書刊		10.00
9/10	補記 5 日理髮		5.00
9/10	家用		500.00
9/10	書刊		7.00
9/14	稅務旬刊稿費	220.00	
9/14	唐驥喪禮		20.00
9/14	家用		150.00
9/14	葉專喜儀（取消）		30.00
9/16	書刊		7.00
9/18	光復會車馬費	300.00	
9/18	吳一峰贈禮		10.00
9/18	工商月刊稿費	300.00	
9/18	車票		34.00
9/18	家用		300.00
9/23	理髮		6.00
9/23	裴鳴宇侄喜儀		100.00
9/23	家用（補前日）		300.00

月日	摘要	收入	支出
9/23	家用（紹彭學費等）		150.00
9/24	家用		200.00
9/26	本月眷貼	100.00	
	合計	1,920.00	3,637.00
	本月結欠		1,717.00

月日	摘要	收入	支出
10/1	上月結欠		1,717.00
10/1	本月待遇	1,000.00	
10/1	扣去助人同款		10.00
10/1	家用		900.00
10/1	景美地價稅		52.00
10/1	書刊		5.00
10/12	理髮		4.00
10/19	劉振東嫁女喜儀		100.00
10/19	光復會車馬費	300.00	
10/19	紹寧、紹因車票		36.00
10/19	本月眷貼	100.00	
10/19	韓先良大小八件		100.00
10/19	奶粉、麵包、砂糖		27.00
10/19	茶聯公司公費	2,000.00	
10/19	紹彭園服		17.00
10/19	工商月刊稿費	170.00	
10/26	上期中和地價稅		158.00
10/26	紹寧、紹因旅行食品等		12.00
10/31	家用		200.00
	本月合計	3,570.00	3,338.00
	本月結存		232.00

月日	摘要	收入	支出
11/1	上月結存	232.00	
11/1	本月待遇	1,000.00	
11/1	同人病亡捐		25.00
11/1	本期子女教育費	200.00	
11/1	家用		1,000.00
11/3	稅務旬刊稿費	280.00	
11/3	家用		500.00
11/3	廖毅宏還舊帳	200.00	
11/3	多種維他命		21.00
11/3	紹因看眼		4.00
11/5	荷爾蒙一盒		40.00
11/5	理髮		3.00
11/5	書刊		7.00
11/10	日昨聚餐		10.00
11/10	書刊		10.00
11/12	張敬塘子婚儀		100.00

月日	摘要	收入	支出
11/15	光復會車馬費	300.00	
11/15	家用		200.00
11/22	理髮		3.00
11/22	華德丸		15.00
11/22	墨二錠		14.00
11/22	牙刷等		8.00
11/24	家用		100.00
11/30	合作界稿費	350.00	
11/30	家用		300.00
11/30	紹中用		20.00
	本月合計	2,562.00	2,380.00
	本月結存		182.00

月日	摘要	收入	支出
12/1	上月結存	182.00	
12/1	政校校友會費二年		20.00
12/1	本月待遇	1,000.00	
12/1	同仁喪病捐助		30.00
12/1	上月眷貼	100.00	
12/1	毛線一磅		195.00
12/1	奶粉二磅		63.00
12/1	布褲		60.00
12/1	紹寧、紹因短褲		10.00
12/1	挽衣用毛巾布		20.00
12/1	車票		34.00
12/2	車錢		5.00
12/2	家用		500.00
12/2	上月車錢		15.00
12/5	上月薪	2,540	
12/5	燈芯羢 11 碼		253.00
12/5	稅務旬刊稿費	200.00	
12/5	家用		200.00
12/5	黃海公司公費	500.00	
12/5	辦公室用費		50.00
12/5	藥三種、洗衣		100.00
12/6	家用		400.00
12/6	夜班學費		50.00
12/6	兩年來事務所費用		3,765.00
12/7	徐松年母喪奠儀		37.00
12/7	奶粉一磅		16.00
12/9	兒童牙刷、食品、黨費		20.00
12/11	藥品		16.00
12/14	赴頂雙溪用		23.00
12/15	會計師公會 4-12 月會費		90.00
12/15	理髮		8.00
12/15	糖、奶粉、油		42.00
12/15	毛巾二條、車錢		20.00

月日	摘要	收入	支出
12/15	徐光前喪父花圈		20.00
12/16	火缸		30.00
12/16	光復會車馬費	300.00	
12/16	家用		200.00
12/16	桂圓		5.00
12/17	書刊、賀年片		35.00
12/17	上半月薪	1,800.00	
12/17	同人茶葉費、書刊		15.00
12/22	年會出席費	2,000.00	
12/22	扣捐		45.00
12/22	光復會出席費	1,200.00	
12/22	家用		800.00
12/22	本月眷貼	100.00	
12/22	原裝書刊		30.00
12/25	車票、肥皂		60.00
12/25	德芳皮鞋		180.00
12/25	月來什用		75.00
	共計	8,922.00	6,937.00
	本月結存		1,985.00

吳墉祥簡要年表

1909 年	出生於山東省棲霞縣吳家村。
1914-1924 年	入私塾、煙台模範高等小學（11 歲別家）、私立先志中學。
1924 年	加入中國國民黨。
1927 年	入南京中央黨務學校。
1929 年	入中央政治學校（國立政治大學前身）財政系。
1933 年	大學畢業，任大學助教講師。
1937 年	任職安徽地方銀行。
1945 年	任山東省銀行總經理。
1947 年	任山東齊魯公司常務董事兼董事會秘書長。
	當選第一屆棲霞國民大會代表。
1949 年 7 月	乘飛機赴台，眷屬則乘秋瑾輪抵台。
1949 年 9 月	與友協力營救煙台聯中校長張敏之。
1956 年	任美國援華機構安全分署高級稽核。
1965 年	任台達化學工業公司財務長。
1976 年	退休。
2000 年	逝世於台北。

民國日記 45

吳墉祥在台日記（1956）

The Diaries of Wu Yung-hsiang at Taiwan, 1956

原　　著　吳墉祥
主　　編　馬國安
總 編 輯　陳新林、呂芳上
執行編輯　林弘毅
封面設計　陳新林
排　　版　溫心忻

出　　版　開源書局出版有限公司
香港金鐘夏慤道 18 號海富中心
1 座 26 樓 06 室
TEL：+852-35860995

民國歷史文化學社 有限公司
10646 台北市大安區羅斯福路三段
37 號 7 樓之 1
TEL：+886-2-2369-6912
FAX：+886-2-2369-6990

http://www.rchcs.com.tw

初版一刷　2020 年 9 月 30 日
定　　價　新台幣 400 元
港　幣 105 元
美　元　15 元
I S B N　978-986-99448-3-0
印　　刷　長達印刷有限公司
台北市西園路二段 50 巷 4 弄 21 號
TEL：+886-2-2304-0488

國家圖書館出版品預行編目 (CIP) 資料
吳墉祥在台日記 (1956) = The diaries of Wu Yung-hsiang at Taiwan. 1956 / 吳墉祥原著 ; 馬國安主編 . -- 初版 . -- 臺北市 : 民國歷史文化學社 , 2020.09

面 ;　公分 . -- (民國日記 ; 45)

ISBN 978-986-99448-3-0 (平裝)

1. 吳墉祥　2. 臺灣傳記　3. 臺灣史　4. 史料

783.3886　　109014831